高速铁路基础研究与技术创新丛书

编　委　会

国家出版基金项目
NATIONAL PUBLICATION FOUNDATION

国家出版基金项目
“十四五”时期国家重点出版物出版专项规划项目

高速铁路基础研究与技术创新丛书

工程施工与组织系列

高速铁路工程质量系统管理
（第2版）

本丛书编委会　总主编
卢春房　等　著
赵国堂　主　审

中国铁道出版社有限公司

2023年·北　京

内 容 简 介

本书为“高速铁路基础研究与技术创新丛书”之分册。本书全面梳理了我国高铁工程质量管理现状，结合新时代高铁建设工程特点，构建了包含质量文化、质量体系、质量技术、质量方法、质量红线五维度的高铁工程质量系统管理体系，并提出系统整体最优的运行机制。结合郑万高铁、西成高铁、京沪高铁等代表性工程，对高铁工程质量管理系统的创新实践进行分析，为进一步提高我国高铁工程质量管理的系统性、科学性，推动高铁精品工程建设提供指导和参考。

本书可供高铁建设工程和技术管理人员及其他行业工程管理人员参考。

图书在版编目(CIP)数据

高速铁路工程质量系统管理/卢春房等著. —2 版. —北京：中国铁道出版社有限公司，2023.4

(高速铁路基础研究与技术创新丛书．工程施工与组织系列)

“十四五”时期国家重点出版物出版专项规划项目

ISBN 978-7-113-30108-8

Ⅰ.①高… Ⅱ.①卢… Ⅲ.①高速铁路-铁路工程-工程质量-质量管理 Ⅳ.①U238

中国国家版本馆 CIP 数据核字(2023)第 054716 号

书　　名：高速铁路工程质量系统管理
作　　者：卢春房　等

策　　划：陈小刚
责任编辑：陈小刚　　**编辑部电话**：(010)51870265
封面设计：高博越　刘　莎　　**封面摄影**：王明柱　　**丛书标识设计**：崔丽芳
责任校对：苗　丹
责任印制：樊启鹏

出版发行：中国铁道出版社有限公司(100054，北京市西城区右安门西街 8 号)
网　　址：http://www.tdpress.com
印　　刷：北京联兴盛业印刷股份有限公司
版　　次：2019 年 10 月第 1 版　2023 年 4 月第 2 版　2023 年 4 月第 1 次印刷
开　　本：787 mm×1 092 mm 1/16　**印张**：11.75　**字数**：235 千
书　　号：ISBN 978-7-113-30108-8
定　　价：86.00 元

高速铁路基础研究与技术创新丛书

编 辑 组

序

我国高速铁路起步晚、发展快、后劲足，经过几代人的不懈努力，通过原始创新、集成创新、引进消化吸收再创新，成功地走出了一条符合中国国情路情、具有中国特色的自主创新之路。我国已系统掌握各种复杂地质和气候条件下高速铁路建造成套技术；在工务工程、列车运行控制、牵引供电、动车组等高速铁路核心技术方面实现自主化；形成了复杂路网条件下处理跨线运行的运营管理成套技术，构建了人防、物防、技防三位一体的主动安全保障机制。我国已成为全球高速铁路运营里程最长、在建规模最大、运营速度最快、技术体系最全、运营和管理经验最丰富的国家。我国高速铁路技术已走在世界前列，成为推动世界高速铁路发展的重要力量。

为贯彻落实中共中央、国务院《交通强国建设纲要》，推进国铁集团《新时代交通强国铁路先行规划纲要》的落地，系统总结、梳理我国高速铁路各领域前沿理论和技术，向我国乃至世界高速铁路科研工作者和工程技术人员提供一套前沿性的参考书，中国国家铁路集团有限公司铁道出版社公司特组织编著出版"高速铁路基础研究与技术创新丛书"。

丛书以习近平新时代中国特色社会主义思想为指导，以国家自然科学基金课题、国家基金委-国铁集团高铁联合基金课题、国家"973"课题、国家重点研发计划课题等科研成果为支撑，从高速铁路前沿研究、补短板技术、核心技术、技术发展趋势等方向组织选题，涵盖动车组、供电、通信与信号、列控与检测、工程勘察与设计、智能建造、运营与管理、现代信息技术、安全和维护等领域，规模为100册，是全面系统论述我国高速铁路基础研究与技术创新成就的大型系列原创性科技著作。

丛书力求突出制高点、原创性、权威性、全覆盖特色。丛书各册内容以作者团队长期从事高速铁路科学研究的成果为依托，多数成果居于国内领先水平甚至世界先进水平，多种成果荣获国家科学技术奖一等奖、二等奖，国家技术发明奖一等奖、二等奖，茅以升科学技术奖，詹天佑铁道科学技术奖，铁道科技进步奖等奖项，丛书内容体现了我国当今最新、最前沿以及展现未来发展趋势的高速铁路相关研究成果和应用技术。从书包括动车组、供电、工程施工与组织等十个系列，基本实现高速铁路各领域全覆盖。

丛书由编委会总负责。编委会阵容强大，认真负责。编委会各成员都是长期从事我国高速铁路科研、技术、生产和管理的一流专家学者，是所从事领域的翘楚，其中包括高速铁路及其相关领域的四位院士。编委会多次开会商讨丛书的体系、内容特色、作者条件及质量保障机制；分工负责，精心审订和修改各册编写提纲；多次遴选选题，先从 150 多个选题意向中遴选出 100 个选题，后又剔除了内容特色不太鲜明的 8 个选题，还对 10 多个选题提出了较大的改进意见，补充了 8 个关键技术和弥补技术空白的选题；最后邀请专人对各册内容进行审定，从而保证了各册内容的正确性和先进性。

2021 年年底，国家新闻出版署经过严格评审，“高速铁路基础研究与技术创新丛书”(100 册)成功入选“‘十四五’时期国家重点出版物出版专项规划——重大出版工程”。这是对本丛书项目的认可，也是对编委会、作者和编辑等人员前期工作的认可，更是一种鞭策。我们相信，本丛书的出版，将助力于《交通强国建设纲要》的贯彻落实，推动我国乃至世界高速铁路事业的发展，也将为铁路领域的科研工作者、工程技术人员、管理人员，以及高校相关专业师生提供一套高水平、原创性、权威性、全覆盖的大型高铁科技精品著作。

中国工程院院士

“高速铁路基础研究与技术创新丛书”编委会主任

2022 年 2 月

第2版前言

本书为“高速铁路基础研究与技术创新丛书”之分册。按丛书要求，力图体现高铁工程系统管理理论和实践的前沿性、原创性特色。

《高速铁路工程质量系统管理》于2019年10月出版第1版，此次再版主要有两点考虑：一方面，近年来我国经济进入新发展阶段，高铁工程质量管理面临的发展格局也发生了新的变化，必须紧扣时代背景，将新发展理念、新科技前沿技术与高铁工程质量管理进一步融合；另一方面，基于我对本书的定位预想，相关内容的实践指导性仍有待加强，因此本轮在理论阐述基础上补充增加了大量案例进行印证，力求使主要内容更具实操性和指导性。

本次修订的主要内容为：一是，进一步充实了关于工程质量管理、系统工程、全面质量管理等内容的相关理论综述，为构建高铁工程质量管理系统夯实了理论基础。二是，借鉴国外典型国家高铁工程质量管理模式及经验，全面梳理我国高铁工程质量管理发展历程和现状，总结当前我国高铁工程质量管理模式特点和主要管理经验，为构建高铁工程质量管理体系子系统、明确各子系统主要内容提供依据。三是，紧密结合新技术在高铁工程建设领域融合应用的新趋势，重新优化高铁工程质量技术子系统内涵结构，新增“应用面向特殊工程条件的新技术”章节内容，基于全生命周期视角将信息化技术与勘察、设计、施工等工程建设主要环节有机结合，强化了现代化信息技术在高铁工程质量管理中的创新应用研究。四是，健全完善高铁工程质量方法子系统内涵结构，补充了信息化条件下高铁工程全面质量管理的方法及案例，增加了“运营反馈机制”相关章节内容，实现各阶段高铁工程质量的闭环管理。五是，运用多目标综合评价的数据解析方法调整优化高铁工程质量管理四条红线的内在逻辑，进一步提高红线确定的科学性和合理性。六是，进一步充实高铁工程质量系统管理最优运行机制的相关内容，在原有基础上增加“高铁工程系统可靠性分析”“装备质量入口管理”两部分机制分析，使最优运行机制涵盖了更多系统要素。七是，在“明确质量目标”“加强品牌建设”“加强工艺工装和材料创新”“与外部环境协调”等章节新增大量高铁工程实践案例作为支撑，使本书研究内容更具实践参考价值。

本书由中国工程院院士卢春房等著，中国国家铁路集团有限公司川藏铁路工程建设指挥部首席专家赵国堂主审，罗庆中、王志坚、晋志毅、唐立新担任技术顾问，贾光智、张军、齐向春、穆文奇、王镠莹、王震、赵任、卢炜、史俊玲、沈通、葛新东、汪恭书、雷强、王雅群、陈宏志、韩保花、李凤玲、温宏宇、刘畅、李娜、季扬、方奕、刘玉凤、陈秀明参与著述。书中参考了大量学者的文献和著作观点，在此向他们表示感谢，同时，特别感谢刘俊贤、朱颖、刘伟平、孙树礼、熊春根、刘学文、田利民、孔文亚、王隽峰、徐建军等同志为本书提出的宝贵意见。在此向所有为完成本书作出贡献的同志表示衷心感谢，同时也敬请高铁建设工程和技术管理工作者，以及关注高铁建设发展的业内外人士对不足之处予以指正。

著　者

2023 年 3 月

第1版前言

近年来，我国高速铁路（以下简称“高铁”）建设成果丰硕，“四纵四横”高铁主骨架已全面建成，截至2018年底，全国高铁运营里程达2.9万千米，稳居世界第一。为满足新时代经济社会发展对交通运输的需求，我国持续稳步推进中长期铁路网规划实施和“八纵八横”高铁网建设，铁路固定资产投资保持了较高的强度和规模，高铁仍处于建设发展的黄金机遇期。

工程质量是高铁建设的生命，工程质量管理是高铁建设项目管理的核心。为适应高质量发展需求，践行“交通强国、铁路先行”，高铁工程的规划设计、施工和管理迫切需要以更加系统、科学的管理理论和方法作为指导，确保高铁工程质量管理工作科学有序推进，实现建设高质量高铁、打造精品工程的目标。高铁工程质量管理涉及质量管理目标选择、系统综合分析、方案优化、科学决策和实施等工作，构成了庞大的复杂系统，在实践中应科学运用系统工程技术及系统工程管理两大手段，兼顾铁路工程外部因素，对高铁建设项目质量控制进行系统性的顶层设计，把质量管理的要求贯穿到项目勘察设计、工程施工、竣工验收全过程，以实现高铁工程“系统功能最优、整体质量最好”。基于此，本书以系统工程理论为基础，在全面梳理当前我国高铁工程质量管理现状的基础上，结合新时代高铁建设工程的特点，剖析了高铁工程质量系统管理的内涵，研究了高铁工程质量系统管理总体框架、具体内容以及实现整体最优的运行机制。

本书重点研究了高铁工程质量管理宏观层面的相关问题，分为八章。第1章“高铁工程质量管理现状”，全面总结了我国高铁工程质量管理经验，分析了我国高铁质量管理所面临的新要求。第2章“高铁工程质量系统管理的内涵与总体架构”，结合高铁工程质量管理特点，建立了高铁工程质量管理概念模型，以此为基础构建了包含五个子系统的高铁工程质量系统管理模型，解析了各子系统之间的关系。第3章“高铁工程质量文化子系统”，分别论述了战略思维、不留隐患、抓住关键、不留空白、凝心聚力、一荣俱荣六方面质量文化，研究了各自对应的内容和措施。第4章“高铁工程质量体系子系统”，从企业和项目两个层面，研究了制定落实企业质量管理体系文件和项目整体质量管理体系建立及运行两方面完善质量体系的具体措施。第5章"高铁工程质量技术子系统",论述了信息化技术应用、智能化施工装备研制使用、信息化管理系统研发应用、材料设备源头把关、工艺工装材料创新等方面的技术手段在项目各环节的应用。第6章"高铁工程质量方法子系统",从高铁工程全生命周期角度出发,研究了全面质量管理、信用评价、提前介入、运营反馈、质量评价、动态验收、标准化管理等工程各环节主要质量管理方法的应用。第7章"高铁工程质量红线子系统",全面梳理拟定了高铁工程15条红线,通过综合评价方法确定了4条不可逾越的质量红线及其主要内容。第8章"高铁工程质量管理系统最优的运行机制设计",围绕系统协调一致、多目标协同、能力匹配、与外部环境相协调等方面,分别建立了适宜的最优化数学模型,研究了系统最优的运行机制。

本书在中国国铁集团有限公司科技研究开发计划课题相关研究成果基础上编著而成。编写过程中,刘俊贤、朱颖、刘伟平、孙树礼、熊春根、刘学文、田利民、孔文亚、王隽峰、徐建军等同志为本书一些重要观点提供了大量宝贵意见和资料支持,本书还参考引用了大量学者的文献和著作观点,在此一并向所有为本书完成作出贡献的同志表示衷心感谢!由于时间所限及其他原因,本书难免存在一些纰漏和不足之处,敬请读者批评指正。

卢春房

2019年10月

目　　录

第1章 高铁工程质量管理现状

我国高铁工程建设总体起步较晚，相关管理标准制度在实践中逐步探索完善。当前，高铁在支撑国家战略方面的作用日益凸显，逐步成为“中国名片”，其工程质量管理面对的挑战也日趋提高，因此有必要深入剖析高铁工程质量管理内涵及经验，明确我国高铁工程质量管理所面临的新要求，为构建高铁工程质量系统管理体系提供支撑。

1.1 工程质量管理概述

1.1.1 工程质量管理的概念

1. 工程质量

工程项目是以工程建设为载体的项目，是作为被管理对象的一次性工程建设任务。工程项目以建筑物或构筑物为目标产出物，需要支付一定的费用、按照一定的程序、在一定的时间内完成，并符合质量要求。工程项目是一种投融资行为与工程建设密切相关的项目决策与实施活动，是所有项目类型中比较普遍的一种，存在于社会经济活动的各个领域，对社会生活建设与经济发展起到至关重要的作用。

工程质量实质上是指工程项目质量。工程项目质量是关系工程项目成功与否的关键元素之一，其概念有广义和狭义两种。狭义方面指的是工程建设实体的质量，主要以寿命、性能、可靠性、经济性以及安全性等指标来衡量。广义方面指的是工作质量与工程实体质量的综合反映，其中工作质量主要包括组织管理、安全管理、技术水平等，具体反映为组织、管理以及技术水平的高低。

工程项目质量体现在施工的各个阶段。工程项目建设主要包括四个阶段，分别是立项决策、勘察设计、施工建设和竣工验收。每个阶段对工程质量的影响程度不同，其中施工阶段对最终工程质量有着直接影响，是工程质量管理与控制的关键环节。

2. 工程质量管理

在国际标准 ISO 9000:2005 中，质量管理的定义为：“在质量方面指挥和控制组织的协调活动”。工程项目管理是对项目活动实施统一的计划、决策、组织、控制、协调的总称，是一种具有较强约束力的控制性管理工作，具有全生命周期、全过程管理的特点。

工程质量管理是为实现工程质量目标而进行的管理活动。在工程建设中根据工程质量方针，对项目的操作和运行进行质量控制，保证工程质量符合相关要求，同时不断完善和发展质量控制措施，使质量管理目标得到有效落实。

工程质量管理的目标是确保产品质量符合客户的需求，为实现这一目标必须对产品质量的产生、形成全过程的所有环节进行管理，及时发现并排除相关技术活动偏离规定要求的现象，使影响产品质量的管理因素、技术因素、人力资源因素等始终处于受控状态。

工程质量管理是随着时间、地点以及实际情况的变化而变化的动态过程，必须用发展的思维对施工质量实施动态管理与监控。

1.1.2 工程质量管理的原则

坚持“质量第一，用户至上”的原则。工程产品作为一种特殊的商品，使用寿命长，与人民群众的生命财产安全休戚相关，必须坚定不移地贯彻执行“质量第一，用户至上”的基本原则。工程质量必须满足顾客的需要，必须符合合同文件的相关规定和技术规范要求。

坚持“人的因素第一”的原则。质量控制必须“以人为本”，增强责任人的意识，提高管理和施工人员素质，避免人为因素的错误，保证工作质量和工作流程的品质。

坚持“预防为主，预防为本”的原则。工程质量管理前移，把事后质量控制转变为事前质量控制，把对竣工产品的质量督导检查，转变为过程和中间产品的质量检查，从而确保工程质量的有效实施。

坚持高标准的原则。建设工程的质量目标不能仅停留于合同所规定的实体工程层面，还应延伸至数据管理层面。数据是质量控制的基础，应对数据进行严格的检验，保证数据质量、产品质量符合质量标准。

坚持“科学、公平、守法”的职业规范。施工单位和监理单位在处理质量问题过程中应尊重客观事实，做到科学、诚信、公正、谦虚、求实，遵守法律法规，以防止不正之风。

1.2 高铁工程质量管理回顾

1.2.1 国外高铁工程质量管理模式

自 1964 年世界第一条高铁——日本东海道新干线投入商业运行以来，高铁项目质量管理模式一直都是专家学者们研究的焦点性问题。目前高铁建设和发展经验丰富的国家均已形成了成熟的工程质量管控模式。建设单位、政府部门以及第三方的监督管理，覆盖高铁建设的全过程，充分保证工程质量。随着信息化技术发展，诸如 BIM 等技术手段逐步引入高铁工程建设管理，显著提高了工程质量管理的能力与效率。

1. 日本

日本高铁采用“政府部门宏观指导、铁路建设单位建设管理、运输企业设备检查”的三层质量管控模式。主管政府部门为国土交通省，承担高铁施工计划审批和竣工检查职能，在竣工时派专职检查员赴现场检查是否符合相关技术标准；建设单位为铁道运输机构（JRTT），代表国土交通省完成建设管理相关事宜，重点牵头组织施工过程中的工程监理、质量管理以及竣工后与运营企业合作的综合监察检查工作。

建设过程中，JRTT 作为承建主体，以合同为依据，以安全经济为准则，以共同利益为纽带，形成了“组织监督管理、整体协作运行”的规范化管理流程，以及基于“技术标准”和“管理指南”的标准管理方式。其中，技术标准方面，JRTT 制定了《新干线实施标准》《土木工程标准》《电气工程标准》等多项专业领域标准，明确工程建设质量要求；管理指南方面，JRTT 制定了《工程承包合同设计变更指南》《信息共享系统运用指南》等，顺利推进工程建设。

质量管理的技术手段方面，日本积极开发应用三维空间数据获取系统、信息共享系统等施工管理系统，提高项目实施过程中质量管理的效率。

2. 德国

德国高铁建设一般采用按运营功能招标的方法，重点对施工界面进行管理和控制。德国铁路股份公司（简称“德铁”）为高铁业主单位，德国交通和数字化基础设施部下设的联邦铁道署为铁路工程质量的主管政府机构。

在工程质量监管方面，德国通过企业内部评价制度与政府外部管控两个层面确保高铁工程质量。德铁采取了一系列举措强化施工单位的责任和质量管理意识，主要有：将对施工承包商的要求纳入公司质量管理系统、将施工承包商与监理部门的质量保证纳入承包合同、建立透明的质量监督机制、在合同中预先设定供货商评价方法、应用额外奖励体系鼓励施工单位采用高质量的原材料等。联邦铁道署则对施工文件进行工程监管审查和批准，对施工新材料、新产品以及新施工方法进行审批，在工程施工期间进行工程施工监管，参加工程验收和批准工程投入使用。

在验收管理方面，德国高铁在交付前需进行一系列系统测试，包括静态测试运行、动态测试运行（包括高速运行）以及试运营，保障新线投入应用后的运营安全。在试运营期间，大量系统的硬、软件技术需通过审查鉴定并得到应用批准书。

在质量管理的技术手段方面，早在 20 世纪 90 年代德国高铁建设就广泛应用了自主开发的工程管理控制系统；2016 年起德铁开始在高铁建设项目中试点应用 BIM 技术，并通过无人机采集基础设施基础数据；2020 年起所有铁路工程建设项目均采用 BIM 技术。

3. 法国

法国铁路建设的质量安全管理贯穿于设计、施工、竣工、动态试验全过程，在项目各阶段都要具备相应的质量安全文件。法国国营铁路集团路网公司是高铁建设业主单位；法国国家铁路安全管理局是政府监管机构，负责对第三方验收意见进行审核，并颁发新线商业运营许可证。

法国针对高铁工程全过程质量安全管理，制定了"总体对等"原则，即：对现有系统的任何改动以及新系统的设计和施工都要保证其安全水平至少与现有系统等效，并至少能保证提供与现有系统近似的服务和功能。

为保证高铁的质量安全与欧盟范围内的互联互通性，法国高铁建设项目从前期到试验阶段，需要进行五个阶段的现场验证。第一阶段是对材料、组件进行质量监督和工厂验收；第二阶段是技术验证和静态试验；第三阶段是不同子系统之间的接口试验；第四阶段为动态试验，由检测列车对线路、信号、控制系统等进行测试；第五阶段为试运营阶段。

在项目建设全过程，法国国营铁路集团路网公司邀请第三方认证机构对项目方案和程序进行研究，确认是否符合质量安全标准，是否遵守《欧洲铁路可互操作性技术规范》，线路的子系统和组件是否符合欧盟规定等，并提出专业验收意见上报法国国家铁路安全管理局。

1. 2. 2 我国高铁工程质量管理模式

高铁是一个创新工程体系，具有安全、舒适、经济、节能环保、高效快捷、运能强大等特点，既是交通运输现代化的重要标志，也是一个国家工业化水平的重要体现。对外而言，高铁建设既是"一带一路"倡议的重要匹配，又是提升我国国际地位的重要机遇。这对我国高铁工程项目提出了很高的质量要求，高铁工程质量管理也面临着更大的挑战。

1. 我国高铁工程质量管理的发展

我国高铁工程建设总体起步晚、发展迅猛，相关管理标准制度在实践中逐渐探索与完善。我国高铁质量管理模式与国外有所不同，快速发展使我国高铁建设必须实施统一管理模式，以保证质量的高效率管理。这意味着高铁工程质量管理必须目标统一，充分发挥建设单位的主导作用。

我国高铁工程建设刚起步时，项目质量管理在继承中发展，普铁时代建立的质量管理控制成为高铁质量管理工作的基础。当时我国实行"政企合一"的高铁质量管理体制，铁道部行使政府监督、行业监督、大业主三重质量管理身份，内设建设管理司、工程管理中心、工程质量监督总站等部门。建设管理司负责履行政府质量监管职能，通过政策引导、技术标准、市场监督、行政处罚等一系列手段对高铁参建各方进行质量管理统筹规划。工程管理中心负责项目工程质量的日常管理工作，通过施组安排、方案审批、日常检查等手段对参建各方进行质量管理。工程质量监督总站负责项目工程质量的行政监督工作，通过对参建各方的履约情况、管理行为、实体质量进行监督检查、监督检测，促使参建各方进一步健全质量管理体系，落实质量管理责任。同时，铁道部设立铁路建设工程指挥部，指定具有一定行政级别的人员担任指挥长(总经理)，作为现场管理总负责人。

2013 年 3 月铁路政企分开后，重新组建了中国铁路总公司(2019 年更名为中国国家铁路集团有限公司，以下简称"国铁集团")与国家铁路局两大主体。国铁集团对铁路建设管理体制和运行机制进行了优化调整，构建了以工程质量为核心的铁路建设项目管理机制，实行"国铁集团-铁路局集团公司、铁路公司"两级建设管理体制。国铁集团的建设质量管理工作主要由建设管理部、工程管理中心、工程质量监督管理总站（质量监督管理局）等部门共同推进。各铁路局集团公司、铁路公司作为国铁集团出资人代表，主要依据承发包合同履行质量管理职责。各铁路局集团公司设立监督站，对建设、勘察设计、施工、监理、咨询、检测等参建各方的质量行为及工程实体质量进行内部监管。国家铁路局及所属地区监管局履行行业质量监管职责，对重点项目实施质量监管，并委托铁路局集团公司对所在区域范围内国铁集团自行决定的铁路建设项目履行行政监督职能。由此形成了由国铁集团、国家铁路局、建设单位、项目各参建单位构成的多层次、相互监督的高铁工程质量监督管理控制新结构，如图 1-1 所示。

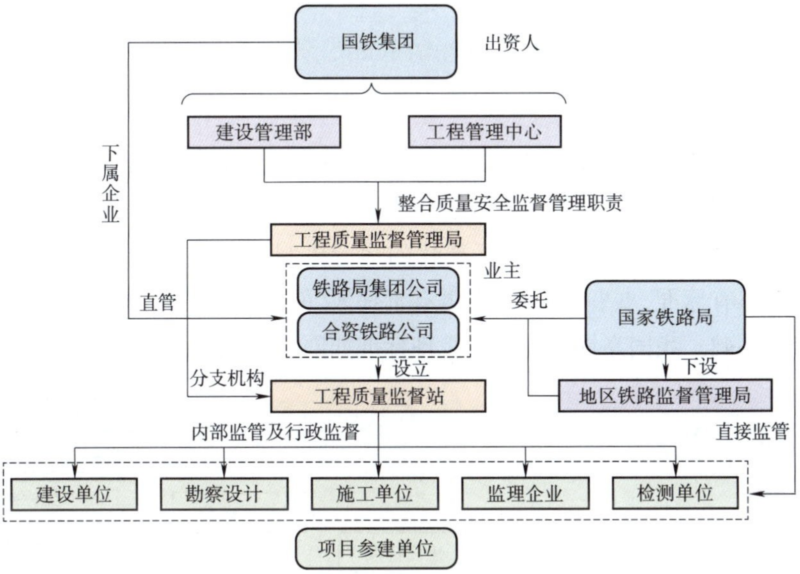

图 1-1　我国高铁工程质量监督管理结构

2. 我国高铁工程质量管理模式

（1）质量管理体制

经过多年实践，我国高铁建设管理体制探索实施了两种模式：一是国铁集团决策监督，客专建设公司组织管理，公司下设指挥部具体实施；二是国铁集团决策监督，铁路局集团公司管理，项目指挥部实施，如图 1-2 所示。

建立一套完整有效的运行机制，强化高铁项目的集中决策指挥，充分发挥国铁集团在制度标准顶层设计、监督考核过程控制、组织验收评估把关等方面的作用；全面开放铁路建设市场，鼓励竞争，吸引公路交通、水利水电、煤炭矿山等行业优秀的施工、监理、设计企业及国际工程咨询单位进入高铁建设市场；坚持施工图审核审查、试验先行、样板引路，推行首件评估制度，规范工序流程、工艺工法、作业标准；建立完善信用评价制度，参建各方评价结果与工程招投标挂钩，着力构建以质量为核心的铁路建设市场诚信体系，等等。

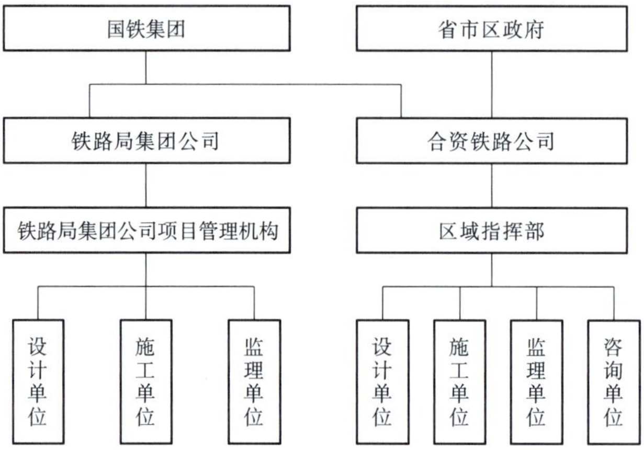

图 1-2　我国高铁建设管理模式

(2)质量管理标准化

我国高铁建设适应项目统一管理、分级实施的体制特点,借鉴现代生产企业标准化管理理念。自 2007 年起,铁道部在铁路建设领域大力探索并推行以确保工程质量安全为核心的建设项目标准化管理方法,逐项建立标准化的运行机制,务求达到闭环管理。经过多年实践,形成了"事事有标准、事事有流程、事事有责任人"的良好局面,为确保高铁工程质量奠定了可靠的管理基础。我国高铁工程质量管理标准如图 1-3 所示。

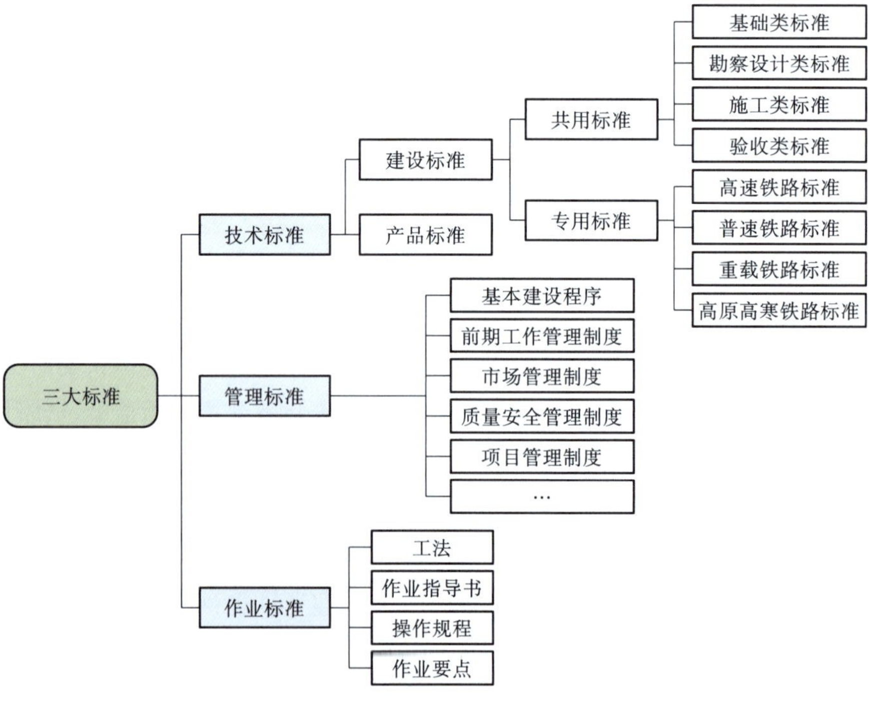

图 1-3　我国高铁工程三大标准

(3)高铁质量管理体系

高铁质量管理体系是以系统管理理论为基础,以全面实现管理活动和作业过程标准化、流程化、信息化为主要目的,牢固坚持全面质量管理所提倡的全员、全面、全过程的特点,借鉴了组织理论、行为科学等相关学科的思路和方法,汲取了ISO 9000标准所倡导的管理原则精神,并在各子系统中广泛应用,从而形成具有高铁建设管理特点的体系。

高铁质量管理体系包括目标体系、控制体系、责任体系、制度体系和方法体系五个子系统,如图1-4所示。其中,目标体系包括质量管理工作目标、实体质量控制目标,在整个体系中发挥引领作用。控制体系是高铁质量体系的主体部分,在整个体系中发挥决定性作用。控制体系的作用对象是质量意识、质量行为、实体质量,控制的目的和任务是增强质量意识,规范质量行为,控制实体质量。责任体系、制度体系和方法体系在整个功能结构运行中发挥支持作用,贯通着目标体系和控制体系。

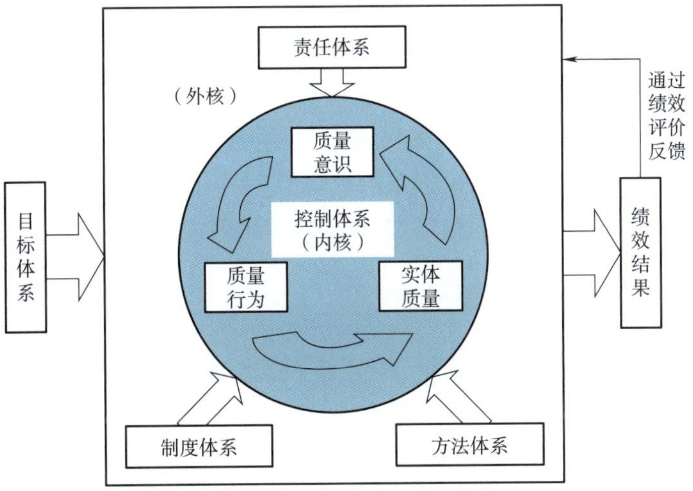

图1-4　我国高铁质量管理体系

1.3　我国高铁工程质量管理经验总结

1.3.1　我国高铁工程建设实践

20世纪90年代初期,我国就开始了对高铁的系统跟踪研究和技术经济论证,并在21世纪初建成了秦皇岛至沈阳客运专线,研制出多种型号的动车组,为我国高铁建设积累了经验、储备了人才。1997—2007年,我国铁路先后实施了六次大面积提速,成功开行了时速250 km的高速列车,为高铁发展奠定了坚实基础。

2004年1月,国务院批准实施《中长期铁路网规划》,正式将高铁纳入国家铁路发展战略。2008年和2016年，国务院先后两次批准对中长期铁路网规划进行调整。按照党中央、国务院关于加快铁路发展的决策部署，我国大力推进高铁建设，取得了举世瞩目的成就。2008年8月1日，我国第一条设计时速350 km的新建高铁京津城际铁路开通。此后，我国陆续建成了郑西、沪宁、京沪、京广、哈大等设计时速350 km、具有世界先进水平的高铁，还建成了石太、合宁客专，海南环岛高铁等设计时速250 km的高铁。党的十八大以来，我国高铁持续快速发展，年均投产3 500 km，截至2022年底已经通车运营4.2万km，约占世界高铁总里程的69%，发展速度之快、质量之高令世界惊叹。中国已经成为世界上高铁发展最快、规模最大、运营场景最丰富的国家。

依托大规模高铁建设和运营，我国在高铁工程建设、装备制造、运营管理三大领域，构建了涵盖通用与综合、动车组、工务工程、通信信号、牵引供电、运营与服务等方面的世界先进高铁技术体系，研制和应用了大量自主化新装备，积极推进大数据、人工智能等新技术应用，不断提升高铁装备智能化水平。智能铁路科技创新实现重大突破，运营安全服务技术水平显著提升。高铁技术水平总体进入世界先进行列，部分领域达到世界领先水平，我国高铁已迈出从追赶到领跑的关键一步。

高铁作为现代化轨道交通建设的重大成果，不仅为广大人民群众出行提供了安全、舒适、便捷的交通方式，大大增强了人民群众的获得感、幸福感、安全感，而且深刻影响和带动了城市格局、人口布局、经济版图的积极变化，促进了国家现代化进程。

1.3.2 我国高铁工程质量管理经验

我国高铁建设始终坚持以质量为核心，坚定不移推进标准化管理，科学有序组织施工建设，健全项目质量管理体系，层层落实质量责任，全面规范质量行为管理，实现了高铁工程质量水平进一步提升、质量安全稳定有序可控。高铁建设的高质量标准要求和成功实践，带动建设工程质量工作全面迈上一个新的台阶，一大批质量通病得到有效控制，高铁开通项目运行情况良好。

1. 开展全面质量管理达标活动

1978年，我国开始普及全面质量管理知识，并在大中型国企中提出实行全面质量管理的要求。20世纪80年代，在铁道部主导下，全国铁路工程设计、施工企业广泛开展全面质量管理达标活动，普遍建立健全工程质量责任制，逐步形成企业质量管理体系。经过几年实践，成效显著，出现了众多质量管理小组和优质工程、优质产品。1983年，我国设立国家质量管理奖。1988年，引进、采用国际标准ISO 9000质量体系。1993年，铁道部发布了加强工程质量管理和开展企业质量管理体系贯标的意见，全面推动企业质量管理体系标准化工作。到20世纪末，绝大部分铁路设计、施工企业和部分监理企业建立健全了标准化的质量管理体系，通过了质量管理体系国际认证。2000年后，铁路专业基建队伍从铁道部分离，铁路建设管理制度发生重大变革。铁路建设项目质量控制不断吸取国外先进管理经验，逐渐与国际接轨，开始实行工程承包制、招投标制、项目法人责任制和工程监理制，理顺了建设管理体制。2004 年，我国发布《卓越绩效评价准则》(GB/T 19580—2004)，标志着我国质量管理工作迈入新阶段。

2. 推行标准化管理

2008 年 3 月，铁道部制发《关于推进建设单位标准化管理工作的指导意见》(铁建设〔2008〕45 号)，决定以推行标准化管理为抓手推动项目管理创新，基本方式是创建并推广一套具有先进性、实用性、普适性的铁路建设项目标准化管理体系，以此在铁路建设项目上将参建企业"各自为政"的管理体系融合为一个整体，即以建设单位为龙头、覆盖全项目的标准化管理体系，从而保证建设项目质量、安全、工期、投资、环保和队伍管理工作一体化、标准化运作。

2013 年，中国铁路总公司制发《关于深化铁路建设项目标准化管理的指导意见》(铁总建设〔2013〕193 号)，明确铁路建设项目标准化管理以中国铁路总公司、建设单位、参建单位为实施主体，以确保工程质量安全为核心，建立和运行统一的标准化管理体系，对建立健全铁路建设项目工程质量管理体系起到了基础作用。

2014 年，中国铁路总公司制发《铁路建设项目标准化管理绩效考评实施办法》(铁总建设〔2014〕280 号)，通过日常或集中检查、考核和评估，对标准化管理体系运行情况、管理行为及管理成效进行综合考评，并将考评结果与建设单位考核、参建单位信用评价挂钩。

管理制度标准化、人员配备标准化、现场管理标准化和过程控制标准化是标准化管理的基本内涵。管理制度标准化是前提，人员配备标准化是保障，现场管理标准化和过程控制标准化是关键，四个方面的标准化工作相辅相成、缺一不可。

管理制度标准化。在严格执行国家法律法规和强制性标准的基础上，建立完善一套目标明确、结构清晰、职责分明的项目管理制度，做到实施有标准，操作有程序，过程有控制，结果有考核。

人员配备标准化。明确参建各方部门、岗位职责分工，制定具体的岗位任职标准，选配素质和能力达标的人员，确保岗位设置满足管理需求，人员素质满足岗位要求。

现场管理标准化。将现场布局、临时设施建设、施工组织安排、资源配置、现场检查、技术管理、内外协调等现场管理工作的内容和方法具体化、定量化，制定统一标准，实现规范管理、文明施工。

过程控制标准化。细化分解项目建设目标，建立健全管理流程、作业流程及相应的制度、标准，落实到具体部门和岗位，实现管理和作业过程的闭环有效控制，保证每一个环节工作质量和成果达到规定标准要求。

3. 形成高铁项目质量管理体系

以京沪高铁、京沈客专等重大建设线路为契机，积极开展高铁质量管理体制机制创新性研究工作，积极尝试由建设单位主导建立覆盖全项目的工程质量管理体系，通过将一些与高铁质量紧密相关、意义重大、特色鲜明的工作或活动识别出来并加以梳理、规范，形成了以目标、责任、制度、方法和控制五个子体系为主要内容，结构分明、秩序严整、高度协同的质量管理体系。以此为载体促使参建单位凝聚为利益与责任共同体，同心协力确保实现建设项目质量目标。

4. 开展信用评价工作

为鼓励参建企业以质量赢得信用、以信用赢得市场，从而消除重经营、轻生产，重攻关、轻质量的现象，铁道部于2005年制定实施《铁路建设工程施工企业质量信誉评价暂行办法》（办建设发〔2005〕52号），以后逐步扩大至监理企业、勘察设计企业、物资供应商的信用评价。实施过程中不断修改完善，最终形成了以质量为主要内容，以不良行为记录为基础的信用评价办法。建设单位根据评价办法定期对施工、监理、设计等企业进行评价（打分），国铁集团汇总建设单位打分情况，综合考虑特殊项目、抢险等加分情况，以及营业线因工程质量原因影响行车或造成事故等扣分情况，计算得出参建企业全路评价得分，并将全路评价结果与企业投标进行挂钩。通过实施这一办法，强化了各参建企业质量信用意识，有力促进了参建企业质量管理水平的提高。

5. 构建高铁质量管理文化体系

经过多年实践，我国形成了高铁工程质量方面系统、科学的管理理论和方法。在系统总结我国高铁建设经验的基础上，结合高铁建设质量管理方面的创新实践，深入分析支撑我国高铁快速发展的组织方式、管理模式、质量体现和过程控制要素，构建以行业文化为基石、以团队文化为核心、以品牌文化为目标的高铁工程质量文化结构框架和“不留隐患、抓住关键、不留空白、凝心聚力、一荣俱荣”的高铁建设质量文化体系，形成了涵盖高铁建设组织管理和质量管理体系的文化理念，为完善高铁工程质量体系提供支撑。

其中，行业文化指高铁建设行业在发展中形成的与质量工作有关的精神成果，主要体现在质量文化的制度层面；团队文化指高铁项目所有参建单位及其所属人员在相互协作过程中，为完成共同目标而形成的行为准则和道德风范，主要体现在质量文化的行为层面；品牌文化指建立鲜明的高铁品牌定位，形成消费者对高铁品牌在精神上的高度认同，创建品牌信仰，最终形成强烈的品牌忠诚。品牌文化集中反映高铁建设者的共同价值观，即所追求的目标是高铁质量方针和质量理念的终极体现。

6. 建立高铁工程质量管理运营反馈机制

建设单位与运营单位由于分工不同，工作中的着力点也各有侧重，因此，他们之间会存在一些不同认识和观点，也有相互之间沟通不充分、为对方利益考虑不足等问题。因此建立高铁工程质量管理运营反馈机制有利于二者在专业化分工的基础上加强合作。

在组织体系层面，由建设单位和运营单位共同成立协调机构，负责高铁建设项目从规划决策到运营维护全过程的统筹协调推进工作。并下设技术审查、提前介入、竣工验收、达标评定、保驾护航和运营维护等专业工作组，由双方分别组织派出相关专业人员在工作组内对接工作。

在制度体系层面，建立各工作组运营反馈对接办法和工作细则，明确各工作组在高铁新线可行性研究报告评审、初步设计核对审查和鉴定、施工图现场核对审查、工程施工介入检查、竣工验收现场检查、达标评定、安全评估等工程项目建设各阶段工作要求。

在管理体系层面，建设单位负责统筹整个高铁工程质量管理工作，组织各专业工作组根据工作需要，通过周对接会、月推进会、专题会和评审会等方式充分对接和交换意见，开展多专业综合讨论，形成问题库和一致的处理意见，通过优化设计、克缺整治、检测监督、复验销号，形成闭环管理。

在责任体系层面，运营单位对参与的各个阶段的工作负责，即核对、检查等必须全面、准确；参建单位在原质量责任不变的情况下，负责对运营单位所提意见建议的评估、落实。

在技术规范标准体系层面，按国铁集团“强基达标、提质增效”“建设标准化安全示范线”要求，由协调机构负责总结运营反馈实践经验，提出对相关标准、制度的修改意见，提交国铁集团，为动态修订高铁设计规范及相关维修标准奠定基础。

总体来看，经过长期努力，我国铁路自上而下逐步建立健全了工程质量管理体系，走出了一条具有中国铁路特色的工程建设标准化发展道路，并形成了各管理层面协调联动、各利益相关方共同治理的管理体制和“企业自控、社会监理、业主负责、政府监督、用户评价”的一体化工作格局。铁路建设质量安全管理水平和风险控制能力得到实质性加强，在铁路建设规模持续增长、建设项目不断增加的情况下，在建工程质量水平得到整体提升，没有发生大的质量问题和事故，已开通高铁未发生因质量问题引起的运输安全事故，铁路工程质量管理取得显著成效。

1.4　我国高铁工程质量管理所面临的新要求

2016 年调整的《中长期铁路网规划》为我国高铁建设描绘了新的蓝图。在“四纵四横”高铁的基础上，增加客流支撑、标准适宜、发展需要的高铁，形成以“八纵八横”主通道为骨架、区域连接线衔接、城际铁路补充的高铁网，实现省会城市高铁通达、区际之间高效便捷相连。预计到 2035 年，高铁将达到 7 万 km 左右，将更好地发挥对经济社会发展的保障作用。

2020 年国铁集团发布的《新时代交通强国铁路先行规划纲要》(铁发改〔2020〕129 号)明确建设发达完善的现代化铁路网，提出针对高铁主通道优化提升通道网络功能和级配结构；区域性高铁建设科学有序推进，不断扩大高铁网覆盖范围；适时推进既有高铁通道的平行线路建设，缓解繁忙高铁干线压力；建成以高铁主通道为骨架、区域性高铁衔接延伸的发达高铁网，构建快速综合交通网的主骨架。高铁发展空间巨大，为国民经济社会发展提供更优质服务的潜力巨大。

按照规划，未来十几年，铁路大规模建设仍将持续推进，确保工程质量持续稳定可控，对高铁工程质量管理提出了新的挑战。

1. 高质量发展要求高铁建设工程质量全面提升

建设质量强国，实现高质量发展，是党的十九大作出的重大战略部署，以建设绿色、智能、精品工程为引领，认真落实高质量发展要求，对全面提升高铁建设工程质量提出了更高要求。为此，国铁集团紧密围绕铁路建设高质量发展要求做好顶层设计，构建了以工程质量为核心的铁路项目管理体制和工作机制，调整整合了质量安全监督管理力量和责任目标体系，相继出台了《关于调整铁路建设管理体制和运行机制的通知》(铁总办〔2017〕337 号)、《关于加强铁路建设工程质量管理的实施意见》(铁总建设〔2017〕328 号)和《铁路建设项目质量安全红线管理规定》(铁总建设〔2017〕310 号)，修订完善了《铁路建设管理人员责任追究办法》(铁总建设〔2014〕301 号)、《关于铁路局集团公司提前介入铁路建设项目管理工作的指导意见》(铁总办〔2017〕320 号)等系列文件，为推动铁路工程建设深化改革和高质量发展、强化顶层设计以及高标准管控提供了制度保证。

但是，整体上看我国高铁质量管控水平与新时期高质量发展要求有一定差距，质量惯性问题依然存在。因此，新时期高铁建设必须加强供给侧结构性改革，加大质量安全管控力度，强化铁路建设质量管理基础，依法依规、安全优质推进高铁项目建设，强化红线管理和风险管控，推动高铁建设持续健康发展，树立高铁建设新标杆。

2. 满足人民群众对出行安全性、舒适性、正点率的期盼，要求高铁综合施策建成精品工程

高铁工程施工的质量与安全性是高铁的生命。对于时速达到 350 km 的列车而言，一旦出现任何细小的瑕疵，事故的灾难性都将无法想象，不仅会给社会带来巨大的经济损失，也严重威胁着乘客的生命安全。进入新时代，铁路建设在服务经济社会发展大局中的地位和作用更加突出，人民群众对高铁的需求也从最基本的快速位移逐步上升到安全性、舒适性、正点率等“美好生活”体验的更高层次。因此，高铁建设必须把人民的需求放在第一位，始终坚持以工程质量为核心的建设理念，把建设“精品工程”作为每一项高铁工程项目的终极追求，把质量安全作为检验铁路建设成败的根本标准和确保运营安全的重要源头；在此基础上，要始终把确保工程质量安全万无一失的标准，全面落实到规划决策、勘察设计、技术创新、施工管理、物资采购、竣工验收、运营准备的全过程，努力建设经得起历史检验和运营检验、让人民群众满意的绿色、智能、精品工程。

3. 工程难度和风险不断提高，对高铁质量管理提出更高要求

高铁施工项目最大的一个特点就是工程活动面临各种风险。随着近 10 年来我国铁路建设和运营里程的增加，东南部地区铁路网络日趋完善，东北地区、西南地区、西北地区逐渐

成为铁路建设的主战场，软弱围岩、岩溶、富水、断层破碎带、高瓦斯等复杂地质条件越来越多，长大隧道、特殊结构桥梁、高填深挖等重难点高风险工程不断出现。

与此同时，西南、西北地区特殊的地形和气候条件，决定了在这些地区进行铁路项目建设时，交通运输不便，机械设备、施工物料有效供给困难，资源配置难度大，现场作业条件艰苦，“人、机、料、法、环”等要素受控程度差，“四化”支撑手段实现难度高，施工现场形成规范的标准化作业单元困难多。以上诸多不利因素，造成建设管理和现场施工管理工作量成倍增加，质量安全问题发生的可能性大幅增长。

此外，由于铁路建设项目征地拆迁难度日益增加，部分项目征地拆迁滞后对工程进展造成了严重影响，项目开通前赶工、抢工现象时有发生。由于与铁路项目配套的地方规划不断调整或不能尽早确定，造成铁路站房工程、枢纽工程技术方案不稳定、确定时间晚，也给这些工程的质量安全管理提出了更高的要求。

4. 推进“一带一路”建设和铁路“走出去”，要求高铁建设创新管理方法、提高竞争实力

得益于“一带一路”建设及高铁行业的快速发展，中国高铁已成为我国对外交流合作的一张亮丽“名片”，铁路建设从解决交通运输瓶颈阶段进入了现代化建设新时期。100 多位国家元首、政要及多国代表团考察中国高铁，无不高度评价中国高铁成就，更在全世界激起了高铁建设的热潮。在此情况下，必须深刻把握高铁工程质量是百年大计、是民生工程，事关经济社会发展大局和国家“走出去”战略实施，事关铁路事业长远发展。因此，应进一步创新高铁工程质量管理，为加快我国高铁“走出去”的战略步伐，为“一带一路”倡议的实施提供强有力的支撑与保障，有效提升中国高铁建设与发展的核心竞争力，增强我国在国际高铁工程建设项目争夺中的话语权，继续发挥好中国高铁对世界高铁发展的引领作用。

5. 信息化智能化技术发展对高铁工程质量管理提出新要求

随着现代信息技术的快速发展，物联网、大数据、云计算等高新科技在工程建设质量管理领域广泛应用，对高铁工程质量管理提出了新的要求。作为工程建设质量管理的重要环节，各级政府工程质量监管部门利用信息化技术，设计开发相应系统，通过全方位、多层级的监管，助力工程建设质量的提升。工程建设各参建主体也开发出具备实时监控功能的信息化系统，投入工程建设质量管理实践，成效显著。施工企业利用信息化技术开发自动化仪器及信息系统以辅助施工作业，在高铁建设中发挥重要作用。

但目前国内高铁工程质量管理智能化平台还未与政府主管部门质量监管的信息化建设产生协同效应。现存的智能化平台不同程度上存在“信息孤岛”问题，无法实现有效联动；相关质量监管链条缺失，较难实现工程质量全过程无缝闭合监管；管理平台数据标准规范不统一，监管体系完整度不够，对高铁工程质量管理信息化智能化建设提出了新的挑战，需要加快质量管理信息化平台和体系建设，以满足高铁规模化、高质量建设的需求。

第 2 章 高铁工程质量系统管理的内涵与总体架构

根据新时代对高铁建设的新要求，高铁工程质量管理水平仍需提高，需进一步解决管理制度、规范、办法、流程等方面不系统、不完整的问题。因此，运用系统工程的思维，将质量管理具体细分为多个子系统，围绕提高质量管理水平、打造精品工程的目标进一步完善我国高铁质量管理体制机制，并形成质量管理各方面整体最优方案，对提高高铁工程质量管理水平具有十分积极的意义。

系统工程是一门工程应用技术，它提供了将用户需求成功转化为系统产品的逻辑思维方法和系列具体方法，在应用中侧重于对系统总体问题，即系统构成要素（或子系统）、组织结构、信息交换与反馈机制等的研究，其任务是在分解-集成思想指导下，利用分析、综合、试验和评价的反复迭代过程，综合多学科、多专业技术，开展系统的需求分析、方案设计、制造与总装、验证和使用等工作，最终通过系统工程技术及系统工程管理两大并行的优化过程，开发出满足全寿命周期使用要求、总体最优的系统。高铁工程质量管理具有要素众多、关联密切、结构复杂、系统边界及目的明确、动态变化等特点，符合系统工程解释良性结构的优势。因此，本书以系统工程理论为基础，针对高铁工程质量管理实践中面临的主要挑战，结合新时代高铁工程质量管理内涵和特点，建立统一、规范、适用的质量管理系统，从而为提高我国高铁质量管理水平和效率奠定坚实基础。

2.1 高铁建设项目及工程质量管理特点

2.1.1 高铁建设项目特点

高铁建设项目与市政建设、水利、机场等其他工程项目在管理方面有共性特点，如必须执行国家关于工程建设的法律法规和国家强制性标准，实行项目法人责任制、招投标制、合同管理制和工程监理制等。但同时，由于高铁建设项目事关国计民生，并且规模大、标准高、涉及面广，因而其管理也体现出多方面的独特之处，主要体现在 7 个方面。

1. 标准高

为了满足高铁运行安全性、平稳性和舒适性要求，高铁工程对桥梁徐变、路基工后沉降、路桥过渡段差异沉降、轨道板铺设精度、轨道平顺性等指标要求极其严格，工程质量验收标准量级都提升到毫米级别，土建工程精度甚至要达到“机加工”的精度等。这些高标准要求是高铁建设中极为重要的特点和难点。

轨道工程方面，我国高铁设计研发了时速 350 km 高铁无砟轨道成套技术，大幅提高了线路平顺性，保证了列车运行的高速度，减少了线路维修的频次；通过三网合一的精测网实现了轨道的精确铺设，保证了高铁基础设施建设、维修的高精度；同时，自主研发了高铁用钢轨、扣件、道岔和钢轨伸缩调节器等系列产品，满足了线路高平顺、高稳定要求。例如，京沪高铁，全部采用无缝线路，为避免高温胀轨影响行车，研究采用了高强度的钢轨，能承受较大的温度力；采用高标准高铁扣件、道岔、无砟轨道等新产品、新技术，通过强大的线路阻力来锁定轨道，限制钢轨的自由伸缩；通过合理确定锁定温度，施工中采取合理工艺，运营过程中开展定期巡检等手段，确保道床和钢轨的受力均匀、不产生突变。

路基工程方面，将传统的“土石方”理念转变为“结构物”进行设计，形成了地基处理、路基填筑设计施工技术标准；采用桩基、换填、挤密、排水等复合地基处理技术；路基结构采用优质填料分层压实，具有足够的强度和刚度，确保高铁路基长期稳定和平顺。

桥梁工程方面，为满足高速度的要求，我国进行了高铁桥梁结构设计、结构选型、材料等方面的技术攻关，对桥梁的挠度、扭转等进行严格控制，将梁端转角控制在千分之一以内，确保了高速列车通过时，桥梁具有足够的强度、刚度和稳定性。

隧道工程方面，由于隧道是一个半封闭空间，在高速运行条件下，列车进入隧道及隧道中列车交会时将面临压力波的巨大变化，影响列车运行稳定性和旅客乘坐舒适性，因此，通过采取特殊洞口结构、增加隧道断面、优化断面形式，有效降低了列车进入隧道和会车时的压力波，满足了旅客舒适度的要求。

我国高铁工程质量验收标准

1. 线路基本标准

(1)设计速度：250 km/h 以上。

(2)最小曲线半径：350 km/h 的高铁一般要求 7 000 m，而 160 km/h 的普铁为 1 600 m。

2. 路基工程

(1)路基工后沉降值：350 km/h 的高铁，无砟轨道要求一般地段工后沉降值不大于 15 mm，桥台台尾过渡段工后沉降(差异沉降)为 5 mm；160 km/h 的普铁(有砟轨道)相应数值为 200 mm、100 mm。

(2)沉降观测评估要求：高铁及无砟轨道路基应进行沉降评估，200 km/h 及以下的有砟轨道仅规定在软土、湿陷性黄土地段宜进行路基沉降评估。

(3)路基排水结构设计：高铁设计使用年限为 60 年，普铁为 30 年。

(4)基床：基床底层承载力，200 km/h 及以上铁路要求不小于 180 kPa，200 km/h 及以下铁路要求不小于 150 kPa。填料要求不同。200 km/h 以上高铁基床表层均要求级配碎石，粒径不大于 60 mm；普铁选用砾石类料，粒径不大于 100 mm。基床底层高铁要求砾石类或 AB 组料或化学改良土，粒径不大于 60 mm；普铁要求填料类型相同，粒径不大于 200 mm。基床压实标准：高铁采用压实系数、地基系数、动态变形模量作为控制指标，相应标准为基床表层 $K=0.97$、$K_{30}\geqslant190$ MPa/m、$E_{vd}\geqslant55$ MPa；普铁压实标准为 $K=0.95$、$K_{30}\geqslant150$ MPa/m。

(5)基床以下路堤填料和压实标准也有不同，不再详述。

(6)路桥过渡段、与框构桥等横向结构物过渡段长度：高铁要求过渡段梯形底部沿线路方向 3～5 m，普铁取 3 m；过渡段坡度高铁要求 1∶2～1∶5，普铁为 1∶2。过渡段填料：基床表层以下高铁要求掺 3%水泥的级配碎石，普速 A 组料即可；过渡段基坑高铁要求用混凝土或碎石或改良土回填，普铁用碎石或改良土。

(7)路隧过渡段：160 km/h 以上设过渡段。

(8)路基侧沟、天沟、排水沟：200 km/h 及以上铁路要求用混凝土浇筑或预制构件拼装；路基排水设计降雨重现期，高铁为 50 年，普铁为 25～50 年。

3. 隧道工程

(1)洞门空气动力学效应：160 km/h 以上铁路应考虑。

(2)防水等级：高铁拱墙为Ⅰ级防水，普通电气化铁路拱墙为Ⅱ级防水。

4. 桥梁工程

(1)桥梁检查结构：墩台顶至地面高度，高铁为 6 m，普铁为 4 m。

(2)梁体竖向挠度：跨度为 40 m 以内、40～80 m、大于 80 m 时，高铁挠度允许值分别为 $L/1\ 600$、$L/1\ 900$、$L/1\ 500$，普铁相应为 $L/1\ 600$、$L/1\ 350$、$L/1\ 100$。

(3)竖向相对变形量限值：高铁 1.5 mm，普铁 3.7 mm。

(4)墩台水平刚度：高铁梁端水平折角不大于 1.0‰rad；普铁跨度不小于 40 m 时为 1.5‰rad，大于 40 m 跨度时与高铁相同。

(5)墩台工后沉降：高铁有砟轨道墩台均匀沉降限值为 30 mm，相邻墩台沉降差为 15 mm；高铁无砟轨道墩台均匀沉降限值和相邻墩台沉降差分别为 20 mm 和 5 mm，普铁分别为 80 mm 及 40 mm。

2. 难度高

高铁工程是复杂的线性工程，建设时逢山凿路、遇水架桥，建设专业涵盖了路基、桥涵、隧道、轨道、房建、电力、通信、信号、电气化、信息系统、客服系统等。高铁工程线路长、环境复杂、专业众多、交通条件差等诸多特点，进一步决定了高铁建设管理跨度大、难度高。主要困难和挑战有：

(1)环境差异挑战。由于高铁线路里程较长，一条线路可能经过不同气候、气温、气象条件地区，这为高铁工程的环境适应性带来较为严峻的挑战。例如，兰新高铁途经新疆、甘肃、青海等环境差异较大的区域，在新疆经过百里风区、三十里风区等大风区，气候干燥、温差较大，对混凝土养护造成极大困难；在甘肃经过海拔 3 000 m 以上的祁连山区，高寒缺氧、冰冻严重，对隧道出入口排水设计施工影响很大；在青海经过门源等高原旅游区，对铁路站房建设和绿化工作提出了新要求。

(2)地区差异挑战。例如，京沪高铁建设项目经过 7 个省市，包括北京、天津、河北、山东、安徽、江苏、上海，这些省市经济发展速度不一，部分路段的建设有时会出现资金不能及时到位的情况，各省市对征地拆迁的政策也不尽相同，这些都给建设管理带来挑战。

(3)交通挑战。高铁工程地理跨度一般较大，导致管理难度显著提高，为管理时效性带来挑战。例如，兰渝铁路建设时，其最长隧道——西秦岭隧道全长 28.236 km，从入口到出口，汽车需绕行秦岭山脉的 138 km 行程，加之路况较差，往往需行驶 7 h 以上，导致管理人员的主要时间都花在去工地的路上。

(4)文化传统差异挑战。我国高铁以网络形式战略性布局于全国多个地域，同一线路可能要经过多个不同文化和民族区域。例如，长昆高铁云南段，经过曲靖、昆明市所辖 7 个县区，少数民族众多，有彝族、回族、苗族、壮族、布依族、水族等，各民族在饮食文化、自然崇拜、宗教信仰等方面体现出明显的差异性，对高铁建设者了解当地文化传统、尊重民族习俗、推动民族融合提出了较为严峻的挑战。

3. 系统性

高铁工程大到整条线路，小到一个车站的单体改造，都体现出系统性特点。一方面，高铁项目参建单位众多，在工程管理中必须加强建设单位与其他单位的统筹协调，避免各家参建单位管理功能结构的相互交叉，在组织管理方面体现出系统性；另一方面，高铁项目涉及多专业、多技术交叉融合，尤其对于大型综合性工程项目，普遍具有规模较大、涉及因素众多、技术复杂、建设期长、投资大等特点，都要经过科学严格的规划、研究、设计、施工、验收等环节，并达到整体工程系统性最优化的最终目标，这也对高铁工程的系统性管理提出更高要求。

4. 重复性

与一般工程项目类似，高铁工程建设项目也具有重复性特征，同类工程项目的管理内容大体一致。例如，项目需执行的法律法规、技术标准、建设程序是一样的，项目质量、安全、工期、成本等管理内容和控制目标也是一致的，这为标准化管理提供了条件。因此，在推进高铁工程建设过程中，应该充分利用高铁工程建设重复性特点，建立统一的标准和作业流程，进一步加强标准化管理。

5. 大、小业主共存

首先，国铁集团是“大业主”。目前，我国高铁的建设主要由国铁集团承担，其建设管理模式主要有两种，即两级管理(国铁集团—铁路公司)和三级管理(国铁集团—铁路局集团公司—项目指挥部)。从项目决策、设计、融资、实施、验收等高铁工程项目全寿命周期角度而言，国铁集团是“大业主”。国家明确了国铁集团在高铁工程中的业主地位：负责拟定铁路投资建设计划，提出国家铁路网建设和筹资方案建议，负责建设项目前期工作，管理建设项目；同时，在相关铁路建设管理办法中明确指出，国铁集团负责组织铁路建设，统一管理建设项目前期工作，统一安排、推进铁路建设项目实施，具体工作包括制度标准制定、立项审批、设计审批、概算调整、建设资本金筹集、指导项目推进、质量等工程监管、初步验收、安全评估、重点物资招标组织等。

其次，铁路局集团公司和铁路公司是"小业主"。在国铁集团大业主的宏观管理框架之下，铁路局集团公司和铁路公司是项目法人，负责工程管理具体工作的实施，承担了建设单位的主要管理职责，充当了工程项目的"小业主"角色，包括：招标选择设计、施工、监理队伍，办理项目审批的前置性文件，征地拆迁组织、合同管理、项目推进，对质量、安全、工期、投资、环保、稳定工作进行全面管理等。

这种大、小业主共存的状况是铁路管理体制决定的。国铁集团作为出资人代表，是所有高铁工程的业主；但鉴于全国铁路建设规模庞大，这些建设职责需要众多机构和人员才能履行。因此，在保证国铁集团承担决策等方面重要职责的前提下，需要分布在全国各地的铁路局集团公司和铁路公司承担建设管理的具体工作，客观上形成了当前大、小业主共存的局面。

6. 国有出资为主

根据国务院部署，国铁集团多次出台投融资体制改革的意见，以推进铁路建设投资多元化，但由于铁路建设项目投资大、回收期长、预期效益不高以及运输集中统一管理等原因，民营资本一直较少进入铁路行业，即使有一些民营企业参股铁路建设，也大多是为了从铁路得到运力保障而投资的。因此，我国高铁投资主要来源于国有企业和政府，如京沪高铁出资人共 12 家，详表 2-1。其中，沿线八省市的 8 个出资人代表地方政府，铁路投资公司代表当时的铁道部，其他三家出资人则为国有企业或组织。

表 2-1 京沪高铁出资人及出资份额

序号	出资人	出资金额/元	占比/%
1	中国铁路投资有限公司	60 366 633 796	46.214
2	平安资产管理有限公司	16 000 000 000	12.249
3	全国社会保障基金理事会	10 000 000 000	7.656
4	上海申铁投资有限公司	7 333 458 900	5.614
5	江苏省铁路集团有限公司	6 801 270 000	5.207
6	南京铁路建设投资有限责任公司	6 532 270 600	5.001
7	山东铁路建设投资有限公司	6 051 313 900	4.633
8	天津铁路建设投资控股(集团)有限公司	5 887 953 600	4.508
9	中银集团投资有限公司	5 217 391 304	3.994
10	北京市基础设施投资有限公司	2 830 492 400	2.167
11	安徽省投资集团控股有限公司	1 836 420 500	1.406
12	河北建投交通投资有限责任公司	1 766 756 200	1.353

由于高铁建设出资人多元，往往成立股份公司，按公司法进行治理，规范管理流程。同时，为了对政府和国有企业负责，在项目管理上也有特殊要求。一是树立不仅对股东负责，更对政府负责的意识。政府对高铁投资表明了政府对高铁的信任和支持，因此，必须管好、用好每一分钱，建好、管好铁路，为地方的经济社会发展作出应有贡献。二是树立不仅对股东，更对人民负责的意识。国有资本是全民所有，都是人民群众的财产，因此，在铁路建设中必须以人民利益为上，为民谋利，建成让人民满意、经得起历史检验的工程。

7. 国有大企业为骨干

高铁工程实行设计、施工、监理招标，由于工程量大、专业性强，对投标人资质条件设置相对较高。例如，集宁经大同至原平铁路内蒙古段施工招标时，要求投标人为在中华人民共和国境内合法注册的独立法人，具备有效的营业执照、施工企业资质和安全生产许可证等，并在人员、设备、资金等方面具备相应的施工能力；具备铁路、公路、水利水电、矿山、港口与航道、市政公用工程施工总承包特级资质之一，有铺轨施工要求时要同时具备铁路铺轨架梁工程专业承包壹级资质；具有近 5 年完成的设计时速 250 km 及以上铁路站前工程业绩或类似项目施工业绩，有铺轨施工要求时要同时具有高铁铺轨施工业绩，有站改工程施工要求时要同时具有既有线站场改造施工业绩；申请人拟派项目经理须具备铁路工程专业一级注册建造师执业资格证书，有效的安全生产考核合格证书，与申请人具有有效的劳动和社保关系等；申请人未在“信用中国”网站中被列入失信被执行人名单，未在国家企业信用信息公示系统中被列入严重违法失信企业名单，未被列入铁路工程建设失信行为“黑名单”；申请人及其法定代表人、拟委派的项目经理在近 3 年不曾有行贿犯罪记录；未被取消或暂停投标资格、不存在最近一期施工企业信用评价为 C 级且在整改期内的情形。

目前看，具备这样资质的施工企业基本是国有企业或国有控股企业。鉴于此，建设单位的管理就表现出三方面特点：

一是国有企业实力强。国有大型施工企业对施工的资源配置充分，当遇到某些标段有重大变更而大量增加工作量的情况时，国有企业有能力承担资源的额外消耗，风险承受能力较强，可按照正常的变更设计程序处理相关情况，保证项目的延续性。

二是人员经验丰富。国有大型施工企业主要包括中国建筑、中国中铁、中国铁建、中国电建、中国交建等几家中央建筑企业，其二级公司参与铁路施工的有数十家，经过多年铁路建设，积累了大量经验。一方面，建设单位对施工企业的项目经理、项目总工甚至企业负责人有深入的了解，为后续招标时项目经理、总工程师等项目相关管理人员的选择打下了基础，也为遇有抢险任务时的队伍选择提供了条件；另一方面，施工企业对建设单位熟悉之后，也可有选择地投标。此外，对于设计企业，由于全国有资质参与高铁建设的设计单位只有数十家，所以建设单位与设计单位之间的相互选择更容易。

三是国有企业信誉高。国有大型企业经营管理水平较高，目前没有破产的记录。因此，在建设期不用担心某个设计、施工或监理企业破产倒闭而影响工程建设，也不用担心工作任务未完成就走人的现象发生，这些为一体化管理提供了条件。

2.1.2 高铁工程质量管理特点

高铁建设作为建设工程的一种，其质量管理和控制具有综合性和复杂性特征，具体有以下几点。

1. 工作强度大

高铁工程的建设规模一般比较大，包括轨道工程、桥隧工程、车站建筑工程、通信工程、信号工程、电力工程、电气化工程和给排水、环保工程等，涉及专业多，系统接口多，工程建设极为复杂。复杂的工程建设，造成质量管理工作强度大，比一般的工程项目需要投入更多的精力。

2. 专业技术性强

我国高铁建设面临着极为复杂的自然地理和气候条件，已成为高铁工程项目质量的重要影响因素之一。地质条件越复杂，对工程项目的技术要求越高。特别是对于隧道建设、桥梁架设、轨道铺设、抗震设计等重大专项工程而言，其技术要求更高，对工程质量管理的要求也更严格，要求质量管理手段应更加先进。

3. 安全性要求高

安全和质量相辅相成、不可分割。高铁工程项目高质量，才能保证其运营的安全性。因此，对于高铁工程项目，保证已完工实体工程的稳定性、安全性以及高强度要求是工程项目质量控制的内在要求。其中，高安全性是工程项目质量控制的最基本要求。

4. 影响因素多

影响高铁工程质量的因素有很多。建设程序方面，包括立项、勘察设计、施工、验收等；建设要素方面，包括项目人员、建筑材料、机械、工艺、操作方法、技术措施等；自然环境和社会环境方面，包括地质、气象、法律制度等。要保证高铁建设工程的质量，就要对这些影响因素实施有效的控制。

5. 控制难度大

一方面，高铁项目单件性、流动性等特点决定高铁建设标准化难度高、质量控制难度大。高铁建设施工因所在地点、环境条件不同而不同，同时施工场地上的各种材料、设备和工人又必须在工作面上不断流动，也就是高铁建设项目具有与其他工程建设项目同样的单件性和流动性。因此，高铁建设项目标准化施工存在难度，工程质量容易产生波动、不易控制。另一方面，高铁涉及专业、人员、单位较多，施工场面宏大、参建人员众多、工序交接密布、中间产品繁多、作业环境不良，管理层次多、跨度大，就建设单位而言，要全面负责全线的建设管理工作，现场质量控制任务极重。此外，随着高铁项目线上和站后工程的全面铺开，专业类型和专业接口越来越多，施工工点愈发分散，质量协调管理难度不断增大，这对参建单位质量管理人员的专业素质和管理能力提出更高要求。

6. 过程管理要求高

高铁建设工程施工是一次性、不可逆的，出现任何质量问题，都无法完全恢复到质量事故之前的状态，严重情况甚至会导致工程报废。质量控制过程一旦出现失误，就很难纠正，加之工程竣工验收存在一定局限性，不能像一般工业产品那样依靠质量终检来把关质量。因此，高铁建设工程质量管理重在建设程序、施工环节、检验过程等方面，要高度重视过程控制。

7. 人员素质要求高

一方面，高铁工程施工技术新、工艺标准高，对施工单位的施工水平提出了高要求。特别是首次参与高铁建设的施工单位，其施工经验、技术力量、劳务队伍管理等方面要适应建设要求，还需要经历一个学习过程。另一方面，监理作为建设管理的延伸，应该在项目质量控制中发挥重要作用。但由于我国正值铁路建设高峰期，监理单位承担监理任务多，监理人才储备不足，部分监理人员工程技术知识欠缺、经验不足，给现场质量监控带来不利影响。

8. 社会影响大

高质量高铁工程产生的效果不仅仅是延长使用寿命，为国家节约大量建设、更新、改造费用，更重要的是关系到广大人民群众生命安全，关系到国家的国际声誉。从高铁诞生至今，国外发生了多起因工程质量问题而引发的事故，造成了巨大的生命财产损失。诸如，1999 年德国 ICE-884 列车在埃舍德发生脱轨事故，造成 100 人死亡，60 人重伤，事故主要由轮箍断裂造成；2002 年法国由巴黎驶向维也纳的高速列车，由于电路短路造成 12 名乘客窒息死亡；2006 年法国高速列车由于路基不平顺造成脱轨，导致 14 人受伤；2011 年韩国一列 KTX 列车由于螺母松动造成脱轨，导致全线停运；2017 年 12 月，驰名中外的日本新干线列车发现车架有 14 cm 长的裂缝，属于重大安全隐患，西日本铁路公司调查结果显示是由于车底钢材不符规格、强度不够所导致。

从国际经验来看，高铁事故大多与高铁项目质量有密切关系，如果因为工程质量引起高铁运行故障，将引起强烈的社会反响，使人民群众心里产生疑虑，引发国际社会震动，给国家抹黑。因此，加强高铁工程质量管理、打造高铁精品工程，必然成为铁路建设者的中心工作。

2.2　高铁工程质量系统管理内涵

结合高铁建设项目和高铁工程质量管理特点，应利用系统工程的思路，构建高铁工程质量管理系统。

2.2.1 系统工程理论研究综述

1. 系统工程的概念

国外从20世纪50年代开始探讨系统工程的概念。1957年出版的《系统工程：大规模系统设计导论》是第一部专门讨论系统工程方法的专著。1962年，霍尔出版了《系统工程方法论》，强调要把系统工程看作一种解决实际问题的程序。1969年，霍尔又提出了系统工程的三维形态分析模型，同年7月，美国空军颁布了第一个系统工程管理标准 MIL-STD-499(USAF)。1974年经过修订的系统工程管理499A标准正式发布，将系统工程定义为“一系列逻辑相关的活动和决策，把使用要求转换为一组系统性能参数和一个适当系统配置”。美国航空航天局认为系统工程是设计实现一个系统并对其进行技术管理、运行和退役处置的严格方法。欧洲航天标准化合作组织(ECSS)将系统工程定义为“一个跨学科的方法，支配将需求转化为系统的全部技术工作”。国际系统工程协会定义系统工程为“成功研制系统的一种跨学科的方法和手段”。

系统工程理论在20世纪50年代传入我国，钱学森先生是我国系统工程学的创始人。系统学是一门交叉学科，主要研究系统的普遍属性和运动规律，研究系统演化、转化、协同和控制的一般规律，系统间复杂关系的形成法则，结构和功能的关系，有序和无序状态的形成规律以及系统仿真的基本原理等。

系统工程根据总体协调的需要，把自然科学和社会科学的思想、理论、方法、策略和手段等有机地联系起来，把生产、科研、经济和社会活动有效地组织在一起，应用定量和定性分析相结合的方法以及计算机等技术工具，对系统的构成要素、组织结构、信息交换和反馈控制等功能进行分析、设计、制造和服务，从而达到最优设计、最优控制和最优管理的目的，以充分发挥人力、物力和信息的潜力。

系统工程的核心是分解与集成。根据工程总体战略目标和需求，将上层工程任务进行分解，总系统分解为若干个分系统，每个分系统又分解为若干子系统。在此基础上，根据工程总体要求，以实现总体绩效最优为基本指导思想，对子系统、分系统进行逐级协调，并不断验证和调整各类指标，直至完成工程产品的研发，得到满足工程总体需求及整体目标优化的工程系统化产品。

2. 系统工程理论的基础

系统工程理论的基础包括：1937年美籍奥地利生物学家贝塔朗菲提出的一般系统论的概念，1947年美国学者维纳创立的控制论，1948年贝尔研究所的数学家香农提出的信息论，20世纪60年代末期发展起来的自组织理论，以及后来大力发展起来的运筹学，等等。

3. 系统工程过程

系统工程过程的特征是全面综合、反复迭代、循环递进、渐进寻优直至问题解决。这一过程将系统的总体需求转换为系统的规范、体系结构和技术状态等，以有效解决工程设计问题，同时对系统工程设计进行全方位跟踪监控，这也是系统工程管理的核心。

系统工程过程包含四个主要活动：系统总体需求分析，系统功能分析与功能分解，系统的综合设计研发，系统产品的实验、验证与修正。当前，国际上典型的系统工程过程主要有"V"字过程模型、"瀑布"过程模型与"螺旋"过程模型三种。

(1)"V"字过程模型

"V"字过程模型由凯文·福斯伯格(Kevin Forsberg)与哈罗德·穆兹(Harold Mooz)提出，侧重于项目周期技术，如图 2-1 所示。"V"字过程模型图的左侧代表基于客户提出的研制需求，自上而下地从总系统到分系统再到部件的逐层分解要求、各类相关界定和设计等。右侧代表部件以及分系统按照自下而上的顺序，逐级进行集成优化和试制、验证，最后得到经过验证的满足客户初始研制需求的系统产品。

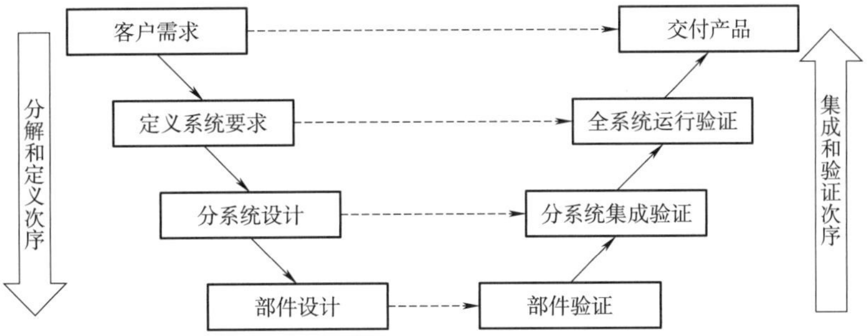

图 2-1　"V"字过程模型

(2)"瀑布"过程模型

"瀑布"过程模型按照工程项目组织实施的逻辑顺序，将项目过程分为定义、设计、实现与测试四个主要阶段，每一个阶段都有需要完成的任务。在系统定义、分系统定义、初步设计与详细设计各个阶段都会生成不同的正式文档。设计者、客户、开发商等工程参与单位在文档的统一标准和要求下保持步骤一致。"瀑布"过程模型的每一步都由基线控制进行监督，如果不遵守合理合规的程序，各阶段或者步骤的需求分析与设计在后续研发或生产过程中就不能被随意地修改。在详细设计的基础上，可实现和测试一系列微观层面的细小硬件与软件单元，并通过协同优化使总体系统最终通过验证，具体过程如图 2-2 所示。

(3)"螺旋"过程模型

巴里·贝姆(Barry Boehm)在吸收"瀑布"过程模型的基础上，提出了"螺旋"过程模型。核心是把系统工程分解为多个阶段，在每个阶段使用"瀑布"模型开发出"原型"，实现阶段性目标，随后以这一阶段性结果为基础，再次运用"瀑布"模型实现下一阶段的优化目标。通过逐步迭代，最终实现螺旋式上升。

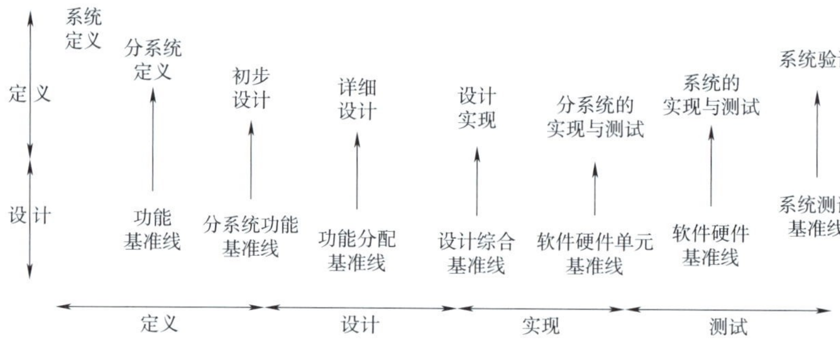

图 2-2 “瀑布”过程模型

4. 系统工程的应用范围

系统工程在实践中应用非常广泛，可以解决一切复杂项目的规划设计问题、管理控制问题以及生产运作问题。系统工程的应用范围包括自然系统的宇宙、气象、灾害、土地、资源、农业、林业、渔业，人体系统的生理、病理、脑、神经、心理、医疗，产业系统的技术开发、土地设施、网络系统、服务系统、交通控制、经营管理，社会系统的国际系统、国家行政、地区社会、文化教育等，涵盖自然科学和社会科学的方方面面。国外系统工程成功应用的著名案例有 1940—1945 年的“曼哈顿工程”、1972 年的“阿波罗”登月计划等；国内系统工程成功应用案例有钱学森院士主持的中国导弹和人造卫星的研制发射、中国人口问题的定量研究和应用等。

5. 系统工程国内外发展现状

(1)国外系统工程发展现状

一是系统工程的标准体系越来越完备。早在 1969 年，美国颁布了世界上第一个系统工程标准《系统工程管理》(MIL-STD-499)，随后又进行了一系列修订升级，形成了系统工程的标准族。2012 年 9 月，美国国防部所属系统工程研究中心发布了《系统工程知识体系指南》1.0 版。该书是系统工程领域相关知识的集大成之作，目前仍在不断修订并发布新版本。欧洲航天标准化合作组织(ECSS)在 ISO、NASA、ESA/PSS 以及各航天公司已有的技术标准体系基础上，搭建了系统化、全方位、可以及时更新的系统工程标准体系，使所有航天系统工程在实施过程中都有完备的技术标准依据和活动程序参考。

二是系统工程的支持能力逐渐提高。NASA、ESA 等诸多机构都设计研发了航天系统设计平台与仿真平台，这些平台均已投入应用，相关的协同机构也已成立，从而为各类大型、特大型科技工程的系统级设计与仿真提供了技术和管理方面的支撑。

三是系统工程的长效机制日趋完善。通过梳理部分国家系统工程技术的发展脉络，可以看出系统工程技术能力具有很强的优势，具体体现有：已经形成了一套规范的系统工程技术研发活动操作规程，而且该规程在实际应用中不断得到优化；系统工程的应用平台与仿真平台已形成并不断增强；已有研制经验不断融于系统工程产品的研制过程，并形成了长效机制。

(2)国内系统工程发展现状

1958 年，钱学森所著《工程控制论》(中文版)出版，为我国研究系统工程奠定了前期理论基础。20 世纪六七十年代，以“两弹一星”工程为代表，我国开始从工程实践探索系统工程的方法。1978 年，钱学森发表了专著《组织管理的技术——系统工程》，第一次系统地概述了系统工程的主要内容。20 世纪八九十年代，航天器研制工程逐渐开始设立行政总设计师和技术总设计师，采取“一总、两线”的系统工程组织管理模式，系统工程思想得到了进一步发展与深化。自 20 世纪 90 年代中期以来，我国航天系统工程得到全面发展。

我国系统工程经过几十年的发展，取得了一定的理论成果，建立了较为科学的标准体系，但标准体系未能涵盖系统工程的全寿命周期，系统工程管理模式和运行机制尚不完善，系统工程的规律、方法和体系研究还不够，未形成对系统工程的长效支持机制。系统工程技术层面研究不足，系统设计的仿真系统难以有效地支撑系统的集成与仿真，尚未建立正式的协同设计机构或部门，不能在协同平台与协同机制的支撑下开展协同设计工作。

系统工程在我国发展应用前景广阔，应加强系统工程标准体系研究，加大系统工程标准规范建设力度，提供系统工程各项活动执行依据，加强系统工程理论创新研究以及系统设计专业技术综合研究，持续开展国内系统工程经验总结和国际系统工程技术跟踪调研，形成促进系统工程技术发展和系统工程能力提升的重要理论基础、技术支撑。通过完善组织体系、培养系统工程师队伍、健全发展机制，保障系统工程技术的持续研究和长效发展。

2.2.2　高铁工程质量系统管理的三维概念模型

高铁工程质量涉及工程设计质量、施工质量，有路基、桥隧、房屋、“四电”(电力、通信、信号、电气化)等多个专业及接口，要控制好工程质量，就必须做好顶层设计，采取系统管理，并推动系统功能最优，实现高铁工程整体质量最好。因此，按系统工程思想，本书采用霍尔(Hall，1969)创立的三维形体系统工程方法论，紧密结合高铁工程质量管理特征，从高铁工程建设项目全寿命周期角度出发，把握系统工程技术和系统工程管理两大过程，同时细化各阶段管理流程，建立高铁工程质量管理的时间维、逻辑维、知识维三维结构，如图 2-3 所示。

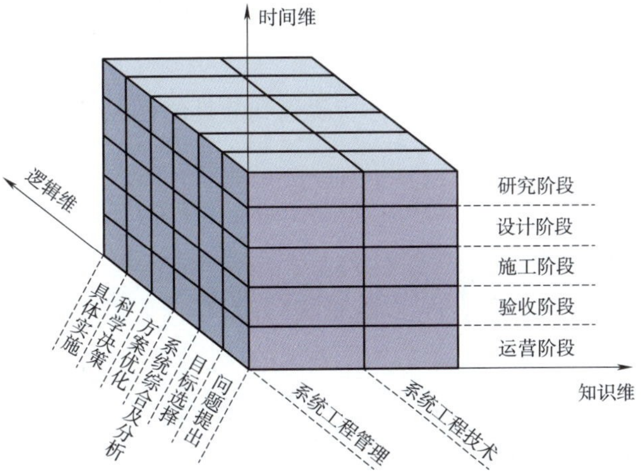

图 2-3　高铁工程质量系统管理三维概念模型

高铁工程质量系统管理三维概念模型各维度具体内涵分别如下：

1. 时间维

时间维表示工作阶段。在高铁建设工程项目中，时间维度指的是项目的全寿命周期，因此，按时间顺序，可将高铁建设工程质量管理按时间顺序划分为项目研究决策、勘察设计、工程施工、竣工验收四个阶段；此外，由于较多质量问题可能在高铁运营阶段集中涌现，因此，应进一步考虑高铁运营阶段的质量管理及效果，作为高铁工程质量系统管理的反馈机制。具体包括以下方面：

（1）研究阶段：细化分析项目的质量风险，预测项目质量风险的可能性和规律性，研究各种质量管理具体问题对项目质量目标的影响程度。

（2）设计阶段：充分考虑质量影响因素的控制措施，并随着设计方案的优选、设计深度的增加、实施计划的细化及项目结构的逐渐清晰，细化到各个项目结构单元，落实到基础层面工作上。

（3）施工阶段：全面检测质量影响因素，与项目既定计划比较，积极采取有效的质量管理措施，实现设计蓝图转变为工程项目实体。

（4）验收阶段：全面组织各参建单位参与竣工验收，分析质量管理措施对不同参与方利益的影响。

（5）运营阶段：根据维修保养情况及质量问题，对工程项目质量管理全过程进行总结评价，同时完善工程质量的运营反馈机制和后评价机制，为今后高铁建设工程质量管理积累经验和材料。

2. 逻辑维

逻辑维表示分析问题和解决问题时的逻辑思维过程。具体到高铁工程建设项目中，从工程质量管理实际问题解决流程出发，可在逻辑维上划分为问题提出及分析、质量目标选择、系统综合及分析、解决方案优化、科学决策以及具体实施。具体包括以下方面：

（1）问题提出：确定当前管理任务需要解决的问题，找出全部关于要解决问题的历史、现状以及发展趋势资料和数据。

（2）目标选择：确定当前质量管理任务所要达到的具体目标，拟定评价标准，以利于衡量系统方案。

（3）系统综合及分析：根据质量目标，制定相关解决方案，在方案中说明系统结构、参数、条件及优缺点，提出备选方案。

（4）方案优化：对各备选方案进行比较、精简，并对精简后的方案进一步阐明性能、特点及整个系统的相互关系，形成模型，然后根据系统的评价目标，对各备选方案进行分析比较，并提出各方案优化的相关措施。

（5）科学决策：决策一个或几个方案试行。

（6）具体实施：按照最终决策方案，将系统付诸实施。

3. 知识维

知识维表示为完成各步骤和阶段所需要的相关专业技术知识。结合高铁工程项目特点，以及系统工程在解决系统问题时必然涉及的两大专业领域，在知识维度上将工程质量管理划分为管理和技术两方面内容。

2.3　高铁工程质量系统管理总体架构

2.3.1　高铁工程质量系统管理体系构成

深入解析高铁工程质量系统管理三维概念模型，可以看出：

时间维主要体现了质量管理应在宏观层面上贯穿于工程项目全寿命周期的每个环节，从系统整体角度考虑质量管理问题，因而需要在项目全过程都营造良好的质量文化，构建完善的质量体系，从而明确高铁工程质量管理的宏观思路和管理边界。

逻辑维主要体现了在微观层面上解决具体质量问题的方法和流程，因而需要细化项目周期内每个阶段主要的质量方法和质量技术，并通过设定质量红线的方式进行严密监控和管理，保证高铁工程质量管理落到实处。

知识维主要体现了在宏观及微观两个层面上解决具体问题的支撑性技术及理论，因此，高铁工程质量系统管理中应高度重视宏观层面质量体系的建立，以及微观层面质量方法和质量技术等的应用，特别是新型质量技术、新管理理论的应用。

高铁工程质量三维概念模型与高铁工程质量管理系统之间的映射关系如图 2-4 所示。

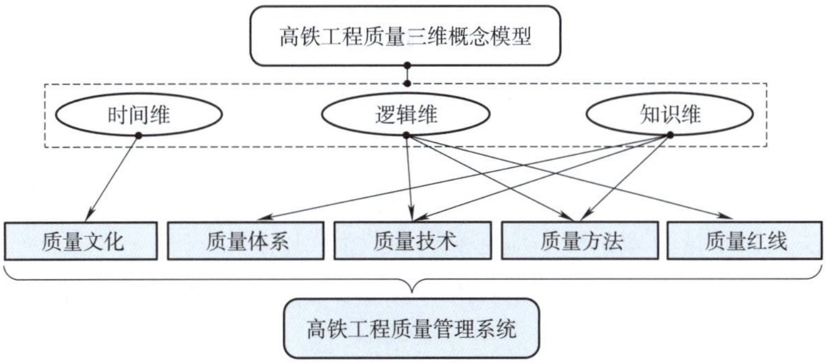

图 2-4　高铁工程质量三维概念模型与高铁工程质量管理系统之间的映射关系

因此，结合三维概念模型各维度重点内容及高铁工程质量管理系统的内涵，根据高铁建设工程项目质量管理的特点和属性，综合归纳高铁工程质量系统管理三维概念模型中所涉及的重点，在技术标准确定的情况下，高铁工程质量系统管理可进一步细分为五个子系统，即质量文化、质量体系、质量技术、质量方法以及质量红线，通过五个子系统间的相互作用，以及与外部环境之间的互动作用，推动高铁工程质量管理系统不断优化。

高铁工程质量系统管理体系构成如图 2-5 所示。

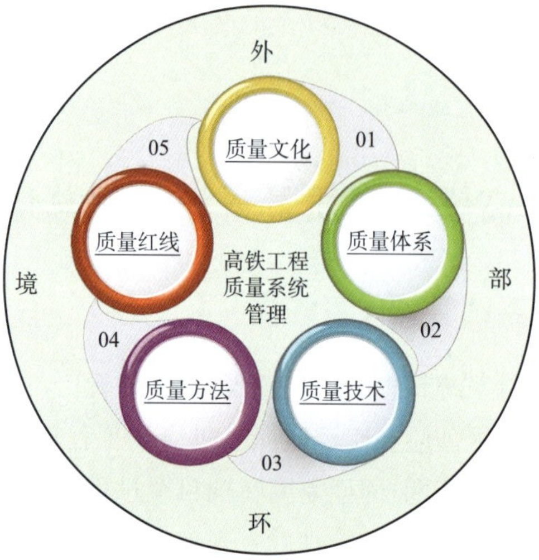

图 2-5　高铁工程质量系统管理体系构成

2.3.2　高铁工程质量系统管理各子系统间的关系

在高铁工程质量系统管理各子系统中，质量文化是引领，质量体系是保障，质量技术是支撑，质量方法是基础，质量红线是托底。

首先，质量文化是指在质量管理中应营造的精益求精的文化氛围，通过明确质量目标、抓住关键环节、加强质量教育、强化团队建设、加强品牌建设等具体措施，使质量文化深入人心，达到鼓舞士气、提升战斗力等目的。在大规模、高标准高铁建设中，通过质量文化这一纽带，能够进一步凝聚各参建单位团结意识，共同推动高铁工程实现高质量建设目标，使“开工必优，一次成优”“要干就干精品工程”“习惯符合标准，标准成为习惯”等观念深入人心，从而引导高铁工程质量管理效率不断提高，进一步提升中国高铁的质量品牌影响力。因此，“质量文化”在高铁工程质量管理系统中应起到引领性作用。

其次，质量体系是指在质量方面指挥和控制组织的管理体系，是建立质量方针和质量目标，并实现这些目标的一组相互关联或相互作用的过程的集合，具体体现在管理组织、制度、流程、人员等一系列管理措施手段。在高铁建设中，通过建立质量制度、完善管理组织、优化管理模式、明确管理流程、落实责任考核、强化人力资源等措施，推动高铁工程质量管理机制和流程的科学发展。因此，“质量体系”在高铁工程质量管理系统中应起到保障性作用。

再次，质量技术是指工程勘察设计、建设施工、竣工验收、投入运营等全过程中所采取的质量管理相关技术和手段，包括 BIM、AI、物联网、服务保障系统、灾害监控系统等先进技术手段。在高铁建设过程中主要侧重于采取的现代化手段，通过信息化、智能化、机械化等新技术在质量管理过程中的创新应用，进一步提高高铁工程质量管理效率，支撑高铁工程质量控制工作的具体实施。因此，“质量技术”在高铁工程质量管理系统中应起到支撑性作用。

第四，质量方法是指高铁工程全过程质量把控的成套方法及管理流程，主要包括全面质量管理、建立信用评价体系、运营单位提前介入、动态验收、项目标准化管理等工程质量管理方法。高铁工程建设过程中，在全面质量管理的框架下，根据工程各环节质量管理工作特点，细化各环节重点运用的质量管理方法，形成一整套系统性的方法体系，为高铁工程全寿命周期的科学性和规范性质量管理奠定基础。因此，“质量方法”在高铁工程质量管理系统中应起到基础性作用。

最后，质量红线是指高铁工程建设中必须强制执行的标准和措施，是质量管理过程中建设各方必须遵守、不可突破的底线，为高铁工程质量管理系统划定系统边界。依据质量红线，能够确定工程实体质量和系统功能的最基本要求，有效保证高铁运营期间的人民生命财产安全、生态环境安全和其他公众利益安全。因此，“质量红线”在高铁工程质量管理系统中应起到托底性作用。

在以上五个子系统中，质量文化作为高铁工程质量系统管理的引领，需要具体体现在质量体系、质量技术、质量方法及质量红线各子系统中，始终以质量文化引领各方面质量管理工作的精细化、规范化、科学化发展；质量体系主要体现为高铁工程质量的管理能力和管理水平，主要涉及知识维的系统工程管理专业，为质量技术、质量方法、质量红线等提供了制度性框架；质量技术和质量方法属于解决具体质量问题的子系统，主要涉及知识维的系统工程技术专业，其中质量方法为高铁工程质量管理提供了解决问题的思路和逻辑，质量技术是实施质量方法的必要前提。综上所述，高铁工程质量系统管理各子系统间的关系如图 2-6 所示。

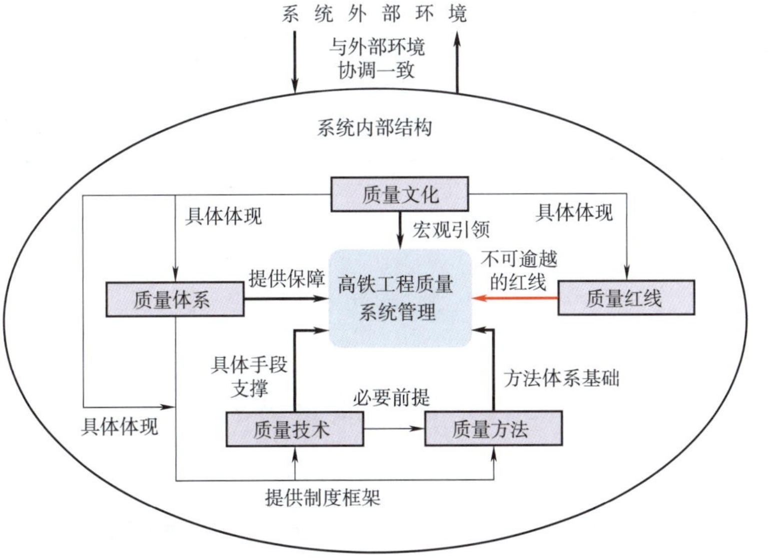

图 2-6　高铁工程质量系统管理各子系统间的关系

第3章　高铁工程质量文化子系统

高铁建设工程，应贯彻落实党的二十大和中央经济工作会议精神，围绕国家铁路“推动铁路高质量发展，率先实现铁路现代化，勇当服务和支撑中国式现代化建设的‘火车头’”的中心任务，结合高铁工程项目特点，在企业、项目中树立宏观科学的质量管理战略思维，以此为指导营造高铁建设质量管理中不留隐患、不留空白、抓住关键、凝心聚力、一荣俱荣的质量文化，并采取明确质量目标、抓住关键环节、加强质量教育、强化团队建设、加强品牌建设等具体措施，使质量文化深入人心，达到鼓舞士气、提升战斗力等目的。

质量文化子系统结构如图3-1所示。

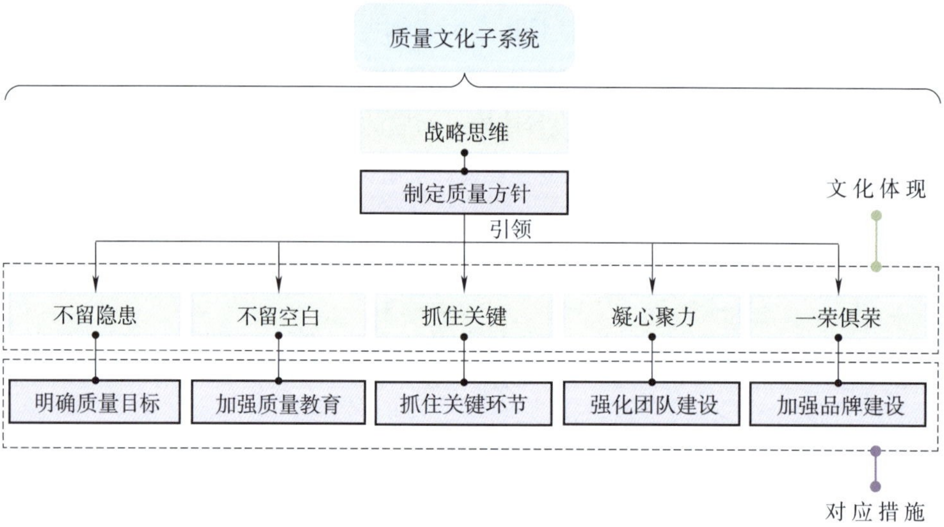

图3-1　质量文化子系统结构

3.1　制定质量方针

在高铁建设项目中，应首先将质量管理工作提高到战略层面，形成各参建单位共同遵循的战略方向，重视培育质量管理“战略思维”文化。这种“战略思维”文化的培育，主要通过制定基于企业及项目发展现状的质量方针来实现。

质量方针是企业或项目质量管理体系中最核心的要素，不仅是全体员工在质量方面的行为准则，也是评价质量管理体系有效性的根本依据。通过制定质量方针，能够确定质量管理的宗旨和方向，明确质量管理的战略特征，特别对于高铁建设工程而言，由于项目具有显著的经济社会效应，因此，制定质量方针既要符合国家和人民的利益，又要立足于项目或企业的实际情况，更要着眼于未来的发展。对于我国而言，几乎所有高铁工程的大业主均为国铁集团，因而高铁工程质量管理的方针均应遵循国铁集团既定方针，即“创新引领、勇争一流”。

创新引领方面，高铁涉及土木、机械、电子、信息、材料等多个学科，包括人员、技术、材料、设备、资金等多种管理，技术含量高、管理难度大、系统协同难度极大。同时，我国高铁建设比德国、法国、日本等高铁发达国家起步晚、基础差，虽经过多年引进消化吸收再创新和全面自主创新，发挥了后发优势，但由于发展速度快，质量管理观念难以匹配越来越高的发展需求。随着民众对高铁需求的不断提升，必须打开国际视野，基于质量管理发展现状，以创新思维完善质量方针和战略的制定，大胆突破现有质量管理框架。具体来说，应充分发挥创新的引领支撑作用，深入实施创新驱动发展战略，系统掌握高铁技术，完善相关标准为工程质量奠定基础，并通过大数据、BIM、AR 等现代信息技术在质量管理中的创新应用为高铁质量提供支撑。

勇争一流方面，应瞄准世界一流水平，着力建成质量可靠的高铁。德国、法国、日本等铁路发达国家在高铁建设上有成功的经验，其工程施工控制得力、质量良好。我国既要学习欧洲、日本等国家和地区的先进经验，又要有强烈的赶超意识，制定适度超前的质量方针和战略，明确系统功能最优、整体质量最好的价值取向，提高我国高铁在质量方面的国际竞争力。

因此，创新和超越是高铁发展战略的需要，系统功能最优、整体质量最好是高铁发展战略的价值取向，这些构成了高铁质量管理的战略文化，这是国家对高铁发展的期望，也是高铁工程质量管理必须坚守的方针。也正是在这种文化指引下，今天中国高铁才有了在世界上一枝独秀的地位。

3.2　明确质量目标

3.2.1　精品工程建设理念

近年来，铁路系统以创建精品工程为引领，认真落实高质量发展要求，取得丰硕的成果，铁路建设各项基础工作得到全面加强，科技创新和施工装备水平大幅提升，保持了铁路建设质量总体稳定可控的局面。但是，从全路高铁建设情况来看，质量安全方面仍然存在不少问题,比如,由于设计缺陷和工程质量问题引起的高铁限速点问题还没有完全消除;隧道、桥梁、路基、站房、“四电”等工程质量通病和惯性问题仍然时有发生。新时期亟须深刻吸取以往铁路建设质量事故的教训,进一步提升工程质量管控水平,要紧密结合“精品工程”内涵,坚持“建设为运营服务”的理念,切实把质量管理作为最基础、最根本、最核心的工作抓实、抓细、抓好,真正打造精品工程、不朽工程。

关于精品工程的概念,从狭义上看,是指通过有效的管理、精湛的技艺创造出的完美建筑物,是以现行有效的规范、标准和工艺设计为依据,通过全员参与的管理方式,对工序全过程进行精心操作、严格控制和周密组织,最终达到优良的内在品质和精致的外观效果;从广义上看,精品工程作为人类文明的载体,在规划设计和运营全过程体现经济发展和社会进步,具有科技含量高以及体现生态、人文、节能、环保等特征,并在其整个生命周期内满足使用需求且能使投资者的利益最大化。目前,建筑行业对精品工程达成了较为一致的看法,主要指建设程序符合国家相关法律法规、依法组织建设的工程,其设计施工执行国家、行业及地方技术标准规范,工程内实外美、节省投资,投入运营后经过一段时间检验未出现质量安全问题,是“优中选优”的工程。

邵山隧道进口、无砟轨道和区间路基精品工程案例

银西高铁陕西段邵山隧道长 1.93 km、衔接桥隧的区间路基长 0.49 km,齐南村特大桥长 0.86 km。邵山隧道与齐南村特大桥之间为路堑、路堤结合段,以挖、填方形式通过。建设中按照精品工程实施方案,分部分项注重细部设计和工艺优化,将邵山隧道进口、无砟轨道、区间路基、隧内盖板和综合洞室建成精品工程。路基采用水泥土挤密桩及柱锤冲扩桩进行地基处理,两侧边坡设置拱形骨架护坡及空心砖护坡,砖孔进行了绿化。从九个部分进行精品打造:六棱块成品养护、骨架护坡、空心砖铺砌、边坡绿化、坡顶矩形截水沟工艺流程及成品、防护栅栏、护肩优化及沉降缝处理、路堑段矩形水沟工艺及成品、基床表层,如图 3-2～图 3-9 所示。

图 3-2　六棱块成品喷淋养护

图 3-3　空心砖采用模具安装

图 3-4　骨架护坡绿化

图 3-5　急流槽设置跌水坎

图 3-6　隧道进口路基段

图 3-7　隧道内电缆槽及水沟盖板(四角下贴胶垫)

图 3-8　隧道内综合洞室

图 3-9　CRTSⅠ型双块式无砟轨道

具体到高铁建设项目，精品工程是指通过精心组织、精心设计、精心施工，打造卓越不凡、品质一流的高铁工程，具有设计新颖、节省投资、安全可靠、技术先进、用户满意、社会认可等特点，工程质量无缺陷、经得起时间和历史的检验。高铁精品工程是“优中之优”的工程，是众多优质工程中评选出来的具有代表性的工程。

为了实现创建精品的总体目标，高铁工程建设必须强化基础工作，坚持“强基达标、提质增效”工作主题，纵深推进标准化管理，推动铁路建设管理由重工程数量、规模扩张和速度进度向重质量安全和效益转变，由劳动密集型向技术、知识和管理密集型转变，由传统建造向智能建造转变；实现铁路建设项目的精益规划、精益设计、精益采购和精益施工，实现建设管理能力整体提升。在创建精品工程的理念指导下，必须在高铁建设全过程执行严格的工程质量管理，始终秉持“不留隐患”的质量文化。

黄黄铁路精品工程建设案例

在国铁集团的正确领导下，武九铁路客运专线湖北有限责任公司（简称“武九客专湖北公司”）坚持以习近平总书记对铁路工作的重要指示批示精神为指引，贯彻落实新发展理念，通过深入推进标准化建设与数字化管理深度融合，精心组织、精心设计、精心施工，坚持将黄黄铁路建设成安全可靠、技术先进、品质一流的精品高铁工程。

1. 工程概况

黄黄铁路于 2018 年 12 月 10 日开工建设，正线全长 126.85 km，其中，桥梁 78 座（103.1 km），隧道 15 座（7.8 km），桥隧总长 110.9 km，占比 87.4%。控制工程及重难点工程为“两桥、一隧、一站”，即巴河特大桥、蕲河特大桥、王上湾隧道、蕲春南站，总投资 176.2 亿元。

2. 精心组织，系统谋划精品工程建设

1）以工程创优为引领，超前谋划精品工程总体思路

在开工前，以工程创优为引领，对黄黄铁路的精品工程建设进行了超前谋划。首先明确目标，即全线创精品工程；其次编制了工程创建规划，制定了创建思路和具体措施；三是成立了专门的组织机构，明确了参建各方的具体任务。

2）以技术创新为核心，科学谋划精品工程建设

（1）隧道施工方面：全面采用机械化大断面快速修建施工技术。

（2）桩基施工方面：全面推行桩基施工信息化控制和桩头环切工艺技术。

（3）桥梁施工方面：重点应用大阶段现浇连续梁（8 m 挂篮）施工工艺、箱梁智能张拉压浆工艺、智能架梁技术工艺等先进工艺。

（4）轨道施工方面：创新用双块式轨枕智能化无人工厂技术、无砟轨道智能建造技术、“三高一低”道床板混凝土技术、数字化轨道焊接技术、智能化轨道铺设技术等高新技术。

（5）站房施工方面：深入开发 BIM 系统等前沿技术。

（6）“四电”施工方面：着手研发接触网精调信息化施工等前沿工艺。

3)以管理创新为手段,全面谋划精品工程建设

(1)全面谋划全过程数字化管理信息系统

按照源头控制、过程控制、结果评估、结果考核的管理流程,全面谋划开发相应的全过程数字化管理信息系统。其中,源头控制方面有试验检测智能信息系统、混凝土拌和站质量管理智能信息系统、超前地质预报信息系统等,过程控制方面有检验批现场签认信息系统、监控量测信息系统、风险管理信息系统等,结果评估方面有实体检测信息系统、工程验收信息系统等,结果考核方面有工序后质量评价信息系统、信用评价信息系统等。

(2)全力打造全方位数字化工地

在全面谋划全过程数字化管理信息系统的基础上,全力打造一批数字化工地,主要有:数字化混凝土拌和站、数字化工地试验室、数字化钢结构加工厂、数字化制梁场、数字化隧道工地、数字化桥梁工地、数字化路基工地、数字化无砟轨道工地、数字化站房工地、数字化“四电”工地等。

3. 精心设计,超前谋划精品工程建设

(1)从设计方案评审入手,完善优化设计图纸。

(2)严格开展“三查五防”等专项活动,对设计进行查错补漏,完善设计方案。

(3)做好施工方案评审、施工工艺评估工作,确保施工方案科学合理、施工工艺先进可靠。

4. 精心施工,全力打造精品工程建设

1)规范技术管理,提升精品工程建设水平

建立从技术方案评审、施工方案评估到试验先行、样板引路,再到过程管理、结果评价全过程的技术管理工作流程,并严格执行,保证精品工程建设技术要求全部落实。

2)严格过程控制,从质量上保证实现精品工程建设目标

(1)运用数字化检验批现场签认信息系统,通过人脸识别、签证定位、隐蔽过程视频拍摄等措施,有效保证质量三检制(自检、互检、交接检)的真实性,规范各项验收行为,实现检验批现场网上实时验收签认,并与信用评价和验工计价信息系统全面对接,通过经济手段有效保证施工工序过程质量。

(2)通过实体检测信息系统,对桥梁桩基、隧道二次衬砌、路基填筑等工程实体质量进行全面监控和管理,确保实体质量全面可控。

(3)通过工序后质量评价信息系统,对施工工序完成后的质量进行及时评价和管理,既对施工工序质量在第一时间开展监控和管理,又很好地解决了目前检验批验收和单位工程验收之间间隔周期过长、造成质量监控工作可能出现滞后的实际问题。

(4)通过工程验收信息系统,以检验批验收数据为基础,结合工序后质量评价结果,实现了分部分项、单位工程验收工作实时网上完成,保证了验收工作的及时性、实效性。

(5)通过问题库管理系统,将施工过程中发现的所有问题,按照“五定”要求,纳入问题库

进行规范化管理;同时建立问题确认、问题整改、整改结果确认销号等完整的管理流程,实现了问题库闭环管理。

(6)通过监理管理系统,利用人脸识别、网络定位、现场打卡等技术,从人员考勤管理入手,全面落实了各项监理管理要求;实现了监理人员履约履职等监理管理工作的全面规范化,有力督促并保证了监理在精品工程建设过程中监管作用的充分发挥。

3)严密管控风险,从安全上保证精品工程建设有序可控

(1)全面落实风险评估、风险包保制度。在设计阶段,公司认真组织设计单位进行风险评估并制订相关措施予以化解;在施工阶段,公司组织参建单位通过风险评估分类进行安全管理;公司制定了高风险工点领导包保制度,通过领导带头,强化安全风险防控体系,加大安全高风险工点监控力度,确保万无一失。

(2)运用风险管理信息系统,全面落实各项风险管理要求;将风险管理融入各项日常工作,建立风险台账,对安全隐患实行发现、记录、整改、销号闭环管理,规范风险排查、整改、销号等工作行为,实现了对施工过程中风险的实时网上监控管理,有效化解施工过程中的各项安全风险。

(3)切实做好防洪工作,确保汛期施工安全。一是结合工程特点,以方案保汛期安全。如按照20年一遇标准设置水中墩防洪水位和大临设施,水中墩提前开工,尽量避开汛期施工,完善施工现场各项防排水体系,建立闻雨而动、24 h值班的防洪值班制度,与地方建立密切联动机制、积极参加地方抗洪抢险等。二是做好防洪预案和应急演练。

(4)严格落实新冠疫情防控措施,确保施工人员身体健康。一是密切对接地方防疫部门,主动接受专业指导和培训;二是做好宣传解释工作,消除对疫情的恐慌情绪;三是制定疫情防控方案,并严格落实各项防控措施;四是实行封闭管理、减少施工人员与外界接触风险;五是实行全员核酸检测,消除潜在疫情风险;六是及时接种疫苗,打造疫情“防火墙”;七是防疫工作常态化,持续做好防疫工作。

4)创新考核模式,从制度上保证精品工程建设实效

(1)坚持智能评估、量化考核。创新考核管理模式,通过信息系统实现以数据为基础的智能评估、量化考核,最大限度地降低人为因素的影响,保证考核结果的真实可靠、公正公平,充分发挥考核管理的正面引导和激励作用。

(2)创新信用评价考核模式。通过试验检测等质量管理信息系统采集的数据,采用互联网+、大数据、手机App等信息技术,创新信用评价考核模式,将信用评价的具体工作转化成基于信息流的网络流程,实现了信用评价工作的自动智能、客观真实要求,保证了信用评价工作的公正性、及时性、实效性,将信用评价工作全面推向数据化、信息化、智能化、实时化。

(3)实现监理月度量化考核。依据试验检测等质量管理信息系统采集的数据,结合现场检查的实际情况,以及实体质量检测结果,对监理各项监管工作进行定量化,并据此开展监

理工作月度量化考核工作，规范监理的履职履责行为，保证监理监管工作的实效，实现监理监管工作自身的纵向对比和不同监理单位之间的横向比较，创新了监理监管工作模式。

(4)建立建设单位内部绩效考核机制。根据精品工程建设的实际情况，在建设单位内部建立了绩效考核机制，对各职能部门和现场建设指挥部进行量化考核，通过正面激励提高建设管理水平，创新建设单位内部管理模式。

5)合力共为，从外部环境保证精品工程建设良好氛围

(1)在征地拆迁、三电迁改、土地办证等工作上，与地方政府密切协调沟通，形成合力，为精品工程建设创造有利条件，确保依法建设。

(2)建立建设单位、地方政府、参建单位协调解决问题的机制，为精品工程建设创造良好的外部环境，保证建设过程中各项问题得到及时有效解决。

(3)全面开展“党旗红”劳动竞赛活动，将党建和工程施工紧密结合在一起，实现党政协同，合力推进、正面引导、激励先进的精品工程建设氛围。

(4)高度重视铁路局集团公司前期介入工作，借助铁路局集团公司运营的技术优势和丰富经验，全面排查问题、精心组织整改，确保实现精品工程建设目标。

通过上述工作，黄黄铁路项目建设基本实现了精品工程建设目标。

3.2.2 “不留隐患”的质量文化培育

高铁建设质量直接关系到后期高铁运营的安全性，是与人民群众生命财产安全息息相关的核心因素，因而建设过程中不能遗留不安全因素而交付运营，应从最基础、最细节的工序开始严密把控工程质量，将工程质量管理落实到每一个环节。一方面，要在单位工程、单项工程和整体工程等所有层面上消除所有质量隐患，为“百年工程”奠定坚实基础；另一方面，高铁工程企业及项目员工，特别是主要负责人必须重视形成“不留隐患”的质量文化，对质量管理成果起到前瞻性、导向性作用，实现对所有质量隐患的有效控制和规避。

高铁建设工程涉及多个专业领域，每个专业领域又涵盖了多项工序、多种要素管理，系统结构十分复杂，因而系统功能最优、整体质量最好是高铁工程系统管理的追求方向。在明确方向的前提下，需要细致解构高铁工程，进一步明确并细化各层面的质量目标，做到从整体到单项工程、从项目前期设计到项目竣工全过程质量目标的细化。

首先，严格执行相关设计施工标准及标准性文件。2014 年中国铁路总公司在《铁路建设项目工程质量管理办法》(铁总建设〔2014〕292 号)中明确规定：“工程质量符合国家、行业和总公司有关标准、规范及设计文件要求，单位工程一次验收合格率 100%，工程质量合格。”搞好工程质量必须按标准、设计文件执行，这是基本要求，不按标准和设计文件去组织施工，即使内实外美也可能是废品或次品。例如，在冻融环境下的钢筋混凝土工程，如采用了磨蚀环境下的标准，则经不起严冬的考验。

其次，在单位工程层面，始终保持 100%的验收合格率，保证不留隐患。目前，西方学界

在质量管理方面形成了“零缺陷理论”，强调了自上而下强烈的质量意识及其对工作的影响，使每个人所做的每件事情第一次就符合要求。高铁质量也应按此要求，从单位工程验收抓起，通过强制要求单位工程验收必须保持100%的合格率，倒逼项目各项工作中所有员工树立精益求精的质量意识，相关工作一次合格，从项目基础层面不留隐患。

再次，在整体工程层面，保证交付质量合格。质量合格应是中国高铁工程的最低要求，如果建设工程质量不合格，就会为高铁运营留下巨大的安全隐患，绝对不能交付运营使用；同时，质量合格也是中国高铁工程的最高要求，是关乎高铁国际形象、品牌价值的最直接体现，绝对不允许有任何残次产品出现。质量合格主要通过质量抽检方式进行检验。根据相关统计，我国2017年上半年对工业产品的抽查合格率为90.3%，国外工业产品也没有100%合格的产品。可见达到100%质量合格水平的任务是十分艰巨的。但高铁工程具有巨大的社会效应，因此，必须推动全员努力，实现高铁整体工程质量100%合格的硬性指标，这样才能建成真正的精品工程，体现“精品”的内涵精髓，保证质量过硬的高铁“百年不朽”。

3.3 抓住关键环节

项目指挥长、经理、总监等项目领导者（以下简称“一把手”）对高铁工程项目的成败起着至关重要的作用，对工程质量的优劣也起着决定性作用。如果项目相关领导者能够正确理解和执行企业、项目的质量管理政策及策略，则可以促进项目管理工作沿着既定的质量战略方向发展。因此，相关企业、项目应将一把手选用提高到项目成功先决条件的高度上，树立“抓住关键”的质量文化意识，科学制定领导者的培养、选拔、教育和管理制度办法。

首先，完善一把手决策职能。经验表明，一把手对质量工作的认识、对质量工作的组织领导是任何人无法替代的，在项目推进过程中处于绝对核心地位。因为建设团队的其他成员可以就具体工作提出相关构想及解决方案，但能否执行则取决于项目一把手是否决策采用。因此，铁路企业及项目必须重视一把手决策职能，明确一把手决策制度、决策流程及决策依据，确保一把手决策质量，进而间接提高工程项目质量水平。

其次，提高一把手任命标准。鉴于一把手在高铁项目质量管理中的核心地位，必须对一把手个人素养及经验提出严格要求，因此，必须明确一把手的任命标准。具体来说：对于高铁建设单位一把手任用条件，国铁集团规定：“项目管理机构主要负责人应具有中级及以上专业技术资格，5年以上管理工作经验，2年以上铁路建设管理工作经验。”对于施工企业项目经理任用条件，必须由建设单位在招标文件中提出，如沪昆高铁湖南段招标时明确提出：持有铁路工程专业一级注册建造师职业资格证书、高级工程师技术职称、15年以上铁路大中型项目或类似项目管理工作经验，具有有效的安全生产考核合格证书，10年以上项目经理工作经验，良好的职业道德。对于设计监理单位项目负责人，也应有类似要求，在招标文件中明确一把手所必须满足的资格资质。这些条件的设定，为一把手的选择确定了严格范围，为质量管理打下了基础。

再次，加强一把手教育培训。对一把手教育培训应由项目主管单位或上级单位安排，主要培训内容包括项目建设意义，国家、行业和地方政府要求，质量方针和建设目标，质量管理技术等，并采用灵活多样的教育培训方式，包括培训班、出国培训、专家讲课、以会代训等。通过有针对性的质量管理培训，能够使一把手对高铁工程项目整体的质量战略方针有清晰的定位，有强烈的精品工程质量意识，使其在项目执行决策过程中能够保持正确方向，从而提高决策行为的科学性。

最后，强化一把手质量责任。对一把手的管理除按干部管理内容严格要求外，还要着重做好质量责任的进一步界定，完善对一把手质量管理工作绩效的考核机制。具体来说，一是企业或项目在建设过程检查中应侧重于质量，向一把手反馈意见，提出整改要求，并随时跟踪反馈整改情况；二是企业或项目应对一把手考核实行质量一票否决制，以此突出质量在工程建设中的地位，突显一把手在质量管理中的责任。

3.4　加强质量教育

工程质量往往决定于员工的技能水平及质量意识。随着我国高铁建设规模不断壮大，参建员工的培训教育成为高铁事业发展中关键影响因素之一，特别是高铁工程涉及设计、咨询、施工、监理等参建单位的多类员工，因此，高铁工程的质量管理应从员工素质入手，将“精品工程”的意识深植于各级员工的工作流程中。铁路企业和项目在管理过程中应树立“不留空白”的质量教育文化，着力提高高铁所有参建单位全部基层员工的质量意识，形成“标准成为习惯，习惯符合标准”的建设共识，从而进一步凝聚人心、鼓舞士气。

近年来我国大量高铁集中建设，需要大量管理、技术和技能人才予以支撑，但是过去铁路形成的员工培训模式难以匹配高铁工程特有的质量文化，“精品工程”难以普及到全路员工，因此亟需通过质量教育和质量培训等最有效的途径着力提高员工质量素质。

一方面，强化理论与实践相结合的质量文化培训模式。确保高铁工程质量，不仅需要提高各级人才的理论文化水平，还需要将相关技能理论有效运用于实际工程中，才能保证质量管理落到实处，因此应从理论及实践两大方面实施质量教育培训。其中：理论培训主要指管理和技术知识的培训，通过组织高铁工程员工参加各类培训班、学术交流会、现场交流会等方式，加强新技术培训力度，提高员工的专业技能及解决具体问题的能力，保证各类员工在各相关岗位上的工作质量；实践培训可概括为“走出去、请进来”的培训模式，主要包括现场参观交流、模拟操作和实际操作等方式，通过确定不同岗位工作重点，提高对新设备、新技术的实操技能，保证高铁相关设计方案能够落到实处。此外，通过完善培训合格发证、持证上岗等制度,保证上岗员工素质水平。

另一方面,完善把关制度。一是入口关。各设计、施工、监理等企业须完善职工、民工等上场人员登记造册机制,构建并利用信息化平台统一上报建设单位进行管理,若有变化则必须及时上报。建设单位必须严格把控人员信息,与地方公安等部门联合建立定期抽查机制。二是考试关。质量培训后必须进行考试,成绩登记公布,以备各质量管理相关部门随时查证(含以往的考试记录)。如果进场人员为非考试合格人员,则必须追查责任,使质量教育落到实处。

此外,全覆盖开展高铁工程的定期性质量警示教育。《中国铁路总公司关于加强铁路建设工程质量管理的实施意见》(铁总建设〔2017〕328号)中专门指出,应把开展质量警示教育作为铁路建设一项长期的、经常性的工作抓好落实。建设单位及其他参建单位要结合现场检查发现的质量问题并借助以往案例,定期组织开展警示活动。

3.5 强化团队建设

高铁工程项目需要多方参与才能完成既定目标,要形成贯穿项目全局、全体人员的质量文化,最基本的做法是要凝聚各方参建力量,将质量文化塑造成为所有参建单位的行为指南。因此,在具体高铁项目中,应围绕高铁工程质量目标,引导所有参建单位秉持"凝心聚力"的质量文化,使"开工必优,一次成优""干就干优质工程""习惯符合标准,标准成为习惯"等观念深入人心。具体工作中,应以建设单位为核心,以标准化管理为抓手,明确各参建单位的质量权责、任务分担、利益共享等机制,进一步完善团队建设。

首先,将质量文化建设作为选择参建单位的硬性标准。质量文化类似于企业文化,是一种更深层次的质量管理理念,通过潜移默化的方式,实现对工程企业员工质量意识的提升,从而保证员工在具体工作中能够自觉规范其行为。因此,在高铁工程中,应从项目实施准备阶段(招标阶段)就全局考虑质量管理工作,将"质量文化建设效果"作为选择参建单位的硬性标准,通过选择质量文化氛围较强的企业共同组建高质量的建设队伍,保证工程建设中质量管理工作的顺利开展。

其次,完善项目质量管理团队组织结构。高铁建设应建立以建设单位为主导、以其他参建单位为主体、以合同为依据、以共同目标和利益为纽带的一体化管理团队,实行统一的管理制度、统一的文化氛围,在各项工作中形成合力,特别是精品工程建设方面形成高度共识和强大合力。在统一组织机构之下,营造贯穿全局的质量文化,提升参建人员的质量意识,从而保证工程质量目标的实现。

再次,建立团队内部激励约束机制。高铁工程项目团队强调集体绩效和共同目标,在高铁质量管理工作中,更应强调每个成员都能清晰明确质量管理目标的具体意义。围绕高铁工程质量管理，最理想的管理团队应是成员之间相互协作、沟通顺畅有效，通过责任感和使命感维系各方，为目标共同奋斗。但由于实际项目中企业具有不完全理性特征，因此，除文化维系之外，还必须建立激励约束机制，即对于为整体质量最好、系统功能最优作出贡献，且顾全大局、善于团结的单位，应给予奖励，反之则应给予相应的处罚。

3.6　加强品牌建设

高铁作为国家品牌形象和对外的亮丽名片，必须紧紧把握“百年大计、质量第一”的发展理念。高铁工程中，各参建单位应基于共同的建设目标，统一树立“一荣俱荣”的质量文化。具体来说，应该以统一品牌为引导，各参建单位共同为建设“精品工程”而努力。

首先，基于高铁工程质量目标，统一工程质量品牌。高铁建设从过去的探索起步到如今的迅速发展，无处不显示出高铁品牌影响力的不断提升，这主要来自我国高铁技术先进、质量过硬、用户放心的品牌声誉。因此，在高铁工程项目中，应以统一的高铁品牌框架为引领，大力提升高铁项目建设目标和质量管理目标的层次和高度。以将每个高铁项目均打造成为精品工程为目标，进一步提升中国高铁高质量发展的品牌含金量，丰富高质量品牌内涵，扩大中国高铁质量品牌影响力，从而提升高铁外部认知度和美誉度，促进高铁在品牌战略实施上赢得更好的口碑。

其次，各参建单位均应树立企业的质量品牌。工程质量是建筑企业的生命与灵魂，是企业赖以生存和发展的关键，通过优质工程树立的品牌形象，可以有效提高企业知名度，形成品牌效应，提高企业的市场竞争力。随着人民需求逐步转向“对美好生活的向往”，质量安全已成为旅客对高铁的新要求。所有高铁工程参建单位必须以质量为最高宗旨，并以此形成品牌效应，才能参与到未来国内外高铁工程的建设中，共同分享未来高铁市场红利。

再次，围绕统一品牌，扩大高铁质量品牌效应。一个项目就是一个品牌，而项目所体现出的品牌价值需要依靠所有参建单位和参建人员创造，所形成的品牌效应也是大家共享的。因此，建设单位应统筹各参建单位，为共同的品牌目标奋斗，不能相互掣肘、相互拆台。只有凝心聚力、统一行动，才能实现共赢共享的目标。

京沪高铁工程品牌建设案例

京沪高铁是我国高铁品牌建设的代表，在铁路标准、线路规模、列车速度、技术创新、达速运营、区域影响等诸多方面为全球高铁树立了标杆。京沪高铁全长 1 318 km，是目前世界上一次建成里程最长、技术标准最高的高铁，总投资 2 200 亿元，是新中国成立以来投资规模最大的建设项目。京沪高铁按 350 km/h 速度运营，在全球铁路的速度竞争中处于领跑地位。该线开通三年即实现盈利，运营效益堪称最优。

在基础设施方面，京沪高铁创立了高速、深水、大跨、六线长江大桥等复杂结构桥梁建造技术，创新了超长高架桥上无砟轨道无缝线路建造技术，形成了时速 350 km 高铁建造标准体系和成套技术。在高速动车组方面，突破了整车气动性能、转向架等关键技术，构建了整车设计—制造—验证—评估—优化成套技术，形成了高速列车技术标准，创造了试验速度每小时 486.1 km 的纪录。在列车运行控制系统方面，攻克了列车高速运行情况下车地信息可靠传输、列车运行安全控制等关键技术，研发了列控系统核心装备，实现了列车运行控制系统的集成创新。在系统检测验证及系统集成方面，实现了全线持续时速 350 km 等级的系统检测验证，形成了高铁完备的动态验收技术标准及系统集成方法，首次开展了时速 380 km 等级的综合试验。在高铁标准体系和管理模式方面，建立了以技术、管理、作业三大标准为基本依据，以机械化、工厂化、专业化、信息化为支撑手段的标准化建设管理体系。京沪高铁获国家科技进步奖特等奖。

京沪高铁是我国华北、华东地区主要交通动脉之一，北连京津冀经济圈，南接长三角经济群，途经南京、徐州、济南等多个运输枢纽，穿越我国经济最具活力的区域，它的建成，缓解了京沪通道运力紧张、效能不高的运输状况。同时，京沪高铁凭借速度优势，以时间换空间，拉近沿途站点距离，带动沿途城市经济发展，协助特色农产品走出去。立足高铁站区域化辐射发展，打造高铁新城，联合协作，扩大城市效益。高铁让京沪沿线区域紧密结合，加速了北京、上海等地人才、信息、技术交流，促进了经济升级、完善了区域沟通机制。

京沪高铁品牌集中体现了工程质量好、创新成果丰、管理水平高、运营效益好，树立起科技创新一流、职工素质一流、服务水平一流、基础设施一流等全方位立体的优质形象，产生巨大影响。相比国外其他高铁，无论在技术标准、运营速度、工程投资等方面，京沪高铁都具有竞争优势，增加了“走出去”战略筹码。随着雅万高铁、中老铁路、中泰铁路等项目持续落地，京沪高铁打响的“高铁口碑”，已成为我国“一带一路”建设的“超级引擎”和“亮丽名片”。

第4章　高铁工程质量体系子系统

质量体系是指在质量方面指挥和控制组织的管理体系，它是建立质量方针和质量目标，并实现这些目标的一组相互关联或相互作用的过程的集合，具体体现为管理组织、制度、流程、人员考核等一系列管理措施手段。高铁工程所涉及的地理跨度较大、标段较长，设计、施工、咨询、监理等参建单位较多，特别针对京沪、武九高铁等复杂现代化铁路建设，业主在质量管理过程中涉及大量的横向、纵向协调工作。为提高高铁工程质量管理效率，必须针对高铁工程现实情况，建立覆盖全项目的质量管理体系文件，加强质量体系认证工作，构建完整的项目整体质量管理体系。

质量体系子系统结构如图4-1所示。

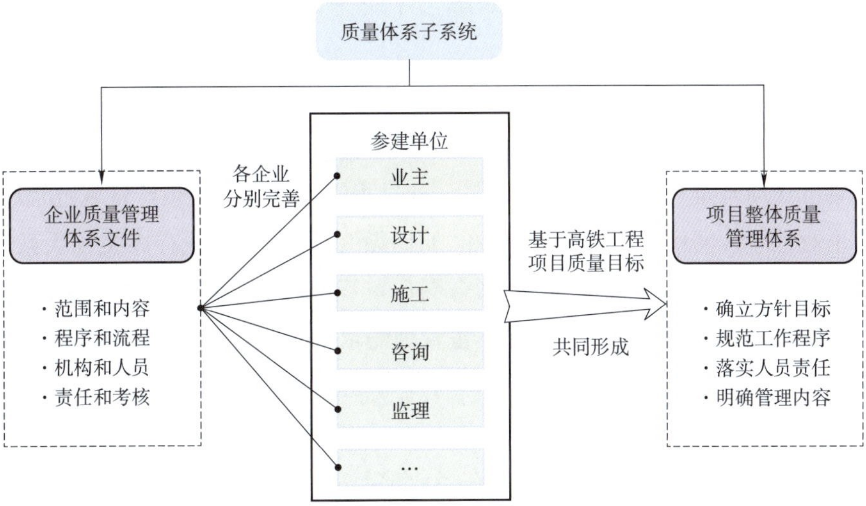

图4-1　质量体系子系统结构

4.1　制定落实企业质量管理体系文件

质量管理体系文件是描述企业质量管理体系的一整套文件，是建立并保持企业开展质量管理和质量保证的重要基础，是企业质量活动的法规，是各级管理人员和全体员工都应遵循的工作规范。高铁工程各参建企业均需建立自己的质量体系并通过 ISO 9001 认证，同时项目部、项目公司应制定落实统一的质量管理体系文件，以保证具体项目中质量管理的效率，主要从质量管理范围和内容、流程和程序、机构和人员及责任和考核四方面入手。

4.1.1 范围和内容

承建单位的质量管理范围应包括所承担的全部工程内容、全部人员和相关供应商的工作，包括实体质量、工作质量和服务质量。

对于设计单位，质量管理范围包括勘察、设计、设计变更、施工配合、工程验收全过程，质量管理对象包括内部职工和外聘地质勘探、设计人员，以及勘察设计所涉及的设备物资供应商的供货质量、地质调绘的基础资料质量等。对于施工企业，以工程总承包企业为例，管理范围涉及从施工准备、正式施工到工程验收的全过程；管理专业涉及土工建筑、钢筋混凝土结构、钢结构、电气设备安装、信息系统建设到收尾配套的全部工作内容；管理对象涉及从职工到农民工的所有参建人员，特别是农民工，具有人员多、文化差异大、素质参差不齐等特点，是人员管理的重中之重；管理业务涉及从内部到外部相关单位的所有业务，特别是当地材料采购，对生产销售单位和产品质量均应严格审核和把关，防止源头上出现不合格的问题。

4.1.2 程序和流程

企业质量管理既是一种目标管理，又是一种过程管理，因此，必须严格规范程序和流程，通过制定企业程序性文件，解决“做什么”和“如何做”的问题。企业程序文件大致可分为两类：一类是可直接应用于项目中的文件，如合同评审程序、采购管理程序、人员培训程序等；另一类则需要结合项目的特殊性及实际质量管理需求，编制或修改成为专门的程序文件，保证企业在项目中的质量管理工作能够顺利开展，如验工计价程序、工点开工程序、隐蔽工程检测程序等。

程序文件是以流程作为支撑的，因而在企业参与项目之前，应首先着力完善企业自身通用、专门的程序文件，制定科学的工作流程图。与高铁项目相关的企业程序文件主要以规范前期工作为主，通过对程序流程进行界定，保证企业在入场过程中能够平稳过渡。以施工企业采购管理流程为例，首先，应提出采购计划，经过严格的审批程序确定采购委任方；其次，由采购委任方组织收集供应商资料，选择评定供应商，并对合格的供应商进行集中建档；再次，与合格的供应商签订采购合同，由供应商按照合同供货；最后，对进场材料、设备进行严格审核，对于不合格的货品严格退换，合格的产品则进货或送现场。施工企业采购管理流程如图 4-2 所示。

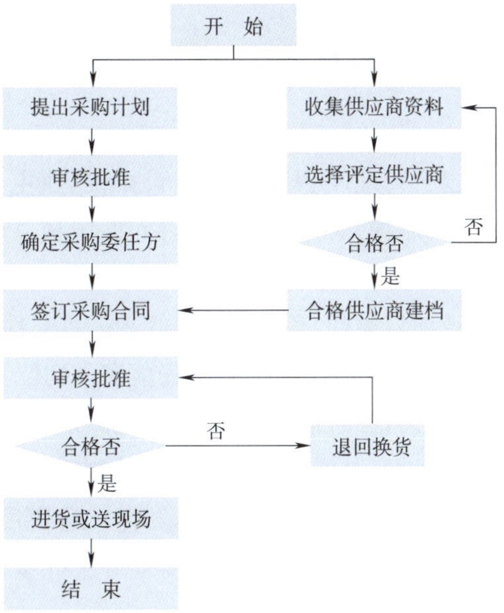

图 4-2　施工企业采购管理流程图

4.1.3　机构和人员

设计、施工、监理等参建方在项目现场的机构设置既应精干高效，又要突出质量管理。

(1)机构方面：施工单位的项目部可只设几个部门，但质量、安全部门要求单独设立，从而突显对质量管理的重视程度，为推行高铁工程质量责任制奠定基础。

(2)人员方面：业主、施工单位的项目部设置总工程师，设计单位设置总设计师(设计总体)，主抓技术和质量工作，选用有丰富施工经验的人员担任质量主管，为实现质量目标提供有力的组织保证。

4.1.4　责任和考核

企业质量管理体系文件中，明确项目管理机构、作业工区、作业队的负责人和质量管理人员的质量责任，并对履行职责情况进行考核，是决定项目质量管理成败的重要因素，特别是在高铁工程项目中，更应进一步理顺企业、项目的管理体制关系及界面，认真履行好各级负责人质量职责，并完善质量管理中的责任认定、绩效考核、责任追究制度。

首先，各参建企业应合理分解和全面落实项目管理机构、作业工区、作业队的负责人和质量负责人、技术负责人质量职责；其次，构建质量责任体系，推行分类分级管理模式，同时保证该体系在企业参与的项目中均能够普遍应用；最后，定期开展责任评价，确保企业所参与的各个环节都有人管、有人查，做到检查有记录、有分析、有整改、可追溯，并建立完善的考核及通报机制，完善奖惩制度，保证质量管理文件在企业范围内落到实处。

4.2 项目整体质量管理体系建立及运行

我国高铁建设实行业主自行管理(DBB)模式,建设单位(业主)均由铁路局集团公司派出机构或铁路公司担任,由于临时抽调相关管理人员组建,或成立时间较短等,短时间内难以开展企业的质量体系认证工作,因此业主本身不具备完整的质量管理体系。在此背景下,铁路建设与其他基础设施建设项目类同,存在着质量管理体系文件不齐、各单位间的质量体系文件衔接不畅、质量体系包含的内容不一、质量责任落实不到位等问题。为了解决上述问题,亟需铁路业主企业系统建立高铁项目整体的质量管理体系。

项目整体质量管理体系由目标、制度、方法、责任和控制五个子体系组成,其中,目标体系发挥质量管理的引领作用,责任、制度和方法体系发挥支持作用,控制体系起关键作用。项目整体质量管理体系的建立,为建设、设计、施工、监理等所有参建单位重点明确和统一了质量方针、目标、管理内容、管理责任和程序。

项目整体质量管理体系如图 4-3 所示。

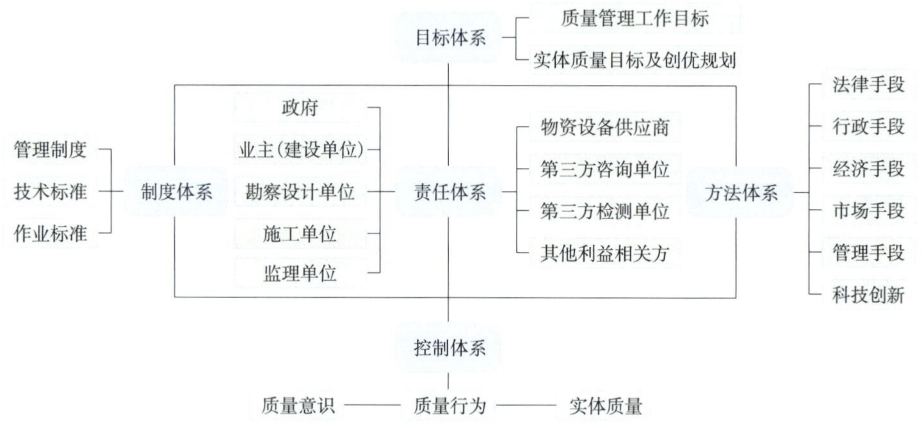

图 4-3 项目整体质量管理体系

4.2.1 确立方针目标

在质量文化的战略思维指导下,国铁集团制定的"创新引领、勇争一流"的质量方针应作为各高铁项目参建方共同的质量方针;高铁工程项目应以建设单位为核心,依据国铁集团的质量目标,结合项目实际,制定项目整体质量目标,落实目标任务,促进各参建单位为共同的整体质量目标努力。

以京沪高铁为例,其质量目标被设定为:确保主体工程质量"零缺陷",确保桥隧主要承重结构 100 年、无砟轨道 60 年使用要求,单位工程验收合格率 100%,初期开通运营速度 300 km/h,打造拥有中国自主知识产权的高铁技术体系。

4.2.2 规范工作程序

流程化管理是针对工作程序问题制定的规则。高铁项目中，不论是管理、技术，还是施工作业，国铁集团都要求事事有流程，并注重抓好流程制定、流程控制、流程优化等关键环节；针对质量管理，《中国铁路总公司关于加强铁路建设工程质量管理的实施意见》(铁总建设〔2017〕328 号)专门提出，要规范工程质量管理流程。

在规范工作程序中，建设单位应按照“分级分层管理、整体协作运行”的流程管理思路，把主要精力放在主导并组织参建单位建立健全项目“中流程”上来，对于应属参建企业管理范围的“小流程”不必过多干预，只加强检查督导；值得注意的是，对于变更设计、合同管理、开工审批程序等涉及工程质量的重要工作程序，则应由建设单位组织统一制定并共同执行。

在科学绘制项目管理流程图时，应注意：一是尽可能简洁明了，容易看懂；二是符合逻辑，按照先后顺序从上到下、从左到右排布；三是各节点跨度要适当，如此才能作为程序文件的支撑。以京沪高铁变更设计为例，其工作程序流程如图 4-4 所示。

4.2.3 落实人员责任

首先，明确建设单位及其他单位人员的配置条件。2007 年铁路系统明确规定，建设单位质量安全负责人应具有高级专业技术资格，担任过铁路大中型建设项目管理工作，并具有 5 年以上建设项目管理工作经验；对质量管理人员的要求是：一般应具有中级及以上专业技术资格(至少有 1 人具有高级专业技术资格)，从事铁路大中型建设项目质量管理工作 5 年以上。对其他参建单位人员配置，建设单位按配置标准进行检查核实。2014 年《铁路建设项目工程质量管理办法》中进一步指出，建设单位应督促施工单位认真做好资源配置、架子队建设等开工前施工准备工作，组建现场管理机构并设置专门质量管理部门，配备相应的管理、技术、施工人员和机械设备，未经建设单位同意不得随意更换现场主要管理、技术人员。

其次，明确各级管理人员的质量责任，并且根据工点质量管理的风险程度，分别由各单位负责人管控。例如，沪苏通长江公铁大桥分成四级风险进行管控，其中 1 级风险由项目经理主控。又如，贵阳至南宁高铁有 4 个 1 级风险隧道，建设单位实行两级联动管理，一是建设单位一把手与分管质量安全的副职组成责任共同体，共同组织审定风险防控方案及措施，每周听取一次风险管控情况汇报并研究对策，每月对隧道施工进行一次检查；二是建设单位与施工单位联合成立质量安全巡查大队，每周对 1 级风险隧道巡查一次，查找问题并提出改进措施。

再次，建设单位对各参建单位相关人员的质量履职情况进行考核。一是建立和落实工程质量领导责任制，工程质量出现问题，要追究责任，明确以项目经理为质量第一责任人的核心管理制度，并把质量责任制分解落实到每个岗位员工，形成全员、全方位、全过程的质量责任体系；二是严格按照质量单元划分的控制环节去落实责任到人，确保每一个节点都“有人盯、有人管”，每一个施工环节都可控，并加强员工质量履职考核；三是牢固树立工程质量

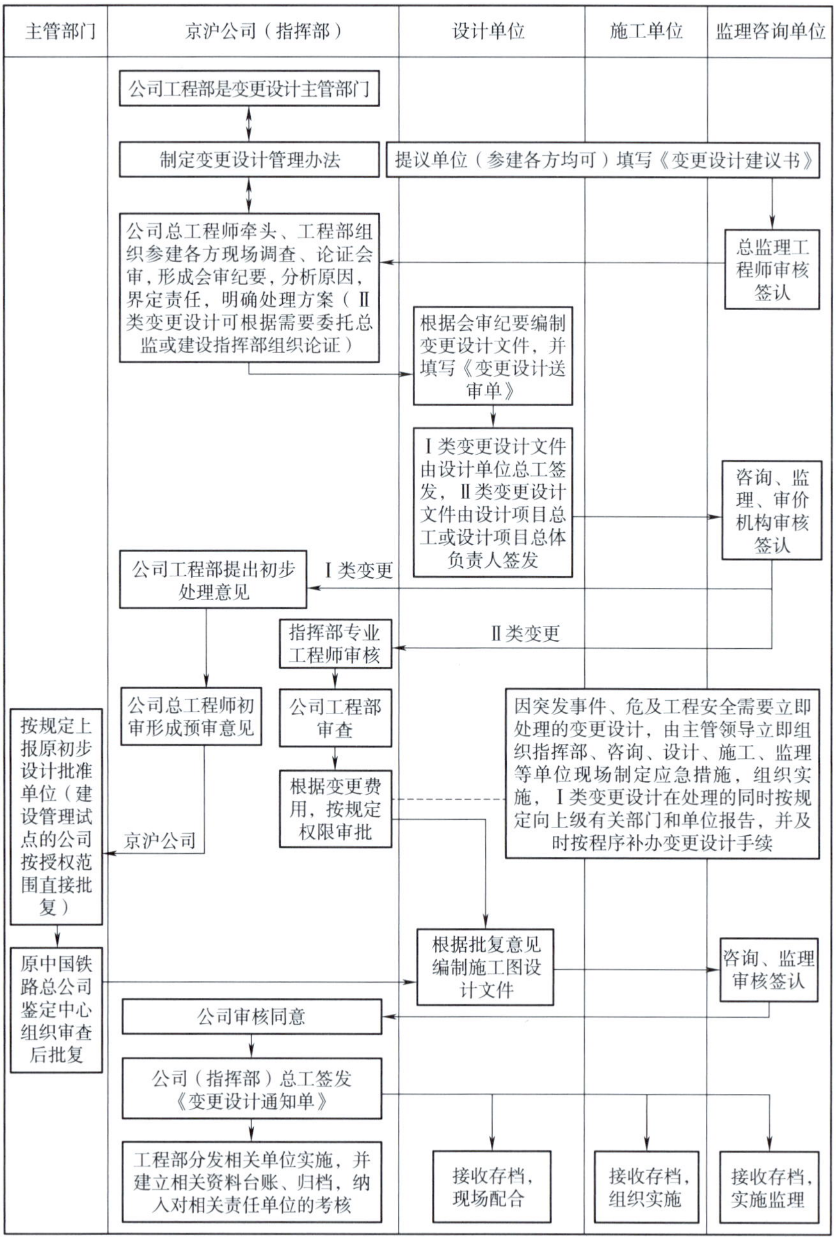

图 4-4　京沪高铁变更设计工作程序流程图

终身责任制观念，如发生重大工程质量事故，不管调到哪里工作，担任什么职务，都要追究相应的法律责任。

4.2.4　明确管理内容

根据项目质量管理实际，分别将 12 大项、48 子项工作列为 1 级、2 级控制内容，如图 4-5 所示。

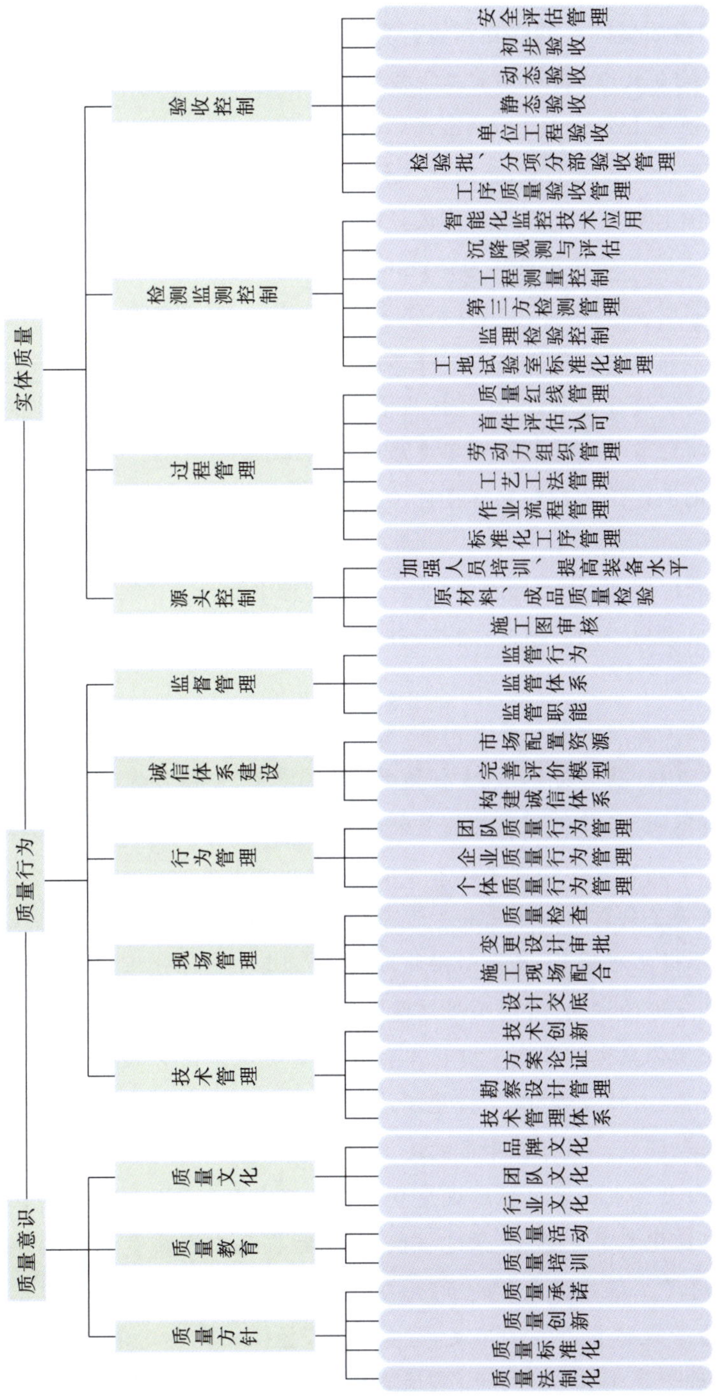

图 4-5　基于项目实际的质量管理内容

项目整体质量管理体系的建立和运行，使各参建单位有了统一的质量管理责任、程序、内容和目标，为工程质量的提升奠定了坚实基础。

京沈客专辽宁段质量体系的建立和运行案例

京沈客专辽宁段全长407 km，站前工程初步设计批复454亿元。路基224处119 km，占线路长度的29%；桥梁131座213 km，占线路长度的52%；隧道38座75 km，占线路长度的19%；正线铺轨396.062双线千米，正线一次铺设跨区间无缝线路，铺设CRTSⅢ型板式无砟轨道。全线于2014年7月1日开工建设，2018年12月29日开通运营。

2015年1月，京沈客专辽宁段作为高铁工程质量管理体系与绩效评价方法的同步试点项目，结合项目日常质量管理工作，以目标体系、责任体系、制度体系、方法体系和控制体系为主线，按照高铁工程质量管理体系内容建立了项目质量管理体系。

目标：组织制定了项目质量目标，包括质量管理工作目标和实体质量目标，分年度制定质量管理要点，将项目质量目标落实到年度质量管理工作中。

责任：明确细化了建设单位和勘察设计单位、监理单位、施工单位等参建各方的质量管理责任。

制度：建立了管理制度、技术标准、作业标准三大标准体系。

方法：综合应用法律、行政、经济、市场、科技创新等管理手段，大力推行全面质量管理和标准化管理。

控制：依据高铁工程质量管理体系内容，对各项质量管理工作进行梳理、分解，按照过程方法建立相应工作流程，将目标体系、责任体系、制度体系、方法体系、控制体系有关内容融为一体。根据性质不同，工作流程分为质量管理业务工作流程和质量管理支持性流程两类；根据主导运行主体不同又分为建设单位主导运行、建设单位参与运行及其他参建单位主导运行三类。同时明确了采取内部审核和外部审核的方式对项目质量管理体系运行情况进行审核评价，对项目建设工程质量、质量活动状况及发展趋势进行分析，积极查找质量管理中存在的问题并确定改进的方向，实现项目质量管理体系的持续改进。

该项目质量管理体系文件阐明了建设单位在质量管理方面努力的方向和目标，明确了质量管理的主要内容、工作流程、保证措施及绩效评价、持续改进等内容，是建设单位开展质量管理工作的依据和纲领。通过三年多的运行，实现了建设单位、设计单位、监理单位和施工单位的无缝衔接，大大减少了工程建设质量管理过程中无效、重复劳动，与此同时，通过引导各参建单位积极优化施工方案，加强过程监控，不断提高工程质量管理水平，实现了质量零事故的目标，促进了工程建设成本的节约。同时，通过对项目质量管理工作的绩效评价，不断查找高铁质量管理体系存在的不足，分析原因，督促相关参建单位制定有效的整改措施，从而促进高铁质量管理水平的提升，实现高铁质量管理体系的持续改进。

第5章 高铁工程质量技术子系统

质量技术是指工程勘察设计、建设施工、竣工验收、投入运营等全过程中所采取的质量管理相关技术和手段。随着新一轮科技革命和产业变革全面迸发，近年来大数据、云计算、物联网、智能化等新一代信息技术在铁路领域逐步推广，在高铁工程质量管理中也逐步得到较为广泛的应用，质量技术不断实现创新突破。例如，通过 BIM、AI 等先进技术手段，能够进一步提高设计、施工效率，保证高铁工程产品质量；通过物联网技术的应用，能够促进原材料及设备的源头把关；通过建立服务保障、灾害监控等信息管理系统，为高铁工程项目全寿命周期质量管理提供有力支撑。质量技术在高铁工程中的应用如图 5-1 所示。

5.1 应用信息化勘察设计技术手段

5.1.1 地质勘察信息化技术

1. 卫星地质遥感技术应用

遥感技术作为铁路工程地质勘察的有效手段之一，已在铁路勘察的各个阶段得到应用。应用内容包括区域地质判释，新线勘测沿线工程地质调查，砂石产地调查和评价，隧道弃渣场地的调查，长隧道、特大桥、大型水源地等的位置选择，施工阶段工程地质遥感判释应用，既有铁路线沿线地质灾害的调查监测等。近几年，随着新型遥感传感器平台和图像处理技术的发展，高分辨遥感、三维遥感、雷达遥感等技术逐渐在铁路生产中应用。

首先，目前高铁勘测中多采用国外遥感数据，常用的商业高分辨率卫星包括 IRS-P5，IKONOS 以及 WorldView-1,2 等，分辨率一般在 5 m 以内，最高可达 0.41 m。随着国产卫星数据得到长足发展，多种民用高分辨率卫星遥感技术得到应用。例如，资源三号(ZY-3)卫星是我国第一颗自主的民用高分辨率立体测绘卫星，通过立体观测，可以测制 1∶5 万比例尺的地形图。后续不断发展的资源三号、天绘一号、高分一号等能够逐步满足地质工作深度要求及初测阶段不良地质勘察需求。

其次，三维遥感可视化技术已经在数字区调、公路和铁路工程建设、滑坡灾害防治等领域应用。在铁路行业中，利用三维遥感可视化技术，可获取所需要的工程地质信息，用于线路方案比选和优化，以指导地质选线；同时，结合 GIS 空间分析技术，可有效开展铁路选线边坡设计、线路平纵参数设计及工程量计算。

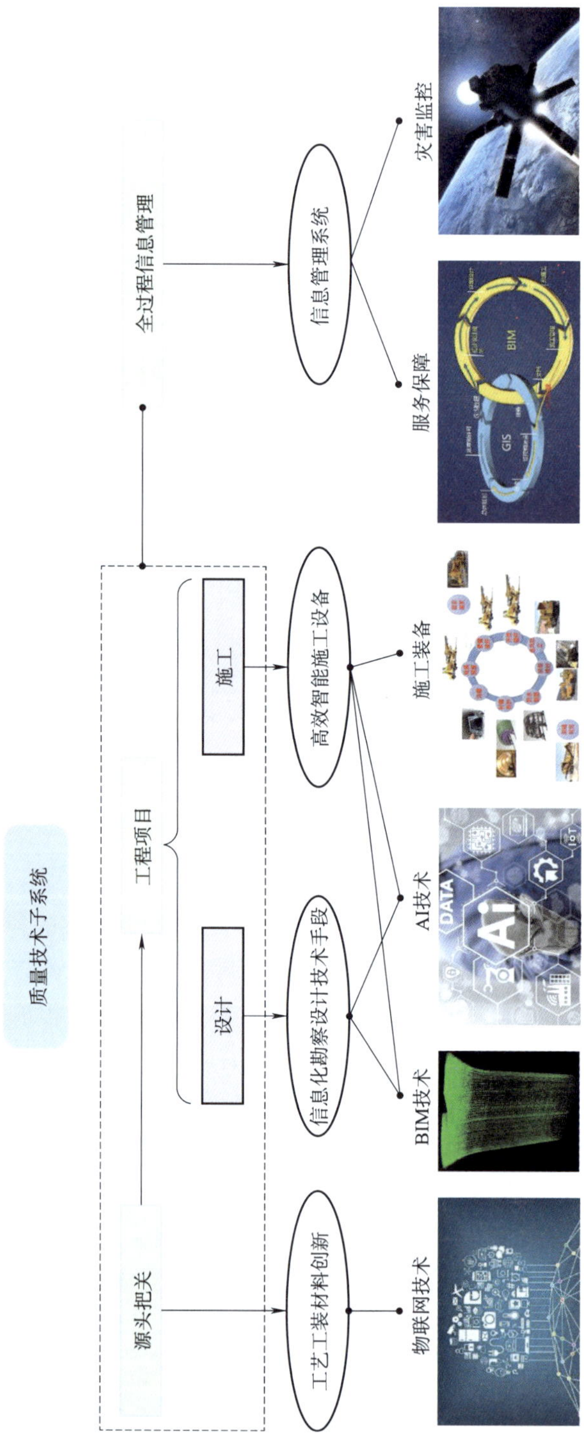

图 5-1　质量技术子系统结构

再次，雷达遥感技术中，干涉雷达遥感技术为高铁区域沉降和线上沉降等形变监测提供了新的方法，可以获取大范围、厘米级精度的地表形变信息。随着成像雷达系统向多波段、多模式，以及全计划、干涉测量、多参数全极化干涉的方向发展，获取地球表面信息的能力将越来越强，雷达数据在铁路工程地质领域中的应用也会越来越广阔，主要体现在对不良地质，包括滑坡、崩塌、泥石流等地质灾害的识别。在未来的发展中，随着研究的深入和新算法的逐步涌现，雷达影像去噪技术也会得到逐步优化，便于地物解译标识的建立。

2. 综合物探技术

利用大地电磁、瞬变电磁、高密度电磁、地震反射和全波列多参数综合测井等综合物探技术，对深埋长大隧道、采空区、岩溶、地下水、地裂缝等进行勘察，提高精度。

(1)探地雷达

探地雷达的基本原理为：通过天线向地下发射高频率、宽频带的短脉冲电磁波，电磁波在地下介质传播过程中，在不同电性介质的交界面发生反射和透射，继而反射电磁波被分层次接收。通过计算电磁波在介质中的双程走时、振幅大小、频谱、相位以及衰减等信息，来判断地下异常体的大小、埋深和性质。

(2)地震映像

地震映像是基于反射波法中的最佳偏移距技术发展起来的，是以相同的偏移距逐步移动测点接收地震信号，对隐伏地层或目标体进行连续扫描，利用多种地震波信息来探测地下介质变化的浅层地震勘探方法。在实际应用中，依据地震映像资料在运动学和动力学方面的变化特征，分析地下介质的非连续性和各向异性变化，从而推断岩溶、溶洞、空洞的形态、规模及空间分布，圈定岩溶发育带。

5.1.2　现代测绘技术

伴随着科技水平的不断提高，我国地质测绘工程亦不断向高新技术方向发展，各种高新技术与地质测绘工作相融合，对地质测绘的工程质量起到了积极的促进作用。通过综合应用机载激光雷达、数字航空摄影、高分辨率卫星影像、无人机倾斜摄影等技术，可以有效提高测绘精度，实现三维地理信息模型数字化。

1. GNSS 测量技术应用

GNSS 测量技术在地质测绘工作中的应用最为广泛，全球定位系统在地质测绘工作中的应用完全打破了时间与空间的限制，其能够随时随地地对我国地质管理基础的数据进行整合与分析。此外，利用全球定位系统对测量的区域进行勘测时，能够充分满足地质测绘对数据精准性的需求。此外 GNSS 全球定位系统能够在测量的过程中检验出相应的地质测量结果，实时获取相应的地质测绘数据与信息，不仅能够保证数据的精确性，更能够有效地减少后续的作业量,提高整体地质测绘工作的进度与效率。

2. 数字影像技术应用

数字影像技术主要包括地理信息技术、遥感技术和全球定位技术。当前我国航空影像的获取方式逐渐发生多样性的变化,总体向多传感器的方向发展。数字影像技术在地质测绘中具有高分辨率的特点,这与地质测绘的高精度测量要求相符合。数字影像技术主要通过航空相片进行数据的整合,再利用专业的软件对其所采集的数据进行后期处理。整个数字影像技术运用的过程中,通过运用地质的集合特点,能够将整个图像数据以直观的数字特点进行显示,使得地质测绘的图像数据极具丰富性和实效性。

3. 扫描数字化技术应用

扫描数字化技术在地质测绘中的应用主要体现在对现有地形地质图像进行数据的对比分析。地质特征点的坐标主要体现在之前所绘制的模型图中,或者将两种模型的数据录入计算机系统中,通过计算机技术将两种测量的模式进行对比分析,最终叠加在一起并得出准确的数据。"准地质测量"在以往的地质测绘工作中应用较少,主要通过对图像中的地质点记录坐标绘制地质体,进而将各种地质的类型和变化进行重新规划。当标注不够清楚或不够准确时,可以在后续的地质调查中进行及时的填补和变更。在进行扫描数字化测绘时,要确保地质图像尽可能反映当地当前最新情况。此外,还应该具备良好的目标点。

4. 全野外数字化技术应用

数字测绘技术是现代信息技术与计算机绘制图标的结合,其应用是现阶段我国地质测绘领域一项技术突破,在地质测绘的工作中应用十分广泛。其中,全野外数字化技术作为现代测绘技术的重要技术手段之一,主要应用于我国国土、房产和城市水利建设等方面,其数字信息主要来自计算机数据库。全野外数字化技术在测量中所得出的数据对地质测绘的质量影响极大,其应用主要有三个环节,分别是确定地质的分布区域、地质编绘以及地质测量。

5.1.3 信息化设计技术

应用线路平纵横协同设计系统(RDS)、站场设计集成系统(RSD)以及 BIM 技术等信息化设计技术,能够显著提高工程设计的系统性、综合性,实现信息数据在勘察设计、施工建设和运营维护全寿命周期的无损传递与运用,并实现全寿命周期的可视化管理。BIM 技术在高铁项目全寿命周期管理中的应用包括以下方面:

规划阶段:BIM 在规划阶段的应用体现在成本估算、空间规划、现场分析等方面,应用 BIM 技术可以对整个高铁工程进行经费成本的估算,用于提供成本信息给业主做决策;进行基地分析,检测基地的交通状况、环境现状等,以确定项目的最佳选址方案。

设计阶段：BIM 在设计阶段的应用体现在使用三维建模技术达到建筑物静态的可视化，进而对建筑工程设计进行全面分析。为了优化设计，保证设计的可施工性，通过虚拟施工对高铁项目的设计方案进行检测验证。

施工阶段：BIM 在施工阶段的应用体现在优化施工方案，通过四维处理，可以对施工的进度进行详细分析，酌情考虑各个时间段的关系，并根据施工现场的实际情况进行优化调整，从中找到最佳的施工方案。

运营阶段：BIM 在运营阶段的应用正在逐步深入，它可以配合 VR 技术进行现场场景的模拟，让业主、客户通过 BIM 模型对场景空间进行虚拟的实体感受。

襄阳东津站 BIM 应用案例

襄阳东津站（现襄阳东站）位于东津新区，与汉十、郑万、襄常高铁接轨，是国家“八纵八横”高铁网的重要枢纽，是襄阳三大客运车站之一，总建筑规模（含站房及站房附属工程）约 21.3 万 m^2，其中站房建筑面积 8 万 m^2，雨棚覆盖面积 4.5 万 m^2。站房为高架跨线，旅客流线采用上进下出模式，地上三层，地下两层；地下二层为地铁站台层，地下一层为地铁站厅层、地下商业区及停车场，地面层为出站层，地上二层为站台层，地上三层为高架候车层。站房结构桥建合一，采用钢混凝土框架结构。承轨层、高架层为钢骨（钢管）柱＋钢骨梁混凝土结构，屋盖为空间钢网格结构，站台雨棚为钢框架结构。

东津站项目工程体量巨大、结构体系复杂、建设周期短、配套工程多、工程接口多，站房工程与承轨层及配套工程交叉施工，多家总包单位并行施工，综合协调难度大，建设管理目标要求高，工程涉及 14 个以上专业协同工作，施工主要参与方有 6 家。设计和施工全过程采用 BIM 技术，BIM 模型范围涵盖站房、3 km 范围站场以及地下空间开发、周边市政配套。东津站 BIM 效果图如图 5-2 所示。

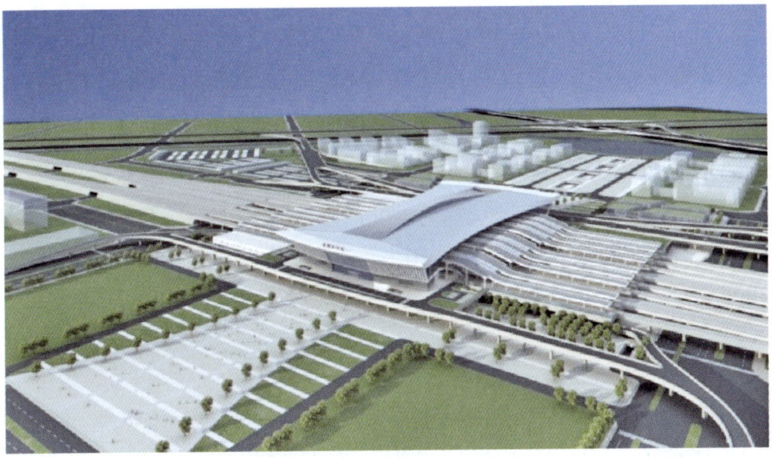

图 5-2　东津站 BIM 效果图

东津站BIM运用集中体现在以下几点：

一是BIM辅助设计，设计与BIM模型同步进行。首先，设计人员通过搭建硬件云平台，建立协同数据平台，制定协同标准和流程；其次，设计过程采用专业全覆盖，建立站场、桥梁、接触网等模型，全专业各方积极参与基于模型的相互沟通，及时发现反馈问题，并及时将问题消灭在设计过程中；再次，站房复杂的管线综合图纸直接从BIM三维模型中剖切生成，准确直观，提前解决了主要管线之间的碰撞问题，同时对装修净高控制、土建施工预留起到作用，保证了各专业的准确衔接。

二是通过BIM进行局部技术措施改进。通过BIM技术，在东津站中使用参数化建模方法，自动复核复杂三维曲面吊顶和结构构件的碰撞，优化屋顶网架节点，提高设计质量。一方面，利用在BIM软件中的定向开发，根据穿梁管线、管件尺寸要求对梁进行自动开洞口处理，准确表达预留预埋，提高图纸准确性。另一方面，通过对机房复杂管线进行精准的建模和预制化拆分，工厂随后可根据模型提前预制，现场拼装，提高施工质量。

三是通过BIM提高施工管理水平。第一，在施工过程中通过BIM对复杂节点的建模深化，清晰展现出节点构造，并通过对所有预埋节点进行深化，避免后期二次施工；第二，利用模型对混凝土工程量进行测算，通过分层分块建模方式，实现BIM模型提前测算各版块混凝土浇灌量，并与实际浇灌量作比较，有效分析偏差原因；第三，在钢结构施工中，利用BIM模型进行施工工序的模拟，对现场三类规划设计、钢结构施工流程预演，有效确定了施工总体部署；第四，由于玻璃幕墙曲面变化较多，通过BIM更加准确定位了外形尺寸，方便加工；第五，施工过程中进一步对BIM模型基础进行深化，不断添加施工过程信息，融入工法、工序等施工特性，通过自主开发的轻量化BIM平台实现了主要土建工程质检资料线上签认验批、验工计价信息管理。

5.1.4 “空天地”一体化勘察新技术

由于高铁线路曲线半径大、速度目标值高，线路对地质条件的适应性差、对场地的稳定性和地基岩土体适应性要求高，给地质勘察、线路比选、风险评估及灾害防治带来极大的挑战。鉴于常规的勘察技术难以或无法适应地形极其艰险、地质极其复杂的铁路勘察，近年来高铁勘探不断引入了“空”“天”“地”各类国内外先进的勘察技术，并在应用过程中不断创新改进，优化完善不同工程类型的勘察技术组合模式，提高勘察技术在高铁工程方面的适应性，进而构建完善的“空天地”一体化综合勘察技术体系。

1.“空天地”一体化地质综合勘察技术的内涵

“空天地”一体化地质综合勘察技术是指：应用卫星平台、航空平台、地面平台多视域勘察技术，并将技术成果融入多源异构地质信息“综合管理与服务平台”中进行综合分析、管理，从而服务于工程建设的创新型勘察技术，如图5-3所示。

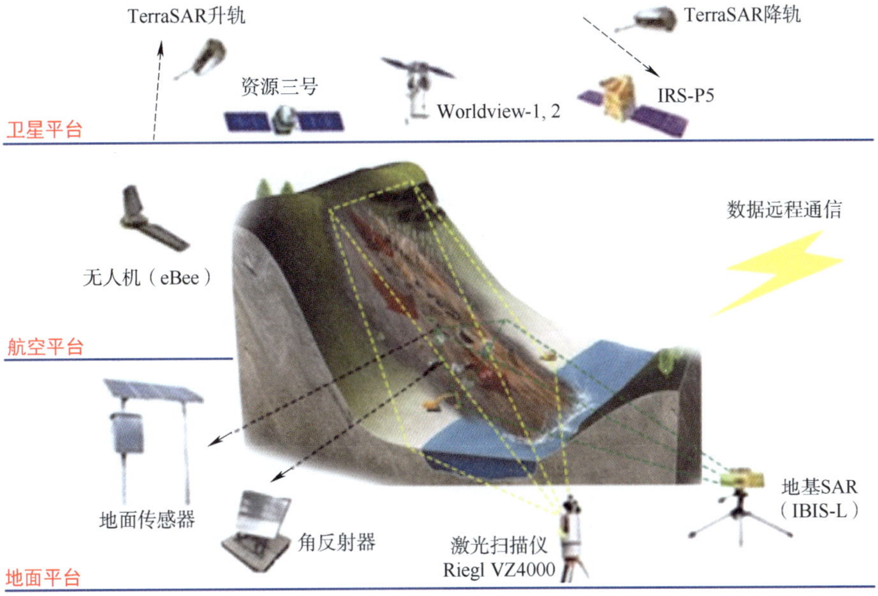

图 5-3 “空天地”一体化地质综合勘察技术

2.“空天地”一体化技术架构

“空天地”一体化技术分为“天”“空”“地”三类勘察技术，三者相互配合、协同作业，解决了复杂艰险地质条件下勘察难度大、效率低、精度差等难题，其技术架构如图 5-4 所示。

“天”类勘察技术（卫星平台）是指基于太空中运行的卫星系统开展的勘察技术，包括：北斗卫星定位勘测技术，高分卫星遥感技术，InSAR 形变监测技术，热红外遥感隧道地热异常识别技术，多光谱、高光谱隧道地层岩性识别技术等新型勘察技术，以及卫星遥感及测绘技术（低分辨率）等常规勘察技术，如图 5-5、图 5-6 所示。“天”类勘察技术主要应用于初测阶段，获取复杂艰险山区主要（活）断裂、地震分区、地热分区、构造应力场、地质灾害分区、岩性分区等宏观区域地质分布特征，指导方案比选，明确线路安全走廊，稳定宏观线路方案。

“空”类勘察技术（航空平台）是指基于在大气层内低空域飞行的无人机、航空飞机平台开展的勘察技术，包括：高分无人机测绘技术、高分无人机（三维影像、机载 LiDAR）勘察技术、航空物探勘察技术等新型勘察技术，以及常规的机载激光雷达技术、航空遥感技术、多波段航空技术、航空遥感解译技术（低分辨率）等勘察技术，如图 5-7、图 5-8 所示。“空”类勘察技术主要应用于初测和定测阶段，进一步查明测区区域地质特征，指导选线和工程设置。

“地”类勘察技术（地面平台）是指在与地面直接接触或近地表局部接触的新型勘察技术，包括地面三维激光扫描测绘及勘察技术、超深定向钻探技术、轻便型动力头式全液压钻探技术等与地面直接接触或近地表局部接触的新型勘察技术，以及常规的地质调绘、地面物探、钻探、观测与测试等勘察技术，如图 5-9、图 5-10 所示。“地”类勘察技术主要应用于定测及补定测阶段（地质调绘、地面物探和代表性钻探亦应用于初测阶段），详细查明各类拟设工程地质特征和水文特征，指导选线和工程设置。

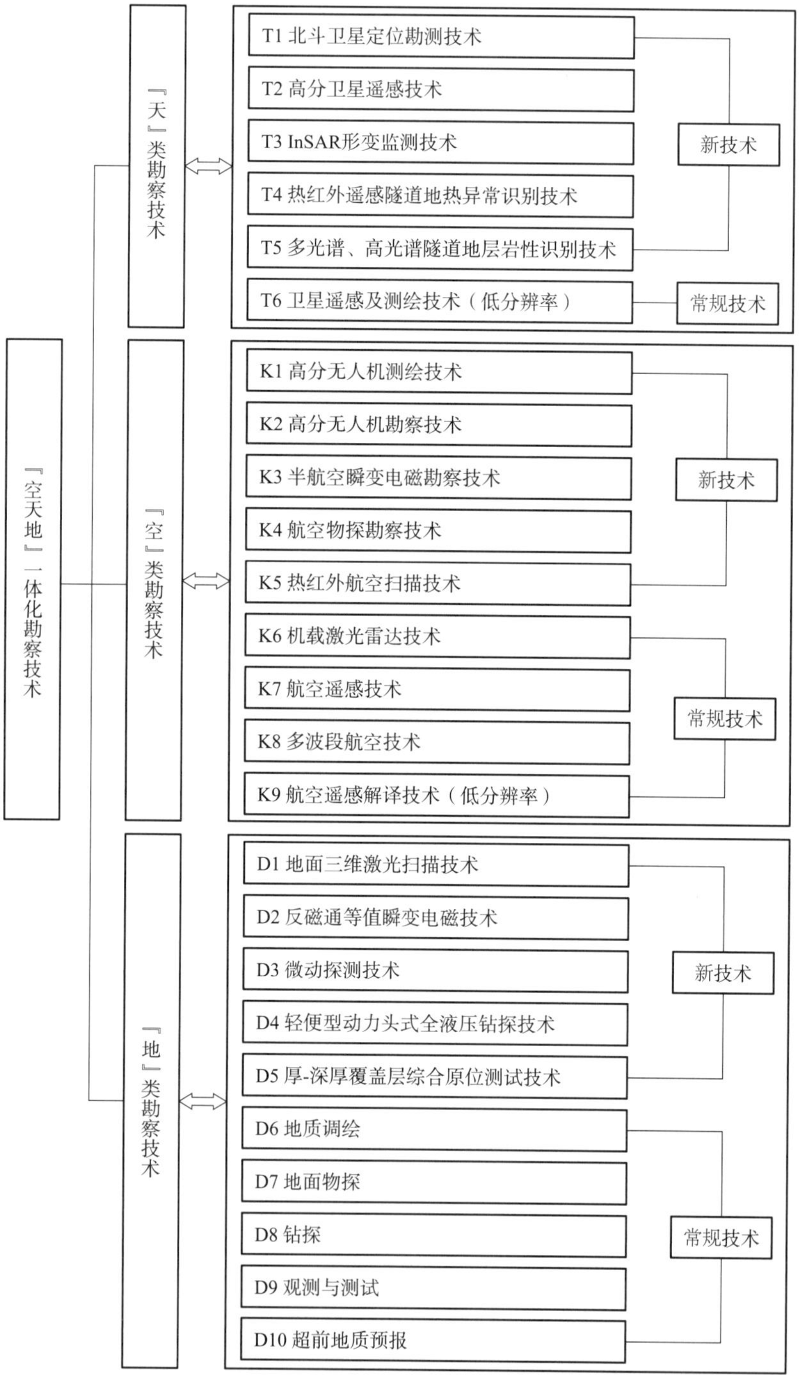

图 5-4 “空天地”一体化技术架构

图 5-5　高分卫星数据平台

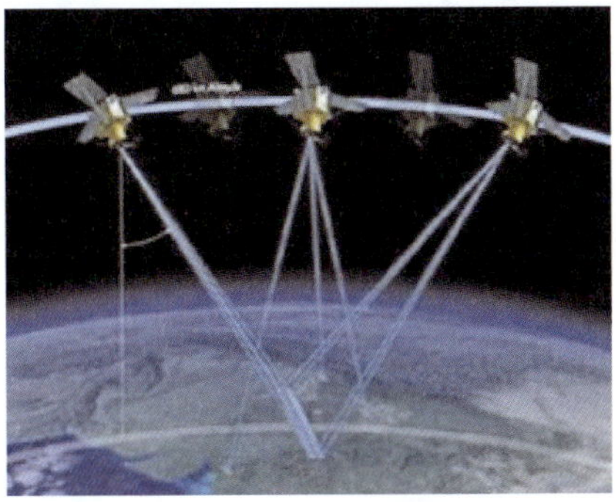

图 5-6　雷达信号接收

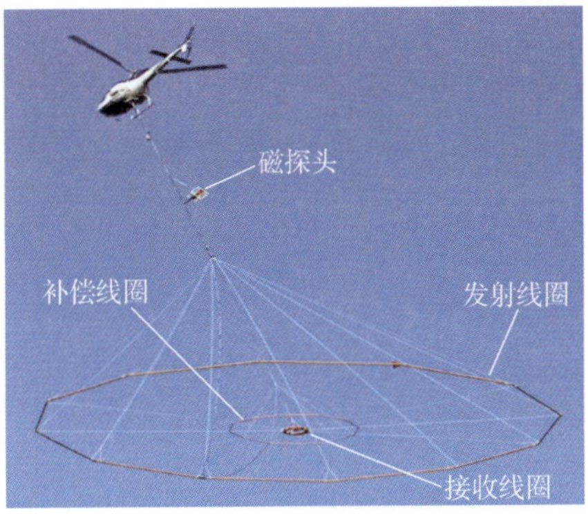

图 5-7　航空电磁法物探

图 5-8　无人机航飞

图 5-9　三维激光扫描

图 5-10　超深定向水平钻探

“全景大数据”地质信息综合管理及服务平台是一种集成了“天”“空”“地”不同视域勘察技术的多源异构地质信息，并进行综合分析、管理和服务的三维实景大数据平台，可实现对海量地质信息的科学合理利用、存储，服务于铁路工程建设的勘察、设计、施工及运营管理各个阶段，如图 5-11 所示。

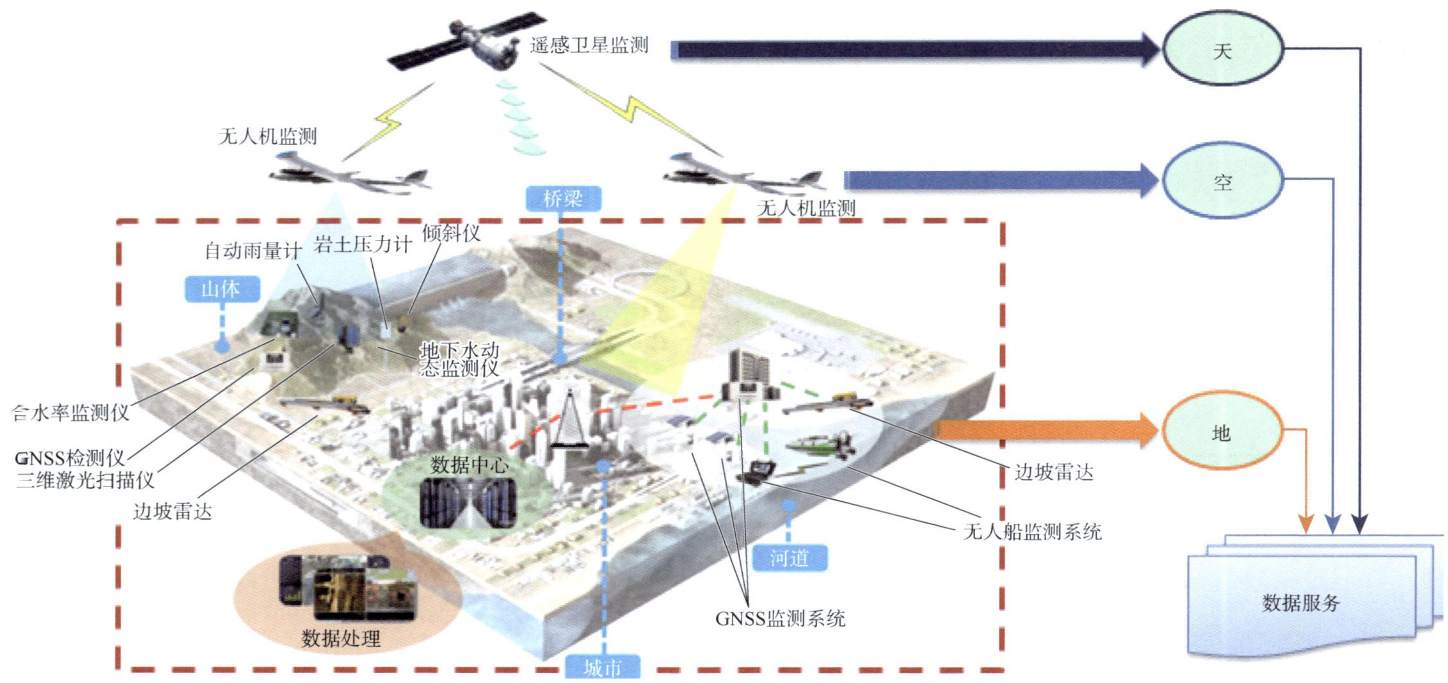

图5-11　全景大数据平台的构建程序

5.2　研制使用高效智能施工设备

面向高铁建设和救援环境，应研发快速高效、综合集成性高的智能化专业施工和救援装备，推进 VR、AR、机器人等智能化装备在高铁施工、救援上的应用，形成安全风险防控及应急救援的基础支撑体系。

5.2.1　智能施工设备

顺应新时期高铁工程施工技术向机械化、信息化发展的趋势，应研发工效高、成本低、可靠性高且配套成龙的铁路施工装备，就隧道施工而言，包括但不限于超前地质预报、三维地质扫描、机器人化凿岩台车、机器人化注浆台车、机器人化锚杆台车、机器人化湿喷台车、机器人化钢架台车、智能防排水板铺挂台车、智能衬砌台车、智能养护台车、智能沟槽台车，并集合形成开挖及支护智能化施工系统。隧道施工主要装备如图 5-12 所示。

图 5-12　隧道施工主要装备

隧道工程处于地下，虽然在勘察阶段采取措施提高了围岩等级的判识水平，但在地质复杂地区，围岩类别变化较快，含水量及水压难以准确估量，导致隧道施工的质量安全风险较高，极易发生突水突泥、围岩大变形、衬砌损坏、衬砌渗漏水等安全质量事故。因此，有必要采用智能化技术，研制智能化设备，提高对围岩等地质条件的判识能力以及对相关地质信息的分析能力。目前，铁路系统研制的全智能凿岩台车，为后续的施工提供了三项重要信息：一是隧道掌子面前方 30 m 范围内的岩层含水量、水压情况；二是掌子面前方 5 m 范围内围岩类别情况；三是掌子面后方隧道断面净空的超欠挖情况。这些数据信息为后续治水防水方案选择、初期支护和二期支护类型选择、初期支护各个断面的工程量计算及施工方案选择提供了可靠依据,有效实现了超前地质预报,防止了支护强度不足(或过强)、防水措施不足(或过强)、衬砌背后空洞等质量问题。

罗家山隧道智能化建造施工装备

郑万高铁7标段线路处于湖北省保康县境内,全长34.986 km,隧道总长31.174 km,占总长度的89.1%,地质复杂,存在突水突泥、断层破碎带、岩溶、顺层、偏压、地热和岩堆落石等安全风险。该标段有一级风险隧道2座,二级风险隧道1座。其中,罗家山隧道出口作为郑万高铁7标5个加强型大机试验面之一,采用了全电脑三臂凿岩台车、三臂(筐)钢架安装机、自行式液压带弧模仰拱栈桥、宽幅防水板铺设及钢筋自动上料布筋一体机、智能二衬台车等多种智能隧道施工装备。

(1)全电脑三臂凿岩台车。区别于传统的三臂液压凿岩台车,全电脑三臂凿岩台车采用全电脑控制,人工辅助定位,具有超前地质预报、超前支护、钻孔自动定位、全方位钻孔、数据采集分析、配合装药、围岩量测等功能。相比较人工钻爆,凿岩台车炮孔布置根据围岩情况动态调整,很好地控制了钻爆孔的间距,有利于提高光爆效果,同时对于锚杆、管棚、小导管和锁脚锚管等的施工质量有显著提高。全电脑三臂凿岩台车如图5-13所示。

图5-13 全电脑三臂凿岩台车

在超前地质预报方面,全电脑三臂凿岩台车也体现出突出优势,如全电脑三臂凿岩台车将超前地质预报纳入工序管理,出渣后初喷前进行掌子面围岩级别和稳定性判定,根据物探、钻探预报结果结合WMD地质云图像分析等手段,采取长短结合、相互验证的综合预报技术。其中,超前钻孔和加深炮孔主要利用全电脑三臂凿岩台车进行作业,进行钻孔的同时,实时监测推进速度、冲击压力、推进压力、回转压力、水压力和水流量等参数,通过WMD软件分析复原地质情况,形成地质报告,由此建立隧道大数据地质库。通过多种超前地质预报方式,从而对施工过程中存在的各种地质灾害进行预测,及时发现施工异常现象,调整设计参数,提出安全措施建议,及时提供有效信息,为工程安全施工保驾护航。三臂凿岩台车WMD地质云图像如图5-14所示。

(2)三臂(筐)钢架安装机。三臂(筐)钢架安装机实现了全自动抓举大断面钢架并定位安装。其三臂可协调作业,实现了钢架精准定位,同时具备全方位施作系统锚杆、锁脚锚管、

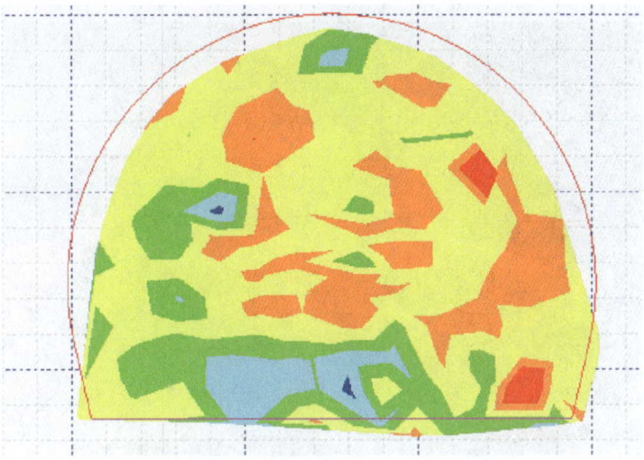

图 5-14 三臂凿岩台车 WMD 地质云图像

超前小导管的钻孔、安装的功能，并可配合机械化成孔注浆施工、实体无损检测、装药等。三臂(筐)钢架安装机如图 5-15 所示。

图 5-15 三臂(筐)钢架安装机

(3)自行式液压带弧模仰拱栈桥。自行式液压带弧模仰拱栈桥具有液压自行走、自带弧模、可满足有效施工长度 24 m 要求等特点，自带止水带定位装置、钢筋定位卡具等功能，能实现仰拱与填充分开浇筑要求，并可自行振捣及收面。栈桥配合模板施工，其端头梁定位固定，模架刚度较好，促进仰拱混凝土实现内实外美的效果，准确实现仰拱结构设计尺寸，保证仰拱混凝土均匀密实，从而保证工程质量。自行式液压带弧模仰拱栈桥如图 5-16 所示。

(4)智能二衬台车。智能二衬台车采用了双灌注技术、软搭接技术、灌注压力管理技术、高频气动振动技术，同时配置智能控制室采集二次衬砌施工中的相关数据，并使用 3D 扫描仪实现自动精准定位和准确立模。该台车在质量管理中的优势在于：一是，混凝土浇筑过程中管路形成了封闭结构，能够保证出口具有一定的压力；二是，衬砌台车配备气动振动器，能够实现自动控制和调节，保证混凝土密实；三是，采用机械手分窗分层自然流下浇筑，避免混

图 5-16 自行式液压带弧模仰拱栈桥

凝土离析及施工冷缝出现,保证外观质量达标;最后,拱顶带压灌注混凝土,有效预防拱顶脱空。智能二衬台车如图 5-17 所示。

图 5-17 智能二衬台车

5.2.2 智能救援装备

基于通信技术、监控预警、信息化平台等保障措施,深度融合物联网技术,结合高铁环境特点,提出专业化救援装备多样化、全面化、自动化、先进化、高效能、高科技等要求,实现快速到达、快速部署、快速作业等救援目的,保证良好的抢通和救援效果。救援设备如图 5-18 所示。

5.2.3 智能轨道施工设备

在无砟轨道施工方面,国内 CRTS 双块式无砟轨道经历了引进消化吸收再创新发展阶段,总体施工技术有了较大的提高,但目前总体存在施工机械化程度不高、施工效率较低、作业人员劳动强度大等不足之处,特别是底座板和道床板混凝土配制、运输、振捣采用传统工

图 5-18　救援设备

艺，道床板精调采用人工采集，无法实现精调小车数据自动传输，精调精度及效率低，施工完成后扣件更换率高。为实现双块式无砟轨道智能建造，进一步提高无砟轨道施工精度，我国铁路研制了新型双块式无砟轨道成套施工装备，已在郑万高铁上应用。

郑万高铁湖北段双块式无砟轨道智能施工

为实现双块式无砟轨道智能施工，武九客专湖北公司组织相关单位研制了新型双块式无砟轨道成套施工装备，包括底座自动布料整平设备、全自动轨排铺装机、智能轨排精调机、承轨台检测机器人、混凝土布料机等。与传统施工工艺比较，该套装备的应用，可大幅减少作业人员，显著提高日均工效，降低扣件更换频率，极大提高轨道精度，为实现郑万高铁智能建造提供有效的支撑，为我国高铁“走出去”做好技术储备。

1. 底座自动布料整平设备

通过全站仪测量数据控制整平机走行，可实现自动浇筑、自动振捣、自动抹平，使底座混凝土平整度、标高、密实度整体一次到位，底座标高控制精度可控制在 5 mm 以内，提高了施工精度；人工抹面由 12 人减少到了 8 人，施工工效提高了 1 倍。底座整平一体机如图 5-19 所示。

2. 新型嵌套式轨排

新型轨排系统与传统轨排相比，将轨向调节方式更改为单侧向的轨向调节螺杆调整，内套与外套可相对滑动实现方向调整，从而达到轨排的高程和中线单独调节而不互相牵扯；同

图 5-19　底座整平一体机

时，轨向调节螺杆具有轨向锁定功能，无需继续锁定，方便快捷，施工速度快，调节精度高。新型嵌套式轨排如图 5-20 所示。

图 5-20　新型嵌套式轨排

3. 智能轨排精调机

通过全站仪自动扫描精调机上安装的棱镜，再将测量数据传输给精调机并驱动精调机与嵌套式轨排相结合进行轨排高低、方向自动精调；智能轨排精调车可实现自动测量、自动精调、数据追踪、数据存储、报表查询等功能，增加了施工质量数据的可追溯性，避免了传统精调过程中人为因素的干扰和反复精调对精调效率的影响。单次动作精度可以达到 0.001 mm，高程、中线精度能达到±0.3 mm；精调效率是人工效率的 3 倍以上，1 孔箱梁精调时间由 1 h 减少到 40 min，精调人员由 6 人减少到 2 人，提高了精调效率和精度。自动精调机如图 5-21 所示。

4. 承轨台检测机器人

自动测量、数据链路、伺服控制、调节动作、自动行走等控制过程完全达到预设的目的，

图 5-21　自动精调机

调整精度可以达到±0.3 mm；实现承轨台自动检测，自动计算每个承轨台位置所需要的调高垫片厚度和轨距挡块规格，统计出调整垫板的采购清单，同时生成垫板安装文件。为后续扣件预安装以及轨道精调提供依据，提高工作效率、降低精调成本。承轨台检测机器人如图 5-22 所示。

图 5-22　承轨台检测机器人

5. 混凝土布料机

道床板混凝土布料机集布料与振捣于一体，实现自动布料与振捣，可根据轨枕间距设定，完成轨枕间混凝土振捣，振捣时间通过 PLC 编程控制，针对不同坍落度的混凝土调整振捣参数，有效避免混凝土振捣不足或过振现象；配置有减振装置，对精调后的轨排影响小；适用于直线段和曲线段道床混凝土连续振捣施工。该设备具有数据自动采集功能，能够自动采集振捣时间、频率、插入深度等数据，实现数据存储和上传功能。可采用高分辨率自动辨识系统，提高施工效率。混凝土布料机如图 5-23 所示。

图 5-23 混凝土布料机

5.3 研发应用信息化管理系统

铁路建设工程信息管理系统涵盖工期、安全、环保等多项内容。就保障工程质量而言，重点有三项信息系统。

5.3.1 拌和站信息管理系统

铁路施工工地拌和站是工程建设的基础和关键环节，其质量的优劣直接决定着桥梁、隧道、房建等工程质量的好坏。为规范作业程序，防止数据不实问题的出现，研发铁路混凝土拌和站信息管理系统，包括生产终端软件和生产平台软件。该系统对拌和站投料、计量、搅拌、出料、使用等生产全过程进行自动监控，并把这些过程数据实时传至系统平台，以提供给包括国铁集团在内的各级技术、管理人员。同时，该系统设置了超标分级报警功能，当投料、配合比、出料出现不合格情况时，就会向技术、管理人员发出警报。技术、管理人员根据报警级别，按照权限及时处理，以防止不合格混凝土的出厂和使用。

郑万高铁混凝土拌和站质量管理信息系统

郑万高铁湖北段全线混凝土拌和站共有 48 座，混凝土总需求量约为 700 万 m^3。在郑万高铁建设过程中，武九客专湖北公司和中国铁道科学研究院集团有限公司（简称“铁科院”）共同开发了升级版“混凝土拌和站质量管理信息系统”（简称“信息系统”）。该系统将混凝土生产、质量检测和浇筑施工有机结合起来，实现了对混凝土品质的全流程、全参数、全指标的信息化实时监控、动态管理，保证了混凝土质量的可靠性；同时，利用大数据技术，对混凝土生产、质量检测、浇筑施工全部数据自动采集、实时上传，利用多元化数据分析手段进行问题判定、智能分析、自动考核，实现各环节有效管控、风险分析和预警，从而有效提升了混凝土质量管理品质。目前已采集各类单盘生产数据、混凝土拌和物性能等数十种数据约 9 亿多条。

首先，利用大数据技术实现智能化管理。混凝土出机后，系统会根据采集到计量误差、温度等质量参数，自动与数据库里数据进行比较分析，自动判别是否满足要求；不满足要求时则和数据库里原有数据比较，自动判定问题性质和级别；然后系统据此自动筛选人员数据并智能选定相关人员，并向其发送报警或预警信息；严重的质量问题，系统将暂停生产程序等待解决。同时系统将质量信息自动记入发车单及其二维码中。

其次，采用信息系统流程管控，全过程确保原材料质量合格且指标稳定。一是所有检测过程中全部采取视频实时监控，全部检测数据实现自动采集、实时上传到信息系统，确保了检测数据的真实性；二是将原材料储仓和粉料罐与对应的混凝土拌和机进行绑定；三是以混凝土配合比为基准，严格控制原材料质量波动范围，消除因原材料质量波动过大对混凝土品质带来的不利影响。

再次，采用信息系统对混凝土质量控制关键环节进行强制管控，保证了混凝土质量合格且性能稳定。一是强化首盘混凝土拌和物性能鉴定；二是全过程自动监控，异常数据实时报警，实现预先智能化控制；三是优化发车单管理，确保混凝土出场质量合格；四是强化现场监控，确保浇筑时混凝土质量合格；五是全程二维码标识，确保混凝土试件的真实性和代表性。

该信息系统实现了对混凝土生产、使用全过程、全覆盖的管理前置、事先控制，创新了高铁混凝土质量管理模式，有效提升了高铁混凝土质量水平及其管理能力。

5.3.2　工地试验室信息管理系统

试验室是检验钢材、水泥、混凝土等材料或产品质量的场所，其工作和检验质量如何，直接关系工程结构物的质量和安全。为防止数据失真、工作失误等情况的发生，目前我国铁路已经研制了试验室信息管理系统，包括终端软件和平台软件。该系统准确采集并实时传输试验设备的试验数据，并具有超标报警功能，及时向各级管理、技术人员提供试验数据或报警，还通过分类统计、综合查询、图标展示等系统功能，使工程数据和参数可视化，大大提高了处理不合格材料、产品的效率。

郑万高铁试验检测质量管理信息系统

郑万高铁湖北段全线共有施工、监理试验室 28 个，各类试验检测工作量约为 200 多万组次。在郑万高铁建设过程中，武九客专湖北公司和铁科院共同开发了升级版“试验检测质量管理信息系统”(简称“信息系统”)。该系统将原材料质量检测和施工过程质量检测结合起来，实现了对试验检测工作的全过程、全参数、全指标的实时监控和动态管理，保证了试验检测工作的真实性和可靠性；利用大数据技术，实现对试验检测任务的发起、下发、操作、结果判定和使用等环节的管控、风险分析与预警；建立了基于大数据和云计算的质量管理数据库，有效解决了“信息孤岛”的问题，实现了人员、设备、工作、资质等的统一管理，促进了各方面多元数据的融合与分析利用；同时，利用多元化数据采集、实时的大数据分析和专家级的质量模型，对存在的质量问题进行智能识别判定，自动生成问题库，再根据问题库处理结果，进行智能分析、量化扣分、自动考核，有效提升了试验检测工作质量。目前已采集进场验收、试验记录、检测报告等数十种各类试验检测数据约7亿多条。

首先，采用信息系统流程管控，全过程确保原材料质量合格且指标稳定。所有检测过程中全部采取视频实时监控，全部检测数据实现自动采集、实时上传到信息系统，确保了检测数据的真实性。

其次，采用大数据技术对施工工程质量控制关键环节进行自动判识，保证了工程实体质量合格稳定。利用信息系统，对试验检测工作全过程自动实时监控，并按照规范要求自动判识检测结果是否满足要求。满足要求时，发送至检验批验收；如不满足要求，则信息系统自动向监理等监管人员发出报警，并发送至问题库进行整改。

再次，利用大数据技术实现自动智能化管理。信息系统对采集到的试验检测工作数据，自动进行汇总分析，自动生成量化分析结果并根据管理制度自动生成工作考核结果，避免了人为影响，确保了管理工作的时效性、真实性、全面性。

该信息系统有效提升了郑万高铁湖北段试验检测工作水平及管理能力，原材料合格率、混凝土强度标准差等指标均明显高于武广、石武、武九客专等项目。

5.3.3 路基压实和桥梁张拉信息管理系统

高铁路基、桥梁在线路中比重较大，保证路基压实质量和桥梁预应力钢筋（钢筋束）张拉质量意义重大。为此，分别研制了路基连续压实和桥梁预应力钢筋张拉信息管理系统。这两个系统自动、实时采集压实或张拉数据，并上传至系统平台，从而及时提供路基压实缺陷和张拉力、张拉伸长量误差，为及时调整、增强施工措施提供了依据。

此外，隧道围岩量测信息系统、轨道板生产信息管理系统等也已应用，同样为工程质量起到保驾护航作用。当然，过去行之有效的技术手段，如钻孔勘探、设计CAD技术、施工工艺工法、试验检测等都必须坚持和发扬。

5.3.4 高铁工程建设管理信息化体系

以“BIM＋GIS”技术为核心，在复杂环境铁路工程中建立智能建造管理平台，构建具备视频监测、施工过程监控、施工日志管理等功能的信息传输和管理平台，形成复杂环境高铁工程智能化管控模式。

郑万高铁工程建设管理信息化系统

1. 建设原则

高铁工程建设信息化服务保障体系建设应符合如下原则：

——全过程覆盖，重点突出。为高铁建设全过程的管理者提供服务，以管理决策、指挥调度和现场监控为重点。

——数据集中，统一标准。建立涵盖数据采集、存储、加工、分析等全过程的统一数据平台，支撑工程建设信息资源共享和信息的综合应用，并为风险控制、过程管理、调度指挥等各类应用系统提供统一的数据支持。

——成熟应用，技术创新。以BIM＋GIS为技术核心，推动铁路全寿命周期管理。

2. 建设策略

按照原中国铁路总公司发布的信息化建设统一规划、统一标准、统一平台的原则(铁总办信息〔2017〕104号)，应使用铁路工程管理平台统一的基础编码和相关接口标准。

综合利用BIM、GIS、物联网、大数据、云计算等技术，统筹协调项目各参与方，建立覆盖全国的多层级开放式云平台，平台涵盖建设过程中数据采集、存储、加工、分析等全过程，能够打破信息壁垒、消除信息孤岛，解决项目各参与方沟通不畅、变更频繁、信息不一致等问题。通过"平台＋应用"的方式，构建综合管理体系、进度管理体系、材料管理体系、质量管理体系、安全管理体系和投资控制体系六大体系，实现建设信息资源共享和应用，以及对建设管理目标全过程、全要素、全专业的全寿命周期精细化管控。铁路BIM建造集成管理平台的全寿命周期管理如图5-24所示。

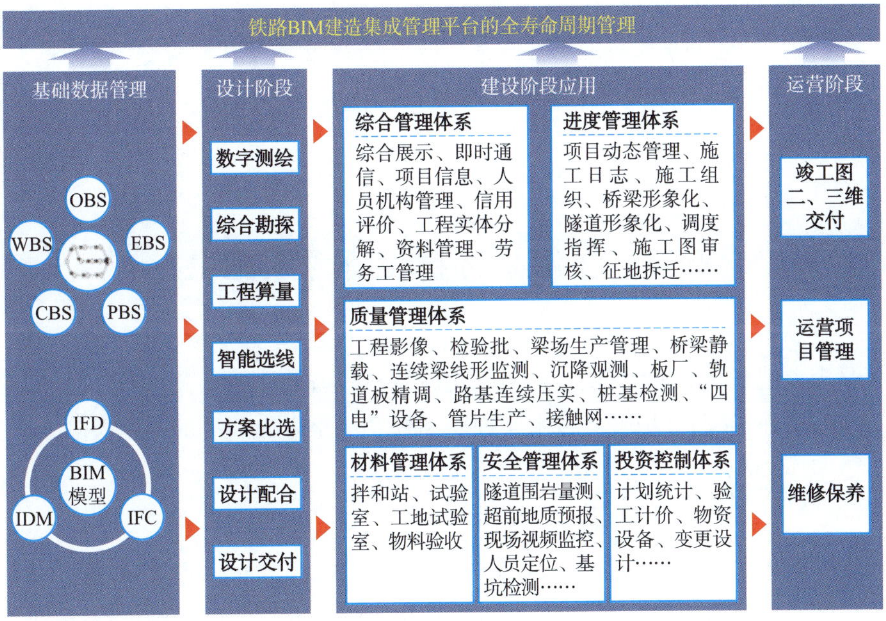

图5-24　铁路BIM建造集成管理平台的全寿命周期管理

3. 铁路工程建设信息化服务保障体系框架

综合管理体系：旨在打通各流转环节的消息通知与信息接收机制，通过提升项目建设各业务单位之间的信息沟通效率，降低沟通成本，主要包括门户、公文处理、即时通信、项目信息、工程实体分解、信用评价、资料管理、信息发布、劳务工工资、人员机构管理等内容。

进度管理体系：对重难点工程开展进度跟踪与预警功能，强化施工组织"红线"管理；按专业显示总量、开累量、完成率及剩余推演完工时间，通过与计划时间比对，实时"进度评估”;采用形象进度图进行工期预警,督促参建单位加强资源调配,严格落实施工组织节点工期,主要包括施工组织、进度简报和电子施工日志等内容。

材料管理体系:材料源头控制是工程质量管理的核心。综合运用物联网技术实现试验数据的实时监控、统一管理、汇总分析,为用户提供直观、方便的信息服务,从而提高铁路工程建设的整体施工质量,主要包括拌和站、试验室、工地试验室等内容。

质量管理体系:从抓好原材料、半成品及工程实体的质量入手,建立管理机制和管控手段,实现从宏观总体到细微个体的监控,并做到质量问题的闭环处置和落实,主要包括拌和站、试验室、全项试验、路基连续压实、沉降观测、梁场、桥梁静载、板场、桩基检测、基桩施工、连续梁线形监测等内容。

安全管理体系:从安全生产、安全检查等方面对人、物及环境等安全因素进行管理,旨在加强对施工过程的安全管理和监控,消除事故隐患,主要包括围岩量测、隧道超前地质预报、水平位移监测、视频监控、人员定位等内容。

投资管理体系:包括验工计价、计划统计、劳务用工管理等内容。验工计价针对施工方验工计价的上报、审核及数据统计,建立建设单位、监理单位、施工单位流程,实时监控数据的填报、修改、审核,把握数据的准确性。计划统计为施工单位编制计划、统计报表,监理单位审核计划、统计报表,建设单位批准计划等提供了便利条件。劳务用工目前主要包括农民工电子档案。

5.4 强化原材料设备源头把关

为从源头上把好质量关,高铁工程须强化原材料设备的质量把关,加强原材料设备的进场检验及产品认证,并通过物联网技术实现对高铁产品全寿命周期的跟踪保障。

5.4.1 加强原材料入场检验

原材料或购入设备的质量直接影响工程质量、影响运营安全。因此,所有原材料及设备在进场前必须经过严格的检验或抽检,通过采取更加严格和科学的检验手段,完善原材料进场检验要求。

原材料应由施工方、监理方等共同检验,或委托有资质的第三方检测机构进行检测,部分重点原材料有针对性地增加抽样检验项目,由此坚决杜绝不合格原材料流入铁路工程现场。例如,应对高、低压电缆的进场检验增加抽检要求,通过一定的比例和方法进行抽样,委托具有资质的检验检测机构进行检验,避免奥凯电缆类似事件再次发生;又如,对化学锚栓螺杆应进行受拉性能试验,通过一定的抽检比例,委托具有资质的检验检测机构进行检验,保证化学锚栓质量。

原材料入场检验需特别注意的内容有以下方面：

(1)砂石料。砂石料的材质、级配、含泥含碱量控制是关键。高铁混凝土工程的砂石料必须水洗后方可使用；杜绝用细砂和含泥量高的砂子，对于高铁基础工程必须选用中砂且有机质和含泥量不得超过规范规定的指标；石子质量主要把控石子的压碎值、级配及其针片状的含量，同时控制石子的泥灰、碱物质等杂质含量，确保石子的洁净度；水泥质量主要把控水泥的体积安定性和强度。

(2)混凝土添加剂。目前使用的添加剂种类很多，有减水剂、缓凝剂、速凝剂、密实剂等，现场检查不合格、不达标的比例较高。因此，有关部门要严格认证、许可，坚持取消质量不达标厂家的资格。要强化招投标管理，确保中标产品质量，对不履行承诺的厂家，坚决清出铁路市场。

(3)防水、止水材料。这两种材料目前不合格率最高，施工单位、监理单位要负起责任，重点把住采购关和进场检测检验关，杜绝不合格产品入场。

(4)接触网线夹。常用的有吊弦线夹、定位线夹、电连接线夹、终端锚固线夹等，重点是把住材料供货关和技术关。

(5)高压电缆。要重点解决材质、规格、型号与供货合同不符、质量低劣、以次充好问题。

5.4.2　加强高铁产品检验及认证采信

过去，铁道部根据铁路产品不同专业特点，采取了多种准入管理方式，除国家、行业的部分行政许可准入项目外，产品认证是主要方式之一。2013年铁路实施改革后，国家铁路局发布了新版《铁路产品认证目录》，中国铁路总公司发布了《铁路专用产品认证管理办法》和《铁路专用产品认证采信目录》，均对采购使用的铁路专用产品明确提出采信自愿性产品认证的要求。截至2019年10月，纳入《铁路产品认证目录》的产品共6大类76种，纳入《铁路专用产品认证采信目录》的产品共9大类194种，产品认证依据主要为铁路相关的国家标准、行业标准以及原中国铁路总公司发布的标准及标准性技术文件。

由于高铁产品技术标准基本都是推荐性标准，所以本身不具有强制性，但从保障高铁质量安全的角度来讲，应该对相关元器件及高铁产品等进行严格的入场检验检查，并对高铁系统所应用的产品进行严格的认证采信，不合格产品坚决不允许进场，为高铁的后期安全运营奠定基础。

高铁产品认证应采用全面而完善的认证模式，包含对工厂的质量体系评定过程，评定内容包括质量体系对生产设备、材料采购、检验方法等能否进行有效的控制，能否使产品始终符合标准和技术规范。产品认证，使不合格品入场的风险降到最低，同时促进供应商企业提升全面质量管理水平，提高产品质量。

5.4.3　加强设备入场检验

对于变压器、电梯等需要现场安装的设备，必须由厂家出具相应的合格证，坚决杜绝不合格产品入场，特别是新研发的设备，必须经过首件认可程序，试用无碍后才可安装使用。

对于低压配电柜等采购设备，要认真审查生产厂家资质及供货商信用，集中统一招标采购，并做好出厂试验、现场检验、现场试验等工作。

5.4.4 强化物联网技术推广应用

物联网作为一种新型技术手段，已经在工程质量管理中得到越来越广泛的应用。高铁工程质量管理物联网系统主要由信息采集层、网络接入层、网络传输层、信息存储与处理层组成。采用先进的物联网技术，将施工现场各种信息资料联系起来，避免信息孤岛与信息回流现象，可以很好地解决不同组织、不同专业、不同环节之间的信息壁垒等问题；同时，能使各级管理部门及时准确了解工地现场的状况，使整个工程质量管理过程透明化，有利于工程质量管理的统计、监督、实施。

(1)应用物联网技术可将混凝土工程质量管理从事后把关转向事前预防、事中监控、事后把关的模式，有效提高混凝土工程的质量。

(2)物联网在高铁隧道建设中的应用，主要体现在材料管理、质量和进度管理、设备管理、安全管理控制四个方面；物联网在局部子系统的运用和推进对提高隧道建设的工程质量具有重要作用。

5.5 加强工艺工装及材料创新

新材料和新工艺对节约施工成本、提高施工技术、保障工程质量、增强环保效益等方面具有积极意义。因此，新时期推进高铁建设，应加强工艺工装及材料的创新研发和应用，为高效的质量管理奠定基础。

5.5.1 加强工艺工装创新

采用先进适用的工装设备、设施，涉及多个专业领域，应统筹研究、逐项完善，例如：

无砟轨道精测、精调设备：要重点配备全站仪、数字水准仪、轨检小车、测量棱镜、精调框、工控计算机和通信设施等，同时加强对这些高精密仪器设备的校验，做好使用前培训和日常维修工作。

道岔吊具：要有专项设计，由专业生产厂家加工制造，并指定专人负责验收、使用、保管和维修；道岔组装平台设置要结合道岔铺设计划，确保布局合理、基础平整、支撑牢靠、防雨防锈设备齐全，具备组装调试功能。

常规钢筋对焊机夹具等辅助设施：能够解决焊接合格率低、轴线偏移大等问题，尤其对箱梁、墩台身和隧道二次衬砌主筋的连接，应采用闪光对焊，淘汰手工电弧焊。

隧道防水板自动铺设台车：逐步减少人工辅助简易台架，提高大幅防水板铺挂施工质量，减轻施工人员的劳动强度。

DFH型接触网恒张力放线车：与安装车组成电气化作业车组，满足接触网放线、安装和调整作业的要求。

此外，桩头切割设施要强制采用水平锯切割，淘汰手持风镐、大功率液压锤等设备，确保桩身不受损害；桥梁栏杆、箱梁防撞墙、沟槽及盖板等要实现工厂化预制，保证内实外美；接触网立柱基础要采用小型液压钻机，一次性快速成孔，减少对路基的扰动。

罗家山隧道防水板台车使用案例

郑万高铁7标段隧道总长31.174 km，其中罗家山隧道出口作为郑万高铁7标5个加强型大机试验面之一，采用了宽幅防水板铺设及钢筋自动上料布筋一体机，有效减轻了施工人员的劳动强度。

自主研发的防水板钢筋一体机，具有自动安装宽幅防水板、自动铺设环纵向钢筋等特点，其自带“小型钢筋加工厂”，具有钢筋切料功能，能够有效实现防水板及钢筋自动安装。施工过程中，施工人员通过可伸缩的平台直接接触到围岩面，施工便捷度大大提高；同时，一体机采用机械摊铺方式铺设土工布及防水板，能够达到速度可控、安装平顺、松弛均匀等目的；此外，一体机平台的定位卡距功能，使钢筋布置均匀，有效提高工程质量。防水板及钢筋安装一体机如图5-25所示。

图5-25 防水板及钢筋安装一体机

5.5.2 加强材料创新

通过提高材料性能、加强材料创新来提高工程质量是行之有效的方法，具体体现在以下几方面：

1. 轨道材料方面

除要求应用性能优质的钢材外，更需要注重轨道的合金配件材料，保证薄弱敏感部位能够抵受撞击、腐蚀及破坏等可能性；同时，要加强高铁无砟轨道板系统的新材料应用，加强混凝土材料的创新研发，加强现浇混凝土抗裂技术创新和应用，实现轨道材料创新。

2. 隧道材料方面

高铁隧道施工中较为重要的施工途径是提升湿喷混凝土的施工质量，保证初期湿喷混凝土在隧道开挖支护方面的作用。因此，需要对施工材料、施工方法以及施工工艺进行整合提升，通过新型混凝土材料应用，提升高铁隧道工程质量。

郑万高铁混凝土注浆结合料应用案例

郑万高铁湖北段 ZWZQ-9 标地处宜昌市兴山县，正线长 33.79 km，主要有隧道、桥梁、无砟轨道等工程，隧道中Ⅲ级占总长的 29.5%，Ⅳ级占 54.8%，Ⅴ级占 15.7%，其拱顶注浆采用了新型材料混凝土注浆结合料。

混凝土注浆结合料具有微膨胀、高流动性、早强、无泌水、操作时间长等特性，不仅起到空洞充填作用，且能起到弥补或修复二次衬砌混凝土缺陷的作用，提高衬砌混凝土整体质量；混凝土注浆结合料施工采用专用的制注浆一体机，在台车上预埋径向注浆管，在二次衬砌混凝土施工完成 2 h 后即可通过注浆管进行注浆。其工艺要点包括以下方面：

(1)安装 RPC 注浆管、排气管顶住防水板；

(2)浇筑混凝土并观察预埋管出浆；

(3)在二次衬砌混凝土施工完成 2 h 后，采用专用的制注浆一体机，通过台车上预埋径向注浆管进行混凝土注浆结合料注浆施工。

3. 减振降噪材料方面

减振降噪是高铁工程要解决的关键问题。为此，钢轨与轨枕之间需要加装尼龙绝缘垫和尼龙垫片，这些尼龙材料耐磨、耐老化、弹性好、强度高、柔韧性强，有效地起到了减振作用；同时，更多的新型材料也逐步在高铁工程中得到应用，聚氨酯、热塑性弹性体、聚氯乙烯、硅橡胶、环氧树脂、丁基橡胶、丁苯橡胶、三元乙丙胶等材料结合具体工程功能需求，广泛应用于轨道、桥梁和接触导线上，能够有效提高工程质量，满足高铁运行需求。

5.5.3 加强工艺工法创新

优化施工工艺流程，完善或创新施工技术，对保证工程质量作用巨大。参建企业在施工作业时，应根据工程实际，采用成熟工法，优先采用国家级或部级工法；没有成熟工法的，则要进行工艺设计，明确每道工序的作业标准和质量要求，确保流程设计合理、施工方法简明易操作；同时，要严格按工艺工法作业，不能擅自改变工法或工艺设计；对于创新的工法，必须坚持试验先行，实现首件认可，在具体操作和实施过程中决不能走样。

例如，路基填筑要按“三阶段、四区段、八流程”的施工工艺操作；无砟轨道 CRTSⅡ型板铺设应推行京沪高速铁路股份有限公司总结的“三阶段、五区段、八流程”工法；隧道软弱围岩开挖，有条件时应采用“三台阶七步流水”作业法，对岩溶区高压、富水充填溶腔，要积极借鉴宜万铁路释能降压技术和工法，等等。

郑万高铁湖北段无砟轨道现浇混凝土抗裂技术应用

为了解决建设和结构服役过程中出现的混凝土开裂问题，武九客专湖北公司在郑万高铁湖北段底座及道床混凝土采用“三低一高”和“三低一高＋内养护”等综合防裂技术，有效提升了无砟轨道现浇混凝土的抗裂性。

采用“三低一高”技术制备道床板、底座板混凝土，可实现低坍落度、低胶凝材料用量、低用水量、高含气量，有效降低混凝土抗裂风险；在此基础上，在道床板和底座混凝土中掺入降黏型内养护剂，混凝土自浇筑成型后实现无间歇养护，是抑制混凝土开裂的最有效措施。

混凝土配置方面，通过优化混凝土的配合比参数，如降低浆体量、增加骨料用量（增强体积稳定性）、采用优质矿物掺合料实现胶材体系多元化并掺入一定量的内养护材料等手段，实现降低混凝土早期水化热、减小收缩、提高抗裂性的目的。

混凝土施工控制方面，采用高频振捣工艺快速振捣密实低坍落度混凝土，同时按照“三低一高＋内养护”技术配制的混凝土整体匀质性好，实现“稠而不黏”。振捣后表面很难形成较厚的浮浆层，可大幅降低抹面环节所需时间，抹面完成后通过喷涂养护剂或整体覆盖的方式及早对道床混凝土进行养护及防护，减少表面快速失水形成的早期裂纹。

质量监测方面，鉴于道床板裂缝呈现“由表及里”的特点以及双块式道床板裂缝分布规律，郑万高铁湖北段选取隧道、隧路过渡段和大跨度连续梁及简支梁段正线道床板，在表面布设了应变或裂缝计，重点监测道床板单元中部及预制轨枕块斜 45°角处的裂缝，定量对比采用“三低一高”及“三低一高＋内养护”技术所浇筑道床板的抗裂性能及变化情况。

5.6　应用面向特殊工程条件的新技术

高铁工程建设中面临各种各样的复杂条件，常用的勘察手段、技术装备、施工方法等无法满足所有的工程情况。为了提高施工效率、提升工程质量和保障工程安全，通过多学科交叉将其他领域的新技术应用到高铁工程中，能够有效应对复杂地质条件、脆弱生态环境、极端恶劣气候等特殊条件。

以下介绍已经应用或可能应用到高铁工程中的新技术。

5.6.1　隧道钻爆法智能建造技术

隧道钻爆法智能建造技术以“BIM＋GIS”技术为核心，通过对“地-隧-机-信-人”及内外部环境的全面感知、泛在互联、融合处理、主动学习和科学决策，高效综合利用在建铁路隧道内的装备、物资、人员等资源，实现建设、运维全生命周期的高度信息化、自动化、智能化。

铁路隧道钻爆法智能建造体系架构由智能装备、智能感知、数据资源、智能决策和智能管控五个层级构成，覆盖动态化设计、智能化施工、智能化建设管理三个范畴。其以数字化资源为核心和基础，以智能施工装备为工具，以网络化信息传输、信息化经营管理为抓手，以现代化监控量测为辅助，实现建造运维全过程的信息化、自动化、少人化或无人化。

智能化施工是隧道钻爆法智能建造技术的核心，依托信息化、智能化施工装备，通过协同管理平台，指挥智能化施工装备进行隧道修建及“四电”工程施工，基于物联网的智能管理平台自动传输检测信息、自动评价施工质量、自动评估安全性、自动反馈工程对策、自动记录物料信息，实施施工过程的动态反馈。

围绕围岩监控量测与超前地质预报、洞内循环作业优化与有害气体检测、火工品管理与人员定位、施工监控的自适应控制、智能工装施工状态实时感知与动态调控、预制装配式衬砌结构施工监控与自适应控制等关键核心技术，在集成机械化、信息化的优势后，利用人工智能处理分析施工进程中产生的海量数据，及时反馈分析结果并调整施工参数，在现有机械化施工装备（包括超前地质钻机、凿岩台车、锚杆台车、智能型湿喷台车、拱架台车、衬砌台车、注浆台车等）的基础上，极大程度提升和完善施工装备信息化程度，不断升级完善涵盖开挖作业、装运渣作业、支护作业、防排水作业、衬砌浇筑及养护作业、水沟电缆槽作业等工序的土建施工智能化程度，实现“少人化、无人化”施工。

5.6.2 机载激光雷达地质灾害识别技术

与传统的地质灾害隐患识别方法相比，机载激光雷达技术（机载 LiDAR 技术）不仅能够提供高分辨率、高精度的三维地形地貌和二维影像，而且可搭载在无人机平台，利用多次回波技术可“穿透”地面植被，通过滤波算法可有效去除地表植被的影响，获取真地面高程数据信息，在植被覆盖区、海岸带、岛礁、沙漠地区等测图困难区具有独特的技术优势。

机载激光雷达在西成高铁勘测中的应用

西成高铁纸坊沟一号隧道出口区域植被茂密，地形陡峭，整体落差达到 400 余米，坡面有危岩、落石及可能剥落掉块的强风化基岩，直接影响到下方西成高铁的正常运行。

为查明隧道口两侧山体已有和潜在地质灾害隐患点发育特征、分布规律及形成的地质环境条件，采用机载 LiDAR 技术获取调查区高精度点云及影像数据，对调查区高位隐蔽性地质灾害隐患进行早期识别。

本次机载 LiDAR 遥感调查共识别出 11 处崩塌、13 处危岩体，如图 5-26 所示。此外，在此基础上还针对稳定性较差、危险性较高的危岩体开展失稳破坏过程的数值模拟，可知个别能量大而未解体的大块石可能直接下落危害公路，但对铁路线威胁较小。

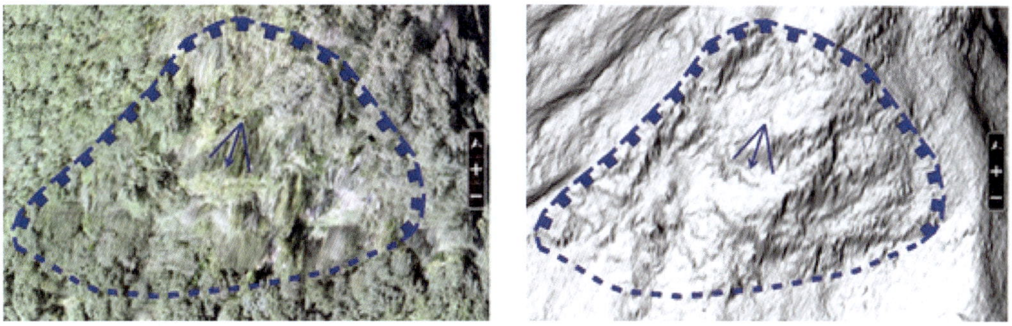

(a)　　(b)

图 5-26　西成高铁隧道出口激光雷达崩塌地质灾害隐患调查示例

5.6.3　刚性悬挂接触网技术

刚性悬挂接触网是指将接触线安装在汇流排并悬吊于隧道拱顶上的供电线路，具有结构简单、安装净空需求小及运营维护工作量较小等优点。

目前，柔性悬挂接触网在干线电气化铁路和城市轨道交通领域得到广泛应用，但针对长大隧道等工况条件具有明显的不足之处，包括隧道内安装对净空要求较高、对衬砌混凝土强度和稳定性要求较高、在弓网事故或火灾情况下存在断线塌网的风险、检修维护工作量较大等。因此，在进一步研究验证的基础上，在长大隧道条件下采用刚性悬挂接触网技术，能够有效解决上述问题。

5.6.4　水平定向钻探技术

水平定向钻探技术在隧道工程中的应用是通过平行于隧道设计轴线钻水平勘察孔，并在孔内开展取芯、水压致裂、综合测井和孔内电视等相关测试，据此对隧道设计轴线围岩的岩性变化、破碎带分布范围以及隧道涌水情况等进行精确划分，实现隧道围岩地质预报，为隧道掘进、安全防护、初期支护、二次衬砌方案的优化调整提供可靠依据。该技术主要包括钻进、取芯、导向、随钻测量、综合测井五项核心技术。

在复杂地质条件下，传统隧道超前地质预报技术的探测范围和数据精度均不能满足施工质量、安全控制需求，而采用水平定向钻探技术能够精确地对隧道围岩信息进行详细的勘察，主要体现在以下方面：

（1）建立水平定向钻进参数与钻孔围岩的关联性，研究钻头破岩机理与隧道围岩强度的变化关系，为施工掘进提供真实可靠的数据支撑。

（2）将传统地勘取芯技术与水平定向钻技术相结合，实现间断取芯，对岩芯进行抗压强度等基本物理测试，详细分析隧道沿线岩性的基本物理特性，为隧道围岩分级提供精确的岩性参数。

（3）采用综合测井技术中的水压至裂测试、声波、自然伽马、电阻率、孔内电视等手段对水平勘察孔内围岩岩性进行划分，对孔内围岩应力特性、温度、密度、渗透性、裂隙发育程度等进行评价，以此为基础开展隧道围岩的数字化判识和隧道数字化施工管理。

第6章 高铁工程质量方法子系统

高铁工程质量管理应从全寿命周期质量管理角度出发，研究全面质量管理、建立信用评价体系、运营单位提前介入、动态验收、项目标准化管理等工程质量管理方法运用机制，从而构建完善的质量方法子系统，如图6-1所示。

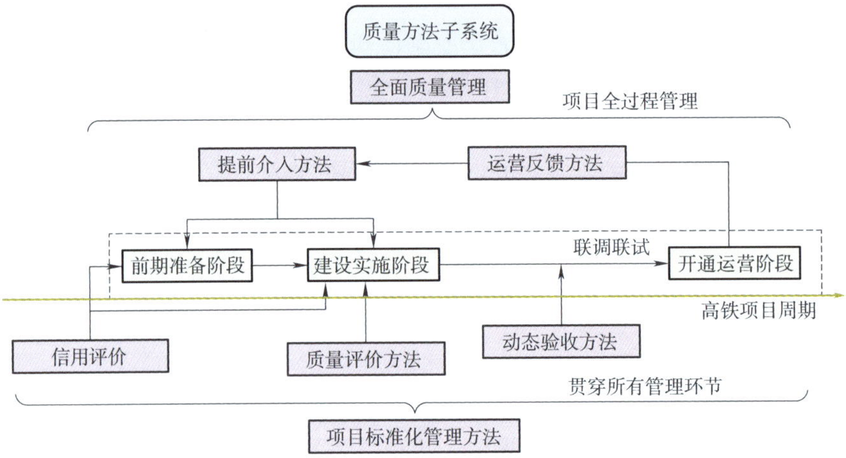

图6-1 质量方法子系统结构

6.1 全面质量管理

质量是一个满足需求的产品、过程、服务的特征总和，高的质量不仅仅是静态满足一时一地的用户需求，同时还要动态、发展地满足不同情况的不同质量需求。因此，在高铁项目中，质量管理不仅要控制实体质量，还要控制过程质量，应大力实施全面质量管理。

6.1.1 全面质量管理概述

全面质量管理包含两方面的含义：一是全面管理，以满足用户期望为目的，以高标准的质量为中心，以全体员工为基础，实行标准化的全过程、全方位质量控制；二是全面质量，不仅包括产品或者工程项目的质量，还包括工作质量、服务质量等所有的质量范畴。全面质量管理理论的核心思想是企业各部门执行质量发展、质量保持、质量改进计划，以最经济的原则进行生产与服务，使客户满意度最高。

全面质量管理的关键是"全面"，属于全员、全面、全过程的质量管理模式。要求参与管理的各方具备集体思想，积极参与质量活动，通过规范性、制度性的管理手段保证产品质量和服务。全员参与的概念是从领导层、管理层到操作者，从内部人员到外部人员，从自控主体到监控主体等全体工作人员都要参加到质量管理活动中，使质量管理理念深入人心。全过程的质量管理不仅指生产过程的产品质量，还包含前期市场融资、市场调研，中期产品设计、生产技术准备，后期产品销售及售后服务等工作。

全面质量管理的基本方法可以概括为"一个过程、四个阶段"。"一个过程"可以被定义为一个项目或一组相互关联和相互作用的活动，通过使用资源和管理将输入转换为输出，要求企业将产品质量融入企业内部和外部整体相关的多项活动中，这个生产过程不是一个单一的过程，而是一个动态复杂的过程。"四个阶段"指的是PDCA循环，包括计划(Plan)、实施(Do)、检查(Check)和纠正(Action)。

6.1.2 高铁工程全面质量管理的内涵

在高铁工程项目质量管理中，要做好"三全"：

首先是全员的质量管理。全面质量管理的核心思想就是"以人为本、全员参与"。高铁工程项目往往需要大量的设施和人员，无论多么精密的设施，各级人员才是项目的关键。为了保证质量，就要求在项目过程中自上而下全员参与质量管理，不仅包括直接关系到质量的施工操作人员、管理人员、设计人员、采购人员、技术人员等一切和项目相关的人员，同时涉及项目总负责人、后勤保障人员、材料采购员等相关人员，全员的工作质量将决定项目的整体质量，任何一丝疏忽都和质量问题息息相关。为了保证全员的质量意识和质量管理能力，必须对全体员工进行质量意识培养和质量管理能力教育，注重提高工程项目人员的技术水平和创新能力，使全面质量管理成为全体人员的行动指南，充分调动全体人员的积极性来共同推动工程项目的质量管理。

其次是全面的质量管理。每一个复杂的项目都是由不同的管理层级组成的，抓好每一层级的质量管理对于整体质量的保证至关重要。高铁施工项目中主要包括三个层级。第一层是整个项目的管理层，这一层级的质量责任主要是整体把握、全局管理。即根据国家政策和法律法规，特别是国铁集团的质量管理文件和统一标准，从全局对工程项目质量做出决策，划分下级部门的质量职能和任务，并实施有效的监督控制。第二层级是项目技术人员层级，这一层级的主要责任是负责项目的各项技术达标，为施工人员的作业活动提供高质量的技术支持和施工标准。即在洞悉上级管理思想的基础上，熟练掌握高铁施工技术标准，进行相关的技术设计，指挥施工作业的具体进行。第三层级是施工作业层级，这一层级的主要质量责任是保证项目在操作层面的高质量。即严格按照项目管理者和技术人员的指令，进行分工协作，争取实现项目期限内“零质量缺陷”的目标，并对高铁工程项目的质量管理工作提供信息反馈和合理化建议。

最后是全过程的质量管理。高铁工程项目通常都是一个复杂、长期的过程，这个过程的每一阶段都和整个项目紧密联系，任何的质量问题都可能对整个项目产生毁灭性的打击，为了保证项目质量，必须进行全过程的质量管理。高铁项目法人作为工程投资、质量、进度等的主导者，要求其从高铁工程项目立项到项目验收和保修期的整个过程实施全方位的质量管理，建立起包括质量计划、质量保证和质量控制在内的工程项目质量管理体系。

6.1.3 高铁工程全面质量管理的实施

高铁项目全面质量管理的主要工具包括“老七种”，即因果图、排列图、直方图、控制图、散布图、分层图、调查表，以及“新七种”，即关联图法、KJ 法、系统图法、矩阵图法、矩阵数据分析法、PDCA 法、点线图法等。在实际项目中，各单位、各环节均应紧密围绕高铁工程项目全面质量管理全面性、全员性、全过程性的特点，选用合适的管理工具，自上而下有序开展质量管理活动，重点是：

1. 全面质量管理 PDCA 法

目前高铁工程项目中运用较多的是 PDCA 法，通过制定质量计划（P）、实施（D）、质量检查（C）以及质量事故处理纠正（A）的规范性质量管理流程，实现对高铁工程整体质量的有效管理。全面质量管理 PDCA 模型是一个循环上升的过程，如果一次 PDCA 循环没有解决问题，这个问题会进入下一循环，每次循环都把质量提升到一个新的高度。

2. QC 小组

QC 小组是指在生产或工作岗位上从事各种劳动的员工，围绕企业或项目的战略、质量方针和现场存在的问题，以改进质量、降低消耗、提高人员素质和提高经济效益为目的组织起来，运用质量管理理论和方法开展活动的小组。

QC 小组的课题活动程序，就是把质量管理浓缩成具体的工作程序，从课题选定、要因分析到措施的计划和实施，及至最后的效果检查和总结进步，每一个阶段步骤都有章可循，整个过程既解决实际问题，又实现了质量管理，使得即便不是专门做质量管理工作的员工，在今后的工作中对质量管理也会有一套可执行的方法。

在 QC 小组活动程序中，要因分析（确定主要原因）是极其重要的一环，要因分析帮助人们从众多导致质量低下的原因中选出最为紧要的一项，进而对其进行改进，改进完成后原来的主因成为次要因素，原来的次要因素则将成为新的主要因素；PDCA 的方法则指导项目再次进行要因分析和改进以进一步提高质量。这样，QC 小组将问题简化成一个点并予以解决，PDCA 则使质量管理回到原来的问题中找到新的突破点，两者相结合，一个本来很复杂的质量大问题就被逐步分解到可执行的层面，质量管理工作也就能够做到日臻完善了。

因此，在高铁工程项目中，施工企业应广泛开展 QC 小组活动，小组成员通过团结合作、集思广益，解决施工中的质量通病和资源消耗过大问题。

西成铁路客运专线陕西有限责任公司全面质量管理方法案例

西成铁路客运专线陕西有限责任公司（简称“西成客专陕西公司”）自成立以来，始终坚持“百年大计，质量至上”方针，切实采取了具体和针对性调控措施，确保了工程质量，为高铁项目开通运营奠定了坚实基础，真正实现了“建设服务运输”的目标。

1. 工作思维上强化意识，树立“三精”、固化“三管”、强化“三如”，不断增强质量责任感、紧迫感、压力感

（1）增强“四个”意识：增强质量法制、责任、创新、标准意识。

（2）规范“三精”行为：规范精细态度、精心过程、精致结果行为。

（3）固化“三管”模式：固化质量管到检验批、安全管到工班、技术管到工序的三管模式。

（4）强化“三如”感：强化如坐针毡、如履薄冰、如临深渊。

2. 工作目标上多级研究，加强全员全方位全过程控制，不断提高建设质量安全综合管理水平

（1）全面：在总体目标的基础上分解专业、专项具体质量目标。

（2）全方位：对质量综合工作按照职能划分层层进行分解，依次传递至各部门、指挥部及参建单位。

（3）全员：依照分解任务，各部门、段落指挥部及参建单位全体人员齐管共管，共同推进；同时加强责任落实，建立从参建单位主要领导至作业人员的质量责任制，依次明确质量责任范围、责任内容及考核标准。

3. 在工作标准上，静心定神，认真抓好“立标、学标、达标、落标”，不断提高建设质量“强基达标”管理能力

（1）精细立标：以建设程序、设计文件、验收标准、施工技术规程以及质量红线等为重点，研究制定建设质量管理、检查、考评标准依据。

（2）精心学标：通过自学、集中学习以及举办专业培训的形式，深入学习建设程序、设计文件、验收标准、施工技术规程及质量红线等标准内容，进一步掌握质量安全管理、控制要点。

（3）精致达标：定期组织对建设质量管理人员及参建施工、监理质量管理人员进行各项专业化达标考核，考核合格者予以任用，不合格者，责令调岗或继续接受教育培训直到考核达标为止。

（4）精准落标：通过检查、评比等方式，进一步核对建设程序、设计文件、验收标准、施工技术规程、质量红线等各项要求是否落到实处。

4. 工作程序上严格准则，认真把好过程中重要关口和环节，确保建设质量工作依法合规

（1）严格“三检”：严格工序质量自检、互检、交接检。

(2)严肃“四不”：严肃质量事故原因未查清不放过、责任人员未处理不放过、责任人和群众未受教育不放过、整改措施未落实不放过。

(3)抓实“五须”：施工方案要做到必须编审、必须专家论证、必须交底、必须检查验收、必须严格实施。

(4)履行“六约”：履行质量问题停工、整顿、交班、约谈、信用评价以及经济处罚六项强制规定要求。

(5)规范“七步”：规范开工、施工、示范引领、原材料检验、工艺、变更设计、检查验收七个流程步骤。

5. 工作职能上找准定位落实职责，进一步理顺与各部门及指挥部工作关系，确保建设质量管理工作运行通畅

(1)定好三位：一是定好“面向施工现场，为质量服务”的位；二是定好“组织协调解决质量问题”的位；三是定好“确保质量整体可控”的位。

(2)落实三责：一是落实建设质量安全组织协调职责。确保监督管理局和国铁集团等上级检查、专项活动开展、工作条件评估、问题回复等有序推进，按期销结。二是落实建设质量安全管理职责。严格质量安全日常考核，系统质量安全分析，全面安排部署建设质量安全工作。三是落实建设安全质量指导职责。重点加强施工过程中“体系建设、设施保障、现场管理、过程控制”等安全质量指导，确保实施行为规范。

6. 工作基础上健全体系完善制度，不断丰富建设质量管理工作内涵

(1)按照“部门专设、人员专职、工作专工”原则要求，建立健全质量“三专”体系。

(2)完善制度。按照“修、建、补、废”的原则，适时组织对现有制度进行修订和完善，确保制度的有效性和合规性。

(3)落实职责。实行“五定、三统一、一负责”制度，对质量工作定人、定期、定岗、定责、定点，统一部署、统一记录、统一分析，实行首查负责制。

7. 工作内容上严格程序固化流程，严格工作条件确认，强化质量措施落实，不断提高建设质量管理“提质增效”工作效果

(1)分层次、分类别、分专业组织开展岗前培训。实行专业全覆盖、人员全覆盖，大力提升建设队伍素质能力。

(2)严格落实监督管理程序。认真组织办理质量监督手续，确保手续完善符合监督管理要求。

(3)严格试验室、混凝土拌和站工作条件确认。确保人员、设备配备以及混凝土拌和物性能满足要求。

(4)严格组织混凝土配合比设计。全面落实设计使用年限、环境条件以及施工工艺等要求。

(5)开展项目管理诊断。定期通过现场检查、查阅资料、组织座谈、听取参建单位意见等

方式,深入对质量安全控制、标准化管理、施工组织、投资控制、科技创新、队伍培训、依法建设、干部作风、维护稳定、廉政建设等进行全面诊断,查找管理漏洞和薄弱环节,通报诊断情况。

(6)全面落实质量责任。一是建立健全质量责任制,逐层组织签订安全质量责任书,依次明确项目部、工区及作业层质量工作责任。二是推行质量承诺,组织施工、监理单位对质量措施履约以及工程质量达标进行承诺。三是严肃质量责任追究,严肃对责任人进行惩处。

(7)精心组织对各级检查排查问题进行整改、落实。一要抓好组织协调,保证各项检查有序推进。二要精心组织整改,及时消除问题。三要认真落实回复,确保工作实现闭环。

8. 工作重点上抓住关键围绕主线,强化薄弱和短板质量控制,持续防范建设质量风险

(1)严格质量红线管理。一要坚持每月检查。按照"五定、三统一"的要求,每月组织开展专项、重点、突击和月度平推相结合的红线检查和总结分析。二要严肃问题查处。按照"一查处"的要求,及时对问题进行认定和严肃查处。三要按季总结上报。按照阶段工作报告要求,每季度编写质量安全红线管理报告。

(2)增强防范,及时处置质量举报问题。高度重视,快速处置,及时闭环,防止给项目造成负面影响。

(3)强化预控,突出隧道路基质量管理。一要精心组织施工条件评估。确保组织机构、人员配备、管理制度、施工方案等满足现场施工质量条件要求。二要常态化管理。当出现潜在隐患风险时,要及时组织评估论证,补充、调整施工技术方案和质量防范控制措施,确保隧道路基施工质量。

9. 工作形式上丰富载体,细化组织安排,严格问题排查整治,不断巩固建设质量管理成果

(1)深入开展"三不问题质量行为"专项整治。严防"使用不合格建筑材料,不按工程设计图纸或技术标准施工,将不合格工程按照合格工程进行验收"问题发生。

(2)坚持开展铁路隧道、路基工程质量专项整治。突出隧道开挖、初期支护、二次衬砌、隧底、仰拱、防排水、施工缝预留、路基地基处理、填料生产、填筑、沉降变形观测及评估等工序质量控制,严格工艺落实,确保施工质量安全。

10. 工作方式上尊重科学创新模式,积极发挥引领示范作用,强化第三方检测管理,不断规范现场施工质量行为

(1)成立督查大队。一是实行督查专业化。根据工程实际进展情况,适时分专业、分专项组织开展现场督查。二是保持督查连续性。除特殊情况外,督查工作不受节假日影响,全面正常开展。三是实现督查全覆盖。每月力争将在建项目所有工点及工序督查一遍。四是发挥督查威慑性。及时对检查存在的问题进行通报,并将问题纳入月度考核。

(2)树立标杆,积极发挥引领示范作用。精心组织创建标准示范施工项目,树立"优秀"

典型单位，积极引领各参建单位相互借鉴、取长补短，创建精品工程。

（3）坚持标准，严格试验检测管理。一是精心组织做好桥梁基桩、隧道二次衬砌、路基压实、挡土墙、预应力锚索（锚杆）以及钢结构等第三方检测工作。在注重日常检测数据收集、掌握有关质量状况的同时，还要结合现场实际以及检测技术标准要求，严格检测评定，确保检测科学合理、全面反映工程质量状况。二是精心组织做好路基地基处理复合地基承载力检测、路基填筑连续压实检测、预制箱梁静载试验检测、连续梁线形监测、隧道超前地质预报、隧道监控量测等试验检测工作，及时为工程质量验收、评定提供依据。三是每季度委托第三方检测机构对现场原材料及工程实体进行检测。全面掌握现场质量控制效果。

11. 工作手段上"坚持标准、硬起手腕"，用好各类考评、评价，不断提高建设质量工作标准和要求

（1）精心组织开展以"比安全管理，创和谐平安工程；比质量控制，创优质精品工程；比工期落实，创生产进度纪录；比工作质量，创一流管理水平；比文明施工，创激情干事氛围"为公开内容的"五比五创"劳动竞赛考评，深入营造"比、学、赶、帮、超"大干氛围。一是全面研究分析存在问题，督促加强管理，完善机制；二是加强激励约束考核，统筹"六位一体"全面实施推进。

（2）强化质量日常管理考核，做到质量有序可控。制定《安全质量日常管理考核办法》，明确考核内容、方式和标准，每月组织对参建单位进行质量日常管理考核，并将考核结果纳入激励约束费返还。

（3）加强人员诚信考评，提高改进工作机制。按照原中国铁路总公司《试验室、拌合站标准化管理指导意见》及《试验室、拌合站人员诚信考评机制》，每季度对试验室、拌和站主要管理人员进行诚信考评，促进改进工作方式。

（4）加强隐蔽工程及关键工序影像资料考评，提高工序质量控制水平。按照国铁集团隐蔽工程及关键工序影像资料管理要求，每季度开展一次考评，确保隐蔽工程及关键工序质量控制满足要求。

6.1.4 信息化条件下的高铁工程全面质量管理

随着科学技术的发展进入信息化时代，我们具备了以大数据运用为基础进行全面质量管理的条件。在运用PDCA等质量管理方法的基础上，通过建立质量管理信息化系统，实现质量管理由定性向定量的转变，实现质量问题分析判断更精准、客观，对参建单位的质量管理更有针对性、更有个性化，从而达到精品工程的目标。

1. 质量管理信息化系统建立思路

按照高铁工程的建设实际和规律，主要从事前预控管理、施工过程管理、质量评价与考核管理几个方面着力。事前预控管理主要从设计数字化准备、开工标准化以及施工技术信息化准备等方面入手；施工过程管理重点以强化工序质量管理为核心，以检验批质量验收控

制和工序质量后评价为抓手;质量评价与考核管理重点是以第三方检测为基础的阶段质量评价,根据工序质量后评价、第三方检测等基础质量数据,建立对参建单位质量行为进行评价的信用评价系统,通过信用评价结果推动参建单位加强过程管理,从而达到质量提升的目的。

2. 质量管理信息化系统组成

质量管理信息化系统由事前预控管理、施工过程管理、质量评价与考核管理等组成。具体如图 6-2 所示。

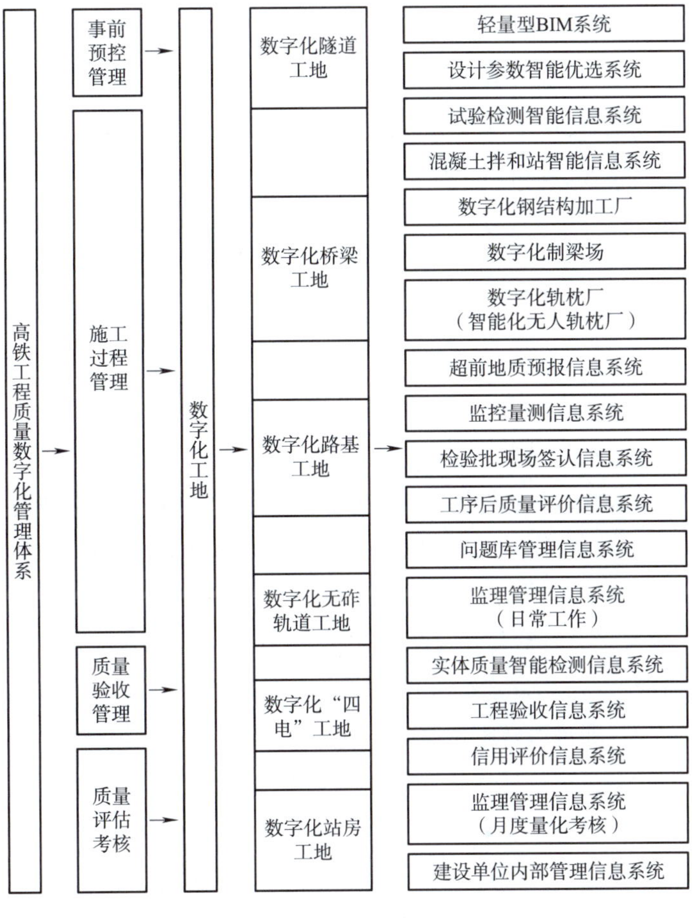

图 6-2　质量管理信息化系统组成

基于数字化的高铁工程质量全过程管理案例

武九客专湖北公司坚持以标准化建设与数字化管理深度融合为抓手,以高铁工程质量全过程管理(事前预控管理、施工过程管理、工程竣工验收和质量评估管理)为主线,以工装保工艺、以工艺保质量、以过程保结果、以数字化保标准化为主要思路,形成了基于数字化的高铁工程质量全面管理新模式。

1. 事前预控管理

1)加强设计管理,从设计源头把好高铁工程质量关

(1)在设计阶段,建立并部署高铁轻量型BIM系统、设计参数智能优选系统等数字化信息系统,对设计图纸进行完善、优化,提高设计水平。

(2)通过设计咨询、图纸会审、"三查五防"等措施,查错补漏,进一步完善设计方案、明确设计意图、细化设计要求。

2)强化技术管理,从技术源头夯实高铁工程质量管理基础

建立从技术方案评审、施工方案评估到试验先行、样板引路,再到过程管理、结果评价全过程技术管理工作流程并严格执行。

3)开展工程创优,以目标引领提高高铁工程质量总体水平

以工程创优为引领,促使安全质量总体管理工作谋划和工程建设的各个环节紧密衔接。一方面通过明确创优目标、编制创优规划、制定创优方针和具体措施,明确了具体的创优工作要求;另一方面通过成立专门的创优组织机构,明确参建各方的具体创优任务,制定创优工作的具体实施措施。

4)完善管理体系,打造高铁工程质量全过程数字化管理体系,以数字化管理保证高铁工程质量

(1)组建数字化管理团队,按照高铁工程质量形成过程,建立智能试验检测等一套完整的全过程质量管理数字化信息系统。

(2)全面推广全自动三臂凿岩台车等成套智能化、数字化施工机械设备。

(3)深度融合数字化信息系统和智能化、数字化施工机械设备,全力打造一批数字化工地。

(4)深度融合数字化工地和质量管理日常工作,构建全过程数字化质量管理体系。

5)推进技术创新,以先进工艺保证高铁工程质量

(1)隧道施工方面:采用四臂电脑台车和双喷头湿喷机械手等机械化施工,全面推广应用隧道大断面机械化安全快速修建技术等多项先进施工技术工艺。

(2)桥梁施工方面:采用桩基桩头环切、无拉筋模板、智能张拉、智能压浆、智能线形控制、智能化梁场、智能架梁、大阶段现浇连续梁(8 m梁段造桥机)等多项关键技术。

(3)路基施工方面:推广采用北斗TCF复合地基桩基施工、CFG桩头环切、桩帽土模法、智能连续压实等多项施工先进新工艺。

(4)轨道施工方面:采用无砟轨道智能建造、智能无人化轨枕场、"三高一低"道床板混凝土、数字化轨道焊接工艺、智能化轨道铺设等多项施工新技术。

2. 施工过程管理

1)原材料质量控制方面

(1)以数字化试验室为平台,将原材料质量检测与标准规范深度融合,确保原材料质量

合格可控。

将智能检测设备和试验检测智能信息系统深度融合，打造数字化试验室。应用高清摄像头、精密传感器等信息化硬件设备，互联网＋、大数据、手机App等信息技术，将原材料质量检测从现场取样、试验检测、出具检测报告到检测报告使用等每个环节的工作内容，以及规定的试验方法和流程进行深度融合，从而将试验检测的具体工作，转化为基于信息流的网络流程，并与国铁集团工程信息管理平台全面对接，实现对试验检测工作全流程、全参数、全指标的信息化实时监控、动态管理、风险预警和量化考核。在保证试验检测工作真实可靠、及时准确的同时，实现了对试验检测工作的数字化管理，有效杜绝了原材料未检先用、使用不合格材料、检测过程不规范、试验报告弄虚作假等常见问题。

(2)以数字化混凝土拌和站为平台，将混凝土质量控制与标准化管理深度融合，确保混凝土质量合格可控。

将智能生产设备和混凝土拌和站智能信息系统深度融合，打造数字化混凝土拌和站。采用全电脑自动控制混凝土拌和机、高清摄像头、精密传感器等硬件设备，互联网＋、大数据、手机App等信息技术，将混凝土质量控制的具体工作内容，转化为基于信息流的网络流程，并与国铁集团工程信息管理平台全面对接，实现了对高性能混凝土全流程、全参数、全指标的信息化实时监控、动态管理、风险预警和量化考核，确保混凝土质量全程可控。

2)构配件(半成品)质量控制方面

(1)以数字化钢结构加工厂为平台，将钢筋、钢结构加工质量控制与标准化管理深度融合，确保钢筋加工和钢结构加工等构配件(半成品)质量合格可控。

采用智能焊接机、智能弯曲机等数字化加工设备，互联网＋、大数据、手机App等信息技术，将钢结构加工厂的材料、设备、生产、工艺、成品等质量管理内容和任务下发、生产监控、成品检验等质量管理流程进行深度融合，从而将钢筋加工和钢结构加工等构配件(半成品)质量控制的具体工作内容，转化为基于信息流的网络流程，实现了对钢筋加工和钢结构加工等构配件(半成品)质量的全流程、全参数、全指标的信息化精准加工、实时监控、动态管理、风险预警和量化考核，确保其质量可靠、稳定、全程可控。

(2)以数字化制梁场为平台，将预制梁质量控制与标准化管理深度融合，确保预制梁质量合格可控。

采用智能浇筑平台、智能钢筋安装、智能张拉、智能压浆等数字化施工设备，互联网＋、大数据、手机App等信息技术，将预制梁场的材料、设备、生产、工艺、成品等质量管理内容和任务下发、生产监控、成品检验等质量管理流程进行深度融合，从而将预制梁质量控制的具体工作内容，转化为基于信息流的网络流程，实现了对预制梁质量的全流程、全参数、全指标的精准施工、实时监控、动态管理、风险预警和量化考核，确保其质量可靠、稳定、全程可控。

(3)以数字化轨枕厂(智能化无人双块轨枕预制场)为平台，将双块式预制轨枕质量控制与标准化管理深度融合，确保轨枕质量合格可控。

采用智能浇筑平台、智能钢筋安装、自动脱模、红外线成品检测等数字化工装设备，物联网、大数据、云计算、人工智能等现代信息技术，将钢筋加工、运送、摆放、混凝土浇筑、养生及产品检测、出库等质量管理关键工序内容和任务下发、生产监控、成品检验等质量管理流程进行深度融合，从而将预制轨枕质量控制的具体工作内容，转化为基于信息流的网络流程，实现了对预制轨枕质量的全流程、全参数、全指标的精准加工、实时监控、动态管理、风险预警和量化考核，确保其质量可靠、稳定、全程可控。

3）工序质量控制方面

以数字化工地为平台，将质量管理流程和施工工序深度融合，确保各个施工工序质量合格可控。

（1）超前地质预报工序质量控制：以数字化隧道工地为平台，将超前地质预报相关技术标准、规范、规程等规定的工作流程和工序质量要求与国铁集团信息平台要求深度融合，同时采用互联网＋、大数据、手机App等信息技术，将超前地质预报的具体工作内容转化为基于信息流的网络流程，在确保隧道超前地质预报工序质量的同时，为隧道开挖质量控制奠定基础。

（2）监控量测工序质量控制：以数字化隧道工地为平台，将隧道监控量测相关技术标准、规范、规程等规定的工作流程和工序质量要求与国铁集团信息平台要求深度融合，同时采用互联网＋、大数据、手机App等信息技术，将监控量测的具体工作内容转化为基于信息流的网络流程，在确保监控量测工序质量的同时，为隧道实体质量控制奠定基础。

（3）检验批验收质量控制（即具体施工工序质量控制）：以具体的隧道、桥梁、路基、无砟轨道、“四电”、站房等数字化工地为平台，将施工过程逐个工序质量控制要求和检验批现场签认数字化信息系统深度融合，同时采用互联网＋、大数据、手机App等信息技术，将各个工序检验批质量的具体工作内容，转化为基于信息流的网络流程，通过人脸识别、签证定位、隐蔽过程视频拍摄等具体措施，有效保证质量三检制（自检、互检、交接检）的真实性，规范各项验收行为，实现检验批现场签认和网上实时同步验收，有效保证了施工过程工序质量合格且全程可控。

（4）工序后质量评价控制：以具体的隧道、桥梁、路基、无砟轨道、“四电”、站房等数字化工地为平台，将施工质量验收标准的要求和工序后质量评价数字化信息系统深度融合，同时采用3D扫描仪、智能凿岩台车、智能二衬台车等信息化硬件设备，互联网＋、大数据、手机App等信息技术，将一定时间内施工工序完成后的实体质量评价工作，转化为基于信息流的网络流程，实现对一定时间内施工工序完成后形成的实体质量的实时监控和评价，以便在第一时间内，发现质量缺陷，优化施工工艺，解决质量通病，避免了由于检验批验收和单位工程验收之间间隔周期过长，本可在施工过程中小影响、低成本解决的质量缺陷，积累至验收阶段，演变成大影响、高投入才能解决的严重质量问题。

(5)质量缺陷整治工作控制(即问题库管理):以数字化工地为平台,将质量缺陷整治工作要求和问题库管理数字化信息系统深度融合,同时采用互联网+、大数据、手机App等信息技术,对施工过程中发现的所有质量问题,按照“五定”要求,建立问题确认、问题整改、整改结果确认销号等完整的管理流程,实现数字化闭环管理,确保质量缺陷整治工作全程可控,按时高效、保质保量完成。

(6)监理工作管理:以数字化工地为平台,将监理单位在施工工序质量控制中的履责履职要求和监理管理数字化信息系统深度融合,同时采用互联网+、大数据、手机App等信息技术,以及人脸识别、网络定位、现场打卡等具体技术措施,在施工工序质量控制中,实现对监理人员的履责履职全程实时可控,有力保证了监理施工工序质量的实地监管作用。

3. 质量验收管理

1)实体质量控制

以数字化工地为平台,将实体质量验收要求和实体质量智能检测数字化信息系统深度融合,同时采用互联网+、大数据、手机App等信息技术,以及智能实体检测仪器、高清摄像头、精密传感器等信息化硬件设备,将实体质量检测的具体工作(相关技术标准、规范、规程等规定的实体质量检测具体工作流程和技术要求),转化为基于信息流的网络流程,并与国铁集团工程信息管理平台全面对接,实现对桥梁桩基、隧道实体结构、钢结构焊缝质量等工程实体质量的全程控制和管理,确保实体质量合格且全面可控。

2)质量验收控制

以数字化工地为平台,将工程质量验收标准的要求和工程验收数字化信息系统深度融合,同时采用互联网+、大数据、手机App等信息技术,以检验批验收数据、工序后质量评价结果、实体质量检测结果为基础,将分部分项、单位工程验收的具体工作,转化为基于信息流的网络流程,实现了分部分项、单位工程验收工作实时网上完成,保证了工程验收的全面性、真实性和准确性。

4. 质量评估考核

以数字化工地为平台,将工程质量评估考核要求和质量管理考核数字化信息系统深度融合,同时采用互联网+、大数据、手机App等信息技术,将质量评估考核的具体工作,转化为基于信息流的网络流程,实现智能评估、量化考核,最大限度地降低人为因素的影响,保证考核结果的真实可靠、公正公平,充分发挥评估考核在质量管理中的正面引导和激励作用。

1)信用评价

以数字化工地为平台,将工程质量信用评价工作和信用评价管理数字化信息系统深度融合,同时采用互联网+、大数据、手机App等信息技术,并与国铁集团工程信息管理平台全面对接,将信用评价的具体工作,转化为基于信息流的网络流程,实现了信用评价工作的数据化、信息化、智能化,保证了信用评价工作的公正性、及时性、实效性。

2)监理月度量化考核

以数字化工地为平台,将监理月度工作要求和监理管理数字化信息系统深度融合,同时采用互联网+、大数据、手机 App 等信息技术,对监理各项监管工作进行月度定量化、数据化考核,规范了监理的履职履责行为,实现了监理监管工作自身的纵向对比和不同监理单位之间的横向比较,保证了监理在工程质量监管工作中的实效。

3)建设单位内部绩效考核

以建设单位内部管理数字化信息系统为平台,将高铁工程质量管理的具体要求和建设单位内部绩效考核机制深度融合,实现建设单位内部各职能部门和现场建设指挥部在质量管理上的自身纵向对比和不同部门之间的横向比较,并使之定量化、数据化,有效提高建设单位的质量管理水平。

按照高铁工程质量形成过程,通过打造基于数字化质量管理信息系统的数字化工地,对其进行事前、事中、事后的全过程管理,是实现高铁工程全面质量管理的有效方式。

6.2 建立信用评价制度

6.2.1 高铁工程的信用评价

在高铁工程中,参建企业信用的内涵是指企业在市场交易活动中履行合约和遵守承诺的行为,这种行为表现出企业诚实守信的市场心理和认真履约的市场能力,同时也是企业权衡短期利益与长期利益之后的一种理性市场经济行为;另外,参建企业信用还包括建筑施工企业与政府及国铁集团监督管理机构之间的信用关系、与其他相关参建企业间的信用关系、与银行和保险等金融机构之间的信用关系等。

现有关于企业信用体系的研究,主要包括企业工程质量等级、企业管理层、企业技术人员能力、企业资金使用、企业机械设备配置等内容,其中工程质量等级是高铁工程中业主所考虑的核心因素。信用评价高的企业,更容易获得建设单位的信任和青睐,在申请贷款或者工程采购中更有优势,这也促进了高铁项目前期工作质量的提高。由于高铁工程的公共属性特征,加之国铁集团负有后期高铁运营质量安全的全部责任,因此对参建企业信用等级的评价工作应由国铁集团相关部门指导项目建设单位具体实施。

铁路系统从 2005 年开始进行施工、设计、监理单位的质量信用评价,后经多次调整完善,形成施工、设计、监理企业的信用评价体系,其中以工程质量为主要内容,以各建设单位组织的日常检查为主要依据,以不良行为认定标准为评判标尺,是铁路建设项目管理的一种方法。通过完善的信用评价方法,可有效引导参建企业将主要精力用于现场管理,做好质量管理工作,树立"靠质量赢得信誉,靠信誉赢得市场"的信用意识,从而实现自身效益的最大化。

6.2.2 信用评价方法

1. 信用评价的特点

目前国铁集团实行的施工、设计、监理企业信用评价均以2018年发布的办法为准。以施工企业信用评价为例，根据《铁路建设项目施工企业信用评价办法》(铁总建设〔2018〕124号)，可看出当前对施工企业的信用评价有如下特点：

(1)以质量为主，开展不良行为认定

目前，对施工企业不良行为认定为三档：一般、较大、重大。其中，一般不良行为为5条，涉及质量的3条；较大不良行为为18条，涉及质量的10条；重大不良行为为6条，涉及质量的3条。质量占总数一半以上；不良行为认定的其余条款则主要涉及安全、环保、工期、投资控制、稳定、廉政建设等内容。

对监理企业不良行为也认定为三档：一般、较大和重大。其中，一般不良行为为8条，涉及质量的2条；较大不良行为为6条，涉及质量的4条；重大不良行为为5条，涉及质量的1条。

由此可见，无论从施工企业管理还是从监理企业管理角度来看，质量是信用评价的重点，体现了项目管理中以质量为核心的理念。

(2)多样本取样，力求公正公平

信用评价中不良行为的扣分标准全路统一，以避免多个项目间扣分标准的差异性(对只参加一个项目施工的企业不进行评价)，所有建设单位都参加评价，评价单位多，基本上可消除个别单位评价上的误差，实现评价的公正和公平。例如，2018年上半年，全路44个建设单位对65个施工企业进行评价，公示后没有收到任何不良反映。国铁集团对于上报评价资料进行校核汇总，但不参与打分，由此，消除了领导干部干扰评价结果的可能性。

(3)日常检查发现问题，履行程序确认问题

施工过程中，建设、监理单位日常检查中发现的质量或其他问题，对符合不良行为条件的，由各方两个以上人员现场记录，并交由施工单位主管人员确认，确定后计入不良行为并进行公示。这种记录、确认、计入和公示的程序，有效防止了个人好恶对不良行为认定的影响，确保评价工作公开、透明、可操作。

(4)延伸至运营阶段，与招投标挂钩

为了体现建设为运营服务、建放心工程的理念，信用评价办法中，对已交付运营工程所发生的质量问题，由运营单位提供证据并经施工企业确认后，由所在铁路局集团公司计入不良行为记录。

国铁集团每半年汇总形成一次全国铁路施工企业信用评价结果，评分前十名的确定为A类，后三名的评为C类，其余评为B类。在此后半年时间内，A类企业参加铁路项目投标时申请给予1次加分；而信用评价为C类的施工企业，自评价结果公布之日起一个月内不能投标。因此，各施工单位均争先创优，高度重视信用评价。

2. 信用评价流程

以下以武九客专公司信用评价流程为例进行说明。

武九客专公司施工单位信用评价

按照武九客专公司《施工单位信用评价管理办法》和第三方检测单位签订的检测合同，对公司承建的工程项目进行检测、检查。

(1)对检测项目按标段、专业、单位工程、分部工程、分项工程划分，按照检测位置、时间，采用标准记录表格(或自动记录设备)收集各项数据信息。

(2)对施工现场进行检查，对发现的问题，通过移动客户端收集传输到公司信息平台问题库，对问题进行整改跟踪，形成闭环管理。

(3)通过铁路工程管理平台获取检测实体的混凝土强度指标、搅拌记录以及公司平台的检验批次表格、施工记录表格的数据信息来作为实体工程质量的评价数据。

通过以上三种方法获取实体工程质量评价的基础数据信息，再结合公司评价得分标准和评分计算模型，可计算出实体工程质量评价得分，流程如图 6-3 所示。

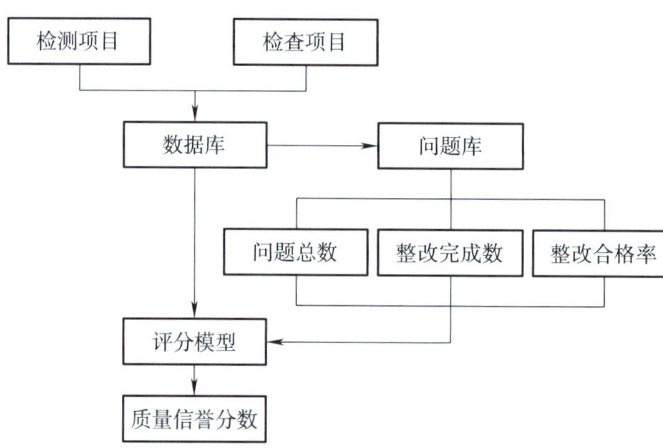

图 6-3　实体工程质量评价流程图

6.3　提前介入方法

铁路项目建设与运营实行分别管理的体制，即：工程建设为一个单位，运营为另一个单位。特别近年来高铁项目的建设基本通过招标模式选择具有相关资质的施工单位，建设单位(业主)则逐步脱离过去铁路局集团公司直管范畴，一般采用成立客运专线公司的方式解决项目业主职能。因此，尽管建设与运营单位同属国铁集团或铁路局集团公司管理，但彼此之间已形成明确的分工。这样的体制对于专业化管理效果明显，但同时存在着相互之间沟通少、为对方利益考虑少等问题。

为解决上述问题，应充分发挥运营单位的技术优势，实行运营单位提前介入工程建设的方法，通过运营单位参与高铁项目质量管理，可以预先提出运营需求并有效落实到设计图中，同时通过了解工程项目设计、建设施工、联调联试情况及设备设施的薄弱环节等信息，提前发现、处理建设过程中影响运营安全、效率及后期改造成本高的问题，进而提出整改意见，全方位提高工程建设质量及相关设施设备质量，为后期运营过程中减少工程项目改造、提高设备设施的可维护性及节约运营成本打下坚实基础，对未来高铁运营服务安全、高效、经济运作起到至关重要的作用。

6.3.1　运营单位提前介入的优势

运营单位提前介入高铁工程有如下优势：

一是充分发挥技术优势，反馈建设不足。铁路运营单位凭借多年的高铁运营管理和养护维修经验，可以对高铁的设计方案、施工方案、设备设施检修环境完善等多方面提出建议，推动高铁质量管理方案逐步完善。在建设期引进运营单位，对于提高高铁质量管理水平、及时总结并指导新的高铁建设，具有重要的作用。

二是充分发挥协调作用，充当联系桥梁。新时期高铁建设呈现大密度、集中快上的态势，施工技术难度大、标准高，使高铁质量管理效果与运营期设备设施更新换代及运营管理模式更新等问题密切相关。因此，运营单位在保证既有铁路运输业务基础上，还应配合建设单位在短时间内协调好建设、运营工作的矛盾，保证项目建设到运营的顺利过渡。

6.3.2　提前介入的基本原则

高铁工程做好运营单位提前介入工作，需明确基本原则，作为具体介入工作的行动指南。

一是人本原则。运营单位要坚持以人为本、以旅客为中心，充分体现现代社会发展的客观要求，对高铁建设提出合理的介入建议，最大程度地强化为旅客服务的功能，保证后期运营中旅客的安全，最大程度地满足旅客服务的需求。

二是“三同步”原则。在高铁建设项目前期，应吸收运营单位对相关设计方案的具体优化建议，做到同步规划设计；在建设过程中，不断听取吸收运营系统意见，做到同步开工建设；在验收阶段重点吸收运营单位意见，做到同步验收运营，为提供优质服务、建设精品工程打下良好基础。

6.3.3　提前介入的主要内容

在高铁工程建设过程中，应在项目设计、建设实施和竣工验收等不同阶段，分别选择合理的介入方式，实现不同程度的适当介入。

——设计阶段，运营单位（铁路运输企业）应发挥多年运营管理和养护维修的经验优势，对初步设计方案提出优化建议，使其更合理地满足旅客服务，以及机务、电务、工务、车辆、信息、安全等方面的不同需求。具体的，铁路运输企业应组织运输、工务、电务、供电、机务、车辆、客运、货运、信息化、房建等专业处室和站段的精干人员介入铁路工程建设工作，实行各专业专家集中审查制度，重在查找设计执行标准是否正确，设计方案的功能性、完整性、可行性（方案满足运营需求）、符合性（方案与实际情况相符）是否满足要求，从而从设计源头上把住质量关。

——建设实施阶段，根据不同单项工程、单位工程特点，选派不同专业的人员提前介入。随着近年来高铁工程质量要求越来越高，运营单位人员应该最晚在项目建设初步验收前12个月开始介入，以保证尽早发现质量问题，减少变更设计及返工等的出现。具体来说，对于施工的关键部位，进行全过程介入管理，审查施工方案，检查现场施工质量；在设备安装前，也应提前介入，提前培训人员，熟悉相关设备，掌握维护管理的相关技能，并使后期相应的维护人员提前排查设施设备隐患，将质量问题消于无形。介入的主要工作是：施工资料检查、实体工程质量检查、购入设备质量检查等。

——验收阶段，运营单位应结合所承担的高铁联调联试和动静态验收工作，除建设实施阶段的介入人员外，另安排各专业骨干力量，对开通各项工程质量全面检查和评估，提出整改意见。

6.3.4 提前介入的工作方式

铁路运营单位提前介入的工作方式是：以运营单位和建设单位共同制定的介入方案为基础，以确保运营安全为出发点和落脚点，以检查检测为主要手段，独立开展工作。在此基础上，介入人员发现的质量问题应以书面形式提交给建设单位，建设单位组织整改，并实行闭环管理。

银西高铁运营单位提前介入方法

西成客专陕西公司根据西宝、宝兰、西成、银西等线建设管理各阶段具体情况，建立了运营单位提前介入的机制，截至目前，各项目运营、建设情况良好，未发生重大安全质量事故。以西成客专陕西公司管内银西铁路为例，具体做法如下：

1. 制定提前介入制度

制定了《西成客专陕西公司关于配合西安局集团公司提前介入铁路建设项目工作管理暂行办法》以及《西成客专陕西公司关于配合西安局集团公司提前介入银西铁路建设项目管理工作实施方案》，细化明确了提前介入工作制度与办法，协同运营单位开展相关工作。

2. 成立组织机构并明确职责

西成客专陕西公司成立了配合提前介入工作领导小组，下设办公室和工作组、工作小组。

领导小组的主要职责为研究部署提前介入配合工作方案，研究解决提前介入工作的重大问题，决定提前介入配合工作的考核事项，全面指导提前介入建设项目管理的配合工作。具体工作由公司主管生产副总经理牵头开展，总工和其他副总经理配合。领导小组组长由公司总经理担任，公司各副总经理担任副组长并按分管职责配合提前介入工作；领导小组成员为公司工程部、运输安全部、安质部、征拆协调部、综合部、计财部、物资部、段落指挥部负责人；公司各部门按部门责任分工落实好提前介入相关工作。

办公室设在公司工程部，公司运输安全部、安质部安排人员参加。办公室负责落实领导小组安排的任务，与铁路局集团公司提前介入办公室协调对接，办理日常工作。

领导小组下设轨道、桥涵、隧道、路基、站后工程等21个专业工作组。工作组组长由公司分管副总经理担任，副组长由公司各部门负责人担任，组员由部门负责人安排专业主管担当，负责与西安局集团公司专业工作组对接工作。其中，由项目指挥部指挥长担任的工作组副组长，安排项目指挥部专业主管担任组员，负责与铁路局集团公司现场提前介入工作组联系对接，协调设计、施工、监理、检测单位配合铁路局集团公司提前介入工作组现场开展工作，向公司提前介入办公室、工作组反馈工作进度情况和问题整改销号信息。

参建单位提前介入工作小组由设计、施工和监理、检测单位主管人员组成。项目负责人担任组长，分管负责人任副组长，安排专业主管担任组员，配合好铁路局集团公司提前介入工作小组现场检查、问题识别、建立问题库及问题整改、请验销号工作。

3. 提前介入问题库的建立和整改销号

西安局集团有限公司按照各专业现场检查发现的问题建立提前介入问题库，西成客专陕西公司与西安局集团有限公司协商明确问题整改、复验、销号责任和时限。具体的，段落指挥部组织参建单位工作小组做好问题梳理初步识别、归类、处理，督促问题的整改、验收和请验销号，将信息反馈给公司提前介入办公室和工作组；西成客专陕西公司工作组及时梳理、识别、分类问题，组织研究专业问题及相关意见，明确问题处理意见和措施；公司安质部牵头，段落指挥部和工作小组配合，组织督促施工单位整改问题、检查验收，及时联系铁路局集团公司提前介入现场工作小组逐项复验确认、签字销结质量缺陷。静态验收开始后，提前介入问题库中剩余的问题直接纳入静态验收问题库中。

在提前介入问题的整改过程中，以下方面作为重点工作予以加强：

(1)做好问题识别、归类和处理工作。

(2)落实对接协调机制。

(3)强化提前介入工作的考核。

4. 建立提前介入月度报告制度

为加快问题整改进度，及时沟通信息，西成客专陕西公司会同西安局集团公司共同建立了提前介入月报告制度和提前介入工作月例会制度。月度报告方面，每月编制月报，主要内容包括：提前介入铁路建设项目人员、工作进展，问题库新增问题和整改完成、监理验收、铁路局集团公司复验销号情况，设计及施工质量存在的主要问题、整改措施建议等。月例会方面，西安局集团公司提前介入办公室每月均组织月度工作例会；指挥部和设计、监理、施工、检测单位按通知要求参加铁路局集团公司和西成客专陕西公司组织的推进会，汇报月度提前介入现场检查进展、发现问题数量、整改落实情况等，协调解决有关问题，落实会议要求；而西成客专陕西公司提前介入办公室人员则主要负责通报每月提前介入发现问题、整改验收进度，协调解决有关问题。

6.4 运营反馈机制

随着新时代对高铁安全性、可靠性、舒适性及应急处理能力提出新的要求，运营反馈成为高铁实现建设、运营一体化，确保安全运营条件的重要环节，是落实“强基达标、提质增效”任务、有效消除质量安全隐患、实现“开通无限速”目标的重要手段。

所谓“反馈”，是指将系统的实际输出返回到输入端，与期望输出进行比较、形成误差信号，控制器根据误差信号形成控制信号，进而影响系统功能，这是 20 世纪 40 年代维纳等学者提出的控制论的核心概念。其主要特征是当环境向系统进行不同的输入时，系统通过反馈调节机制能够应付不同的环境影响，产生相同或基本相同的输出，表现出自主性、自稳定和自协调。对于高铁工程质量管理而言，运营反馈机制一般是指围绕已交付运营的高铁项目，以运营实践积累的经验来检验正在开展的项目设计和施工成效，由运营单位提前介入，在高铁工程项目的规划决策、勘察设计、技术创新、施工管理、竣工验收、达标评定、运营维护全流程中，将不符合高铁安全运营要求的问题反馈至建设单位，使其通过设计优化、提升工艺、技术创新等方式提高高铁工程质量管理水平。该机制可以有效阻止高铁工程建设偏离目标，使其沿着既定方向前进，将偏离误差限定在一定范围之内。

在高铁工程项目中，已交付运营的高铁项目问题库及处理意见作为结果的输出，以信息反馈的形式反过来作为系统输入，通过反馈回路作用于在建及后续项目的设计、施工、验收和开通运营各阶段，有效保障高铁开通全面达标。

在项目的设计阶段，重点是初步设计阶段，建设单位责成技术审查工作组对照问题库及处理意见，反馈图纸审查问题，减少设计上的差、错、漏、碰，提高设计质量，形成初步设计审查意见，提交设计单位落实优化，还应随初步设计文件一并提交鉴定中心审查，并向鉴定中心反馈运营意见，并紧盯落实。运营单位结合参加初步设计阶段审查论证工作，对问题库及处理意见的落实情况进行监督。

在施工图设计阶段，在项目施工阶段，工程实施前，建设单位对照问题库及处理意见，组织施工单位与咨询单位进行施工图现场核对，并有针对性地听取运营单位意见。逐项检查标准化开工条件。

在工程建设期间，建设单位依据问题库及处理意见，组织现场核对和检查，重点围绕施工图中工程措施、结构安全、施工方案以及运营需求，审核并优化施工图。运营单位按照运营管辖范围，结合提前介入工作，对照问题库及处理意见，采取重点盯控和日常抽查等方式开展质量监督检查，将系统输出与运营目标之间的偏差作为信息反馈至建设单位。

在工程验收阶段，建设单位对照问题库及处理意见，重点开展项目系统功能是否达到运营和设计要求、工程质量问题是否已经处理完毕等问题的自查自纠。运营单位重点对质量隐患、安全环境、设施配套等问题开展调查并提出优化调整意见。

在项目开通运营阶段，运营单位根据运营维护情况，对设计质量、施工质量、技术标准、系统功能等方面的问题进行系统梳理，形成新的反馈意见，作为下一个项目的输入内容。循环往复，螺旋上升，持续优化。

6.5 质量评价方法

质量评价是指评价主体围绕一定的质量目标和标准，采用适当的方法技术，对工程质量评价客体的质量管理价值进行评定的办法。高铁工程质量管理是关乎民生安全、国之大计的重要工作，因此，必须在高铁工程实施及交付之后的全过程中，实施质量动态评价机制，保证高铁工程质量不留隐患，推动高铁工程质量管理水平不断提高。

高铁工程的质量评价应在分析高铁工程项目是否能够满足运营需要的基础上，从项目决策开始进行包括勘察、设计、施工等各阶段技术、管理等方面的分过程质量评价，通过借助科学、准确、客观的评价体系，充分考量各环节存在的质量问题，从而提高管理决策的有效性和合理性，为进一步完善高铁工程建设环境、消除安全隐患打好坚实基础。需注意的是，质量评价的国家标准是对工程质量制定的最低标准，但在高铁工程中，国家标准约定的最低要求远不能满足未来高铁运营期的功能需求。因此，需要以更高的质量目标、更完善的评价机制以及更加系统的评价体系，进一步规范高铁工程质量评价工作。

6.5.1 质量评价策划

高铁工程项目系统性特征极强，因此，对于高铁工程项目的质量评价要做到全面、系统、客观，需要从全寿命周期角度出发，从项目前期开始，在每一个阶段均实施动态性的质量评价。

1. 前期决策阶段

在高铁项目前期决策阶段，不仅应进行项目可行性研究，同时要确定项目的质量目标，结合铁路企业自身质量管理水平，决定是否可以立项；同时，通过对可能出现的问题进行具体分析并做好充分准备，从不同的角度对项目进行综合性评价，可以为后续质量管理工作奠定良好的基础。

目前,我国的质量评价主要侧重于对建设实施过程中工程质量的评价,对前期工作的质量目标设定及质量管理预测的评价较少,这是下一步亟待改进之处。

2. 实施准备阶段

在初步设计确定的情况下,高铁工程项目一般都按照初步设计的整体思路进行建设,由于高铁工程涉及十分复杂的地理地质条件,勘察设计难度极高,勘察设计阶段的工程措施直接影响到后期建设实施阶段的质量管理水平。因此,高铁工程在勘察设计阶段的质量评价能够促进勘察设计单位进一步增强质量意识,以精益求精的态度完成相关工作,确保后续工程建设质量。

2018 年,中国铁路总公司印发的《铁路基本建设项目前期工作质量评价暂行办法》(铁总发改〔2018〕3 号)提出,要对勘察设计单位承担的铁路建设项目预可研、可研及初步设计阶段勘察设计工作质量定期进行评价,并将每半年作为一个评价期;同时,进一步明确中国铁路总公司发展和改革部总体负责前期工作质量评价管理,工程设计鉴定中心、建设部、铁路局集团公司、铁路公司共同作为评价单位开展重点评价考核工作。这为实施准备阶段规范勘察设计单位质量管理工作、提高设计质量、完善勘察设计质量评价提供了政策依据。

3. 建设实施阶段

建设实施过程中的质量管理直接关系到整个项目的实体质量。通过对单位工程、单项工程进行全过程质量目标的具体细化,围绕质量管理的思路,设立相关的质量评价指标体系,并行考虑施工过程中遇到的不可控风险因素,给出综合质量评价结果,对把握整个工程质量目标、确保所有单位工程及单项工程 100%合格、实现高铁"精品工程"建设目标,具有十分重要的意义。

4. 竣工验收阶段

通过对照合同内容,同时将质量评价工作涵盖到竣工验收程序中,把握质量合格才能交付使用的原则,对高铁工程质量进行综合评价,这对于排除高铁项目质量隐患、保证运营期间的顺利运营,具有积极的意义。

6.5.2 工程建设阶段的质量评价

工程建设阶段质量评价是加强高铁建设质量管理,保证铁路建设工程质量,全面考核建设成果的重要举措,主要包含铁路建设项目静态验收、动态验收和初步验收三阶段的质量评价。工程建设质量评价体系应从完整性、合法合规性、功能性三个方面开展质量评价工作。

2012 年,铁道部印发了《高速铁路竣工验收办法》(铁建设〔2012〕107 号),分别提出了静态验收阶段、动态验收阶段、初步验收阶段质量评价内容,为工程建设阶段质量评价提供了依据。

1. 完整性评价

(1)工程的完整性

工程建设的完整性是建设质量评价的基础,包括以下评价内容:

①主体工程及其配套工程、辅助工程是否已按设计文件建成。

②环境保护设施、水土保持设施是否与主体工程同步建成。

③劳动、安全、卫生及消防设施、防灾安全监控系统、安全防护、应急疏散是否与主体工程同步建成。

④精测网复测是否完成,复测资料是否完备,复测成果是否已移交。

⑤辅助工程(含公路立交桥)是否已经交移完毕。

⑥建设用地是否已经依法批准。

(2)文件资料的完整性

①设计文件、施工文件、监理文件、检测评估报告及重大质量安全事故处理资料等是否齐全完备。

②通信、信号、电力、电力牵引供电等系统的技术文件、运用维护手册是否齐全。

③竣工文件是否按规定的编制内容和标准完成。

2. 合法合规性评价

①工程建设是否严格按照国家、行业和国铁集团有关法律、法规、规章和工程建设标准及审核合格的施工图进行施工。

②承包商或集成商是否按工程承包合同、有关规范标准对工程质量和系统功能自检合格,并提供测试报告。

③监理单位是否按照工程建设标准和监理规范实施监理,是否对工程质量评定合格。

④第三方检测单位是否按规定开展质量检测活动,对其检测数据和检测报告的真实性和准确性负责。

⑤咨询单位是否依据相关标准、规定开展咨询工作,地质灾害整治及建筑抗震设防是否符合规定要求。

⑥环境保护、水土保持工作是否依法合规做到位。

⑦消防设备是否依法依规设置到位,依法取得相关合格证书。

⑧劳动安全、职业卫生、供水卫生、特种设备设施管理是否符合相关规定要求。

3. 功能性评价

功能性评价主要是通过动态验收进行评价。

(1)动态验收条件

①静态验收存在的问题整改完毕,静态验收合格,影响联调联试的工程质量问题整改完毕。

②动态验收实施方案已经批准。

③联调联试、动态检测和运行试验大纲已经批准。

④工机具、常备材料、交通工具已按设计文件配备到位。

(2)动态验收评价

①轨道。轨道状态和车辆动力学响应、轨道结构动力性能、道岔动力性能等是否满足列车运行的安全性、平稳性要求。

②接触网系统。对接触网的几何参数、接触线平顺性、接触网的静态性能和接触面断面动态抬升量等指标进行系统测试评价,保证接触网性能满足设计要求。

③供变电系统。考核动车组按设计要求的最小列车追踪间隔运行条件下的供电能力,考核单列、双列重联动车组运行工况下的供变电系统性能,保证供变电系统的安全性、稳定性和可靠性。检验牵引网内是否存在谐振过电压,考核变电所引入电源的电能质量,保证变电所故障状态下的越区供电能力。

④通信系统。对通信系统的性能指标、功能、接口等进行测试和动态调试,使通信系统达到设计要求。保证通信系统为客运服务、牵引供电、信号等系统提供通信服务的质量和可靠性等。

⑤信号系统。对应答器、轨道电路、补偿电容的工作状态进行检测,保证各级列控系统的功能满足车载设备控车需求,保证信号系统的安全、有序、稳定地运行。

⑥客运服务系统。对客运服务系统的内部接口关系、外部接口关系、售检票业务流程、旅客服务业务流程、通信网络功能和性能、电源功能测试,确认客运服务系统是否达到设计要求。

⑦综合接地。对动车组正常运行和故障条件下牵引回流、轨道电位等内容测试和分析,对综合接地系统的技术性能与技术指标等进行验证、分析与评价。

⑧电磁兼容性。通过对动车组高速运行条件下对外部的电磁辐射的测量,验证高铁无线电干扰是否满足相关标准要求。

⑨振动噪声。测试典型桥梁、路堤线路在高速动车组以不同速度运行时的环境噪声、振动源强,评价环境振动、噪声是否满足相关标准要求。

⑩路基及过渡段动力性能。对路基及过渡段的受力、变形和振动状况测试,评价路基的动力性能和参数是否满足相关标准要求;不同结构物间过渡段的变形和振动变化是否均匀,评价路基及过渡段的工程实用性。

⑪道岔联调联试。测试动车组直、侧向通过时,有砟和无砟道岔以及岔区板式无砟轨道结构的动力性能,验证道岔轨道刚度设置的合理性、轨道刚度的均匀性。

⑫桥梁动力性能。通过测试桥梁自振特性和高速动车组以各种速度通过典型桥梁时的动力响应,评价桥梁动力性能是否满足设计要求。

⑬防灾安全监控系统。通过对防灾安全监控系统的测试,验证系统信息交换是否准确、

及时,保证系统设备达到相关技术条件要求。

⑭综合视频监控系统。对综合视频监控系统的应用功能、联动功能、图像质量及接口关系进行联调测试,评估综合视频监控系统对高铁沿线重要设备的图像监控能力,验证综合视频监控系统能否为铁路各业务部门及铁路相关信息系统提供高质量的视频信息。

⑮隧道内气动效应。测试隧道内瞬变压力、隧道洞口微气压波和隧道内列车风,验证动车组在隧道内运行及交会时的空气动力效应是否满足相关标准要求。

⑯列车空气动力学性能。测试动车组通过隧道和在交会时列车表面及车厢内部空气压力变化,评价动车组在交会和在隧道内运行过程中的空气动力效应是否对动车组高速交会和通过隧道时的安全性、舒适性产生影响。

(3)相关功能检测评价

对轨道几何状态、车辆动力学响应、接触网、分相装置、通信、信号、运行试验在全线线路进行检测评价;对于轨道结构、道岔结构、路基、桥梁、隧道、牵引供电、远动系统、信息、综合接地、噪声、振动、电磁环境、声屏障、屏蔽门/安全门、自然灾害及异物侵限检测,应选取线路典型检测点进行检测。

6.5.3 质量评价措施

1. 完善质量评价方法

首先,应明确质量评价等级。目前,根据国家相关规定,铁路工程质量可划分为合格和不合格两个等级。针对高铁工程的高质量发展要求,必须以建设“精品工程”为目标,强制要求单位工程质量 100%合格,不允许不合格工程项目的出现。

其次,加强综合评价方法应用。当前铁路质量评价主要分为动态质量检测和静态质量检测两种。面对日益增加的运输压力,应进一步加强动、静态两种评价方法之间的结合部管理。具体的,充分发挥动态质量检测覆盖面广、采集数据量大、质量检测周期短、信息全面等优势,有效弥补静态质量检测周期长、效率低的缺点;而静态质量检测数据相对精确,可与动态质量检测数据进行校对,避免过大的误差影响对路况的判断。两种数据相互补充,相辅相成,可最大程度地分析出最准确的路况,对质量安全隐患进行提前预判,从而更有效地提高高铁工程质量评价的客观性。

再次,加强对分项工程的检测。分项工程是单位工程的组成部分。按照高铁“精品工程”的要求,100%合格率是硬性指标。因此,在检测时应该不遗余力,对重点工程和普通工程实施评价标准同步、评价合格率 100%的要求,保证细节控制,从微观层面进一步体现“精品”内涵。

2. 加强质量评价考核

高铁工程建设单位应将质量评价工作纳入勘察设计合同,将参建企业一体化管理要求同质量评价体系要求紧密结合，同时将一体化考核的方针、目标同参建企业质量评价结果紧密结合，通过分级管理，对评价等级较高的企业加大激励奖励力度，激发各参建单位质量管理的积极性，提高项目整体的质量管理水平。

武九客专工程质量评价做法

2015年下半年，武九客专湖北公司开始对工程质量评价模式进行了探索，先后对评价体系进行了四次大的修改和调整，最终初步建立起以大数据为基础，以工程管理信息系统为平台的科学的质量评价体系，并将质量评价结果应用于施工企业信用评价系统，取得了良好效果，对铁路工程建设质量安全的提升有较强的指导和推进作用。具体地，公司建立了试验系统、拌和站质量系统、无砟轨道智能系统、实体质量检测系统、桥梁线形监控系统、自动张拉系统、隧道监控量测系统、问题库系统等工程质量检测系统，在质量检测体系基础上建立了质量评价系统。

(1)指标设置。一是工程质量检测系统自动检测的各单元检测数据为质量安全量化指标，可直接传输至质量评价系统数据库。二是对过程控制中的安全、质量、工期、投资、环保、稳定、标准化管理等方面不能量化的问题，用问题库的形式进行量化。各类工程主要评价内容包括：桥涵工程，按照45%+40%+15%的比例，分墩台、梁部、过程控制三个单元进行评价。路基工程，按照30%+25%+30%+5%+10%的比例，分地基处理、路基、防护及附属、接口工程、过程控制五个单元进行评价。隧道工程，按照40%+45%+15%的比例，分开挖及初支、衬砌、过程控制三个单元进行评价。无砟轨道，按照35%+65%的比例，分底座板、道床板两个单元进行评价。房建工程，按照35%+30%+20%+15%的比例，分主体结构、装饰工程、设备安装、其他四个单元进行评价。

(2)数据分析。工程质量评价体系将自动采集的原始检测数据和检查数据上传信息管理系统相关模块，各类检测数据与验收标准数据自动进行对比，通过系统预设计算公式计分，按专业、分项工程系统在全线进行计分排名，最终由系统自动生成各单位加权平均值。

(3)过程控制指标分析。将检查中发现的安全质量问题以及工期、投资、环保、稳定、标准化管理等方面的问题，录入问题库，以问题库的形式进行量化。在问题库中即时对存在的问题进行更新，对整改完成的问题进行销号标记等，系统自动对问题库进行整理计算，得出各单位问题整改率及各单位整改率的差值，生成各单位过程控制得分。在此基础上，系统将各单位加权平均值进行排名。以基准分数290分为标准，按照信息系统预设的计算公式换算成各单位基本得分。

(4)日常检查。对上级单位、质量安全监督部门检查发现的问题，以及在进度、投资、环保、稳定等方面存在较大的问题，由公司信用评价领导小组核准后扣分。

(5)最终得分。根据系统自动得出的各单位基本得分，应用于企业信用评价系统，加上标准化绩效考核得分，减日常检查扣分，得出各单位的最终得分。

6.6　动态验收方法

高铁开通速度就是设计速度，其验收仅靠静态检查检测无法满足环境、旅客舒适度的要求，也无法有效评价其功能和安全指标。因此，高铁工程竣工验收在静态验收基础上，增加了动态验收程序。

动态验收的主要形式是联调联试，即：通过动态检查车和地面检测设备对已完工程进行全面的检测，包括客运功能、服务功能、各专业的结构功能、应急功能、环境质量、工程实体质量等。检测指标与设计标准、质量标准、运输需求进行对比，发现不满足要求的项目或接口不衔接的问题，立即整改。在联调联试完成后，需要进一步进行运营试验。

动态验收的核心是动态检测和车辆动力学响应指标的建立，以及运营场景模拟。通过动态验收，设计功能全面得到验证，工程质量全部得到检验，运营场景全部得到模拟，运营人员心中有底、运营安全畅通得到有效保证。

6.6.1　动态验收内容

1. 动态检测

利用我国自行研制的时速 350 km（或 250 km）综合检测列车，采用逐级提速方法对线路、信号、通信、牵引供电等进行反复检测，不仅可以发现线路不平顺、信号场强不足等问题，重要的是同时检测发现桥梁、路基、隧道等在受力状态下的变形和应力变化情况，发现高速运营情况下通信质量、无线信号传输质量、车地双向信息传输速度和质量问题，发现供电接触网的拉弧、拉出值、导线高度方面的误差。

2. 车辆动力学响应指标

对于线路状态的优劣，动车在运行过程中均有映射，通过研究试验，主要体现在四项指标上。安全性四项指标详见表 6-1。

表 6-1　车辆动力学评判标准

参　数	评判内容	中国标准	UIC 标准
脱轨系数 Q/P	评判脱轨安全性	$\left(\frac{Q}{P}\right)_{\lim}=0.8$	$\left[\left(\frac{Q}{P}\right)_{2m}\right]_{\lim}=0.8$
轮重减载率 $\Delta P/\overline{P}$	评判因一侧车轮严重减载而脱轨的安全性指标	$\Delta P/\overline{P}\leqslant 0.8$	—
轮轴横向力 H/kN	评判车辆对线路破坏作用	$H_{\lim}=10+\frac{P_0}{3}$	$\left(\sum H_{2m}\right)_{\lim}=10+\frac{P_0}{3}$

续上表

参　数	评判内容	中国标准	UIC 标准
构架横向加速度 /($m \cdot s^{-2}$)	评判列车横向运动稳定性	0.5～10 Hz 滤波后，峰值连续 6 次以上（含 6 次）达到或超过 8 m/s^2 为不合格	0.5～10 Hz 滤波后，峰值连续 6 次以上（含 6 次）达到或超过 8 m/s^2 为不合格

注：Q—轮轨横向力，kN；P—轮轨垂向力，kN；ΔP—轮轨垂向力相对平均静轮重减载量，kN；$\overline{P}$—平均静轮重，kN；P_0—静轴重，kN。

上述四项指标，既能反映线路状况，又能反映车辆状况，是综合性指标，是安全性能判断的常用指标。

3. 运营场景模拟

高铁运营过程中会遇到很多突发事件，如风雨雪影响行车、设备故障影响行车、旅客突发疾病处理等。在动态验收过程中，通过运行试验对这些场景一一进行模拟，以检验和完善应急处理能力。

4. 持续改进

高铁交付运营后，建设单位组织保驾护航，即：建设、设计、施工单位安排一定数量的管理和技术人员帮助运营单位人员进一步熟悉设备性能、操作规程和维修技术，帮助运营人员及时处理设备故障，以确保运输安全和秩序。

线路开通后，运营与建设单位建立定期沟通协调机制，主要任务是运营单位向建设单位反馈设备功能和质量情况，为下一个建设项目设计施工的改进提供数据和实例。

6.6.2 动态验收的组织管理

1. 明确责任

首先，根据国铁集团联调联试管理办法以及各铁路局集团公司等铁路运输企业联调联试工作实际，不断优化完善联调联试实施细则，细化明确各部门职责；同时，研发完善联调联试管理系统，规范管理联调联试工作流程；再次，主动提前介入，及时掌握工程特点和进度，掌握静态验收问题库，为下一步联调联试工作做好充分准备。

2. 做好联调联试前的各项准备工作

在试验大纲编制方面，铁科院、建设单位等单位科学合理编制《联调联试、动态检测和运行试验大纲》并组织初审，铁路局集团公司各专业部门结合本专业具体特点和工作要求，优化完善试验大纲内容，切实做到试验项目彻底全面，所有试验项点“试全、试透、试准”，强化卡控措施，从源头上防范类似问题重复发生；在制定实施方案方面，根据批复的试验大纲，及时编制《联调联试及运行试验实施方案》，指导试验工作有序开展；在技术资料和规章制度公布方面，审核并公布 LKJ 基础数据，组织各参试专业组制定各项规章制度，并汇编成册，下发到各参试单位和人员;在培训方面,建设单位等组织举办联调联试规章培训班,对建设单位、铁路局集团公司相关站段,各施工、设计、监理单位参试骨干人员进行专项培训,并要求相关单位组织所有参试人员进行培训。

3. 完善组织管理相关措施

(1)加强组织领导

铁路运输企业应成立以董事长、总经理为组长,建设单位负责人、铁科院负责人为副指挥的联调联试领导小组,负责组织领导联调联试、动态检测的总体工作,协调解决现场试验过程中的重大问题;成立以铁路运输企业总工程师为联调联试总指挥,建设单位、铁科院负责人为副组长的联调联试现场指挥部,下设综合协调组、运输组织组、试验检测组、各专业保障组、安全保障组、安全保卫组,全面负责组织实施联调联试各项工作。

(2)及时启动联调联试工作

及时组织召开联调联试动员部署会,对联调联试启动和综合检测列车上线运行的条件,进行逐项确认并细化布置,成立现场临时调度所,全面负责行车组织和施工管理工作,并要求设备管理单位提前做好设备接管准备。

(3)精心组织、科学安排

一是精心安排试验计划和施工作业。各专业工作组加强联系,积极协调、统筹安排,既要确保试验按计划进行,又要保证施工单位、设备管理单位克缺和剩余工程施工的时间。二是科学组织试验计划。指挥部积极与铁科院进行沟通协调,根据试验情况和进度,及时优化调整后续试验计划,确保试验按照确定的时间节点完成。三是统筹安排试验动车组。加强与国铁集团工管中心沟通汇报,结合其他新线联调联试,合理使用“小黄车”;通过调配、使用终到动车组等方式确保各种ATP型号的动车组满足试验需求。

(4)严格问题库管理制度

一是对每天检测试验列车开行、施工、通道门管理等发现的问题,在联调联试日例会上件件通报,当场分析,责任单位对问题整改情况要书面报安全保障组和联调联试指挥部。

二是针对静态验收中发现的各类问题,建设单位负责实施问题库动态管理,统一编制纠缺整改计划,组织督促设计、施工、监理单位推进落实,并结合联调联试现场指挥部每日例会通报进展情况,协调相关设备管理单位对已完成整改的问题及时安排验收、确认和销号。

三是针对动态检测中发现的问题,设备管理单位根据检测数据制订整改纠缺方案,利用天窗或在停轮期间,填报施工计划安排整改销号。

四是针对联调联试期间上级部门检查发现的问题,铁路局集团公司各专业部门牵头负责,及时整改并销号。

石家庄至武汉客运专线动态验收

石家庄至武汉客运专线DK1044＋360至DK1179＋795.78(上行)、DK1178＋520.97(下行)段由武广铁路客运专线有限责任公司(简称“武广客专公司”)负责建设管理,其动态验收过程如下：

1. 验收组织机构及人员

2012年，为全面做好石武客专郑武段武汉局管段动态验收工作，武汉铁路局成立了以武汉铁路局局长为组长，武汉铁路局其他领导和武广客专公司、京广铁路客运专线河南有限责任公司、沪汉蓉铁路湖北有限责任公司及铁科院主要负责人为副组长，铁路局及客运专线公司相关部门人员为成员的动态验收领导小组。

在领导小组的领导下，根据不同检测试验阶段，设立了联调联试动态检测、运行试验阶段两个现场指挥组，其主要任务是按原铁道部批复的联调联试动态检测运行试验大纲和相关试验检验方案，在原铁道部联调联试及动态检测协调组的领导下具体组织实施动态验收工作。

联调联试动态检测以及运行试验组成员由原武汉铁路局办公室(党委办公室)、科信部、安全监察室、运输处、客运处、机务处、供电处、车辆处、工务处、电务处、建设管理处、信息技术处、土地房地产处、武汉铁路公安局、调度所、郑州铁路局等有关部门负责人，以及铁科院、武广客专公司、京广铁路客运专线河南有限责任公司、沪汉蓉铁路湖北有限责任公司等其他单位、部门负责人组成。

现场指挥组下设联调联试动态检测办公室、运行试验协调组和运输组织组、试验测试组、设备保障组、安全保卫组、后勤保障组五个工作小组。

2. 验收内容

(1)动态检测

动态检测内容包括轨道(含轨道状态、动车组动力学响应、轨道结构动力性能及道岔动力性能)、接触网系统、供变电系统、通信系统、信号系统、客运服务系统、防灾安全监控系统、综合接地、电磁兼容、振动噪声、路基及过渡段、桥梁、隧道、列车空气动力学14项内容。

(2)运行试验

运行试验内容包括列车运行图参数测试、按图行车试验、故障模拟、应急救援演练四部分内容。

3. 验收范围

轨道状态、动车组动力学响应、接触网系统、轨旁信号设备状态测试范围为石武客专郑武段许昌东站(不含)至武汉站。

通信系统测试范围为石武客专郑武段许昌东站(不含)至武汉站新建GSM-R系统、调度通信系统、应急通信系统、综合视频监控系统和传输系统。

信号系统(不含轨旁信号设备状态)测试范围为石武客专郑武段许昌东站(不含)至武汉站。

客运服务系统测试选择在典型车站进行。

防灾安全监控系统现场监测点测试采用抽测的方式。其中，大风监测点抽测比例不低于监测点总数的 30%；雨量监测点抽测比例不低于监测点总数的 30%；异物侵限监测点抽测比例不低于监测点总数的 10%，并不少于两处。

轨道结构动力性能、道岔动力性能、供变电系统、综合接地、电磁兼容、振动噪声、路基及过渡段动力性能、桥梁动力性能和隧道内气动效应均选择全线代表性地面测点进行测试。列车空气动力学响应测试对象为所有长度大于 400 m 的隧道。

列车运行图参数测试范围为石武客专郑武段许昌东站（不含）至武汉站正线以及各车站的侧线。

4. 验收方法

联调联试采用检测列车、测试动车组、综合检测列车和相关检测设备在规定测试速度下对全线各系统进行综合测试，评价和验证供变电、接触网、通信、信号、客服、防灾等系统的功能；验证路基、轨道、道岔、桥梁、隧道等结构工程和振动噪声、声屏障、电磁兼容、综合接地及列车空气动力学的适用性；检验相关系统间接口关系；对全线各系统和整体系统进行调试、优化，使各系统和整体系统功能达到设计要求。

动态检测是采用测试动车组和综合检测列车，根据设计和相关技术标准在规定速度范围内对系统功能、动态性能和系统状态进行检测。

运行试验主要通过按图运行试验、故障模拟和应急救援演练，验证列车运行图时间标尺的可靠性；检验各系统在正常与非正常条件下运输组织的适应性，验证行车组织方式能否满足运营要求；检验设备故障和自然灾害条件下的应急处理能力。

6.7　项目标准化管理方法

6.7.1　高铁工程项目管理标准化的内涵

标准化管理可以解释为通过对可重复发生活动、事件的过程及规律的不断总结，为企业各项目的经营管理获取最佳秩序，对实际或潜在的问题制定规则、落实到位的管理活动。标准化管理的本质作用在于提高效率和工作成效，通过对可重复发生的活动、事件制订相应的规则、规范，从而减少人与人以及人与物之间的沟通成本，实现效率效能的提升。

从高铁项目管理现状及未来发展趋势来看，高铁项目的复杂程度将会不断提高，要想对多方面因素有效管理和控制，就必须深化标准化管理，以适应未来项目所要求的质量新目标。

6.7.2　高铁工程项目管理标准化的实施

项目标准化管理方法是高铁建设的基本管理方法。高铁工程标准化管理一般围绕质量、安全、工期、投资控制、环境保护和稳定六大目标展开，其中质量是核心目标。高铁建设项目标准化管理应建立运行机制，以实现既定的质量目标。

1. 确立六大目标

建设项目由于类别、大小、区域不同而建设具体目标也有差异，但就总体而言，各个项目的目标是一致的，目标管理也是可重复的。高铁建设确定的总目标是世界一流，其具体的控制目标是六个：质量、安全、工期、投资控制（成本控制）、环境保护、稳定。这对各个参建单位来讲是一致的，投资控制目标是建设单位的，参建单位目标是实现企业的成本控制也就是利润指标，大同小异，其他更无区别。在六大目标的排序上，有的人认为，应将成本控制放在第一位，因为企业以效益为中心；有的人认为要将安全放在第一位，因为要体现以人为本、安全第一。但工程项目建设的核心任务是质量。没有合格的质量，安全就难以保证，效益也不会高。即使建设期侥幸躲过质量引起的事故或返工，但在交付运营以后，质量隐患也会在一定的时期暴露。一旦造成运营中的安全事故，不仅效益全无，而且会长远地影响企业的信誉和发展。因此，将质量放到目标的第一位是理所当然的。

这六个目标体系是逐渐发展起来的。20 世纪八九十年代，工程建设项目一般提三大目标：质量、工期、投资控制。随着时代的发展，人们对职业健康安全、工程安全、人身安全越来越重视，对环境保护、水土保持工作也提上了议事日程。因此，进入 21 世纪前后，安全和环保被纳入了目标体系。1997 年亚洲出现金融危机，我国开展了大规模的基本建设以应对危机，随之而来的是施工企业施工任务快速膨胀，内部劳动力严重短缺、大量使用农民工。农民工进入基础设施建设，在带来巨大动力的同时，也带来了队伍不稳定的问题，如合同纠纷、拖欠农民工工资、包工头克扣工资、有意偷工减料等，往往会造成群体性事件，给社会和企业造成伤害，给工程质量留下隐患。同时，建设项目的征地拆迁涉及千家万户的利益，保证群众利益与保证国家、企业利益之间往往会出现一些矛盾，处理不好，轻者会有上访、阻工现象发生，重者会发生群体性事件甚至造成人员伤亡。因此，必须在职工队伍正常管理的同时，加强农民工队伍管理和沿线群众关系的处理，有效防止和化解危机、管控突发事件。由此可见，保持队伍稳定和沿线群众的稳定已经成为工程建设的一个基本要求，也是上级对项目考核的一项基本内容。这就是将队伍稳定列入目标管理的客观要求。把队伍稳定列入建设目标，可避免项目领导班子只抓工程、不抓队伍建设的单打一现象，为物质文明、精神文明双丰收奠定坚实的基础，是项目管理的深化和创新。

2. 建立三大标准体系

铁路建设三大标准是指技术标准、管理标准、作业标准，是实施标准化管理的必要前提和依据。技术标准是基础依据，管理标准是落实技术标准的重要保证，作业标准是落实技术标准、管理标准的工作载体。

技术标准是对标准化管理领域内重复性技术事项作出的统一规定。铁路工程技术标准由建设标准和产品标准组成，包括国家标准、行业标准和企业标准。铁路企业标准由国铁集团统一制定，全路统一实施。建设单位加强对参建单位执行技术标准情况的监督检查，认真抓好试验段、样板段建设，切实保证技术标准有效落实；督促勘察设计单位在前期工作中，科学合理选用技术标准，确保建设项目采用的技术标准经济适用、便于实施；督促施工单位以技术标准为准绳，认真开展标准化作业，提高一线作业水平，确保现场作业有序受控，工序质量全面达标；督促监理单位依据技术标准要求，加强对建设项目实施过程的检查和监控，确保现场管理、现场作业有序受控。

管理标准是针对一定范围内需要协调统一的管理事项所制定的标准，是关于某项管理工作的内容、职责范围、程序和方法的统一规定。管理标准包括国家法律、法规、规章及国铁集团建设管理制度等。国铁集团根据国家法律、法规、规章要求，建立健全适应铁路建设项目管理需要的铁路建设管理制度体系。建设单位依据国家和国铁集团相关规定，结合建设项目实际，细化各项管理制度和工作流程；督促勘察设计、施工、监理等单位严格落实国铁集团相关规定和建设项目管理标准，细化完善内部各项管理制度和工作流程，并建立考核激励机制。

作业标准是针对生产作业过程或作业岗位的工作事项所制定的标准，主要包括作业指南（工法）、操作规程、作业指导书、作业要点等。建设单位结合工程实际，对施工、勘察设计、监理单位作业标准提出统一要求；各参建单位特别是施工单位应结合工程特点，依据技术标准、管理标准制定各类工程作业标准。对于建设项目关键作业和重复作业，建设单位应组织制定先进、通用的作业标准，统一使用。

对于三大标准的管理，基本原则是技术标准全路统一，管理标准相对一致，作业标准规范创新。在三大标准中，技术标准应体现先进性、成熟性、经济性、适用性；管理标准应体现科学性、规范性、严肃性、连续性；作业标准应体现先进性和可操作性。标准不是一成不变的，通过设计、施工方面的创新，促进技术标准的提升，从而形成管理作业标准联动创新的效应，出现良性循环的局面。

3. 统一运行机制

在人员科学配备的前提下，建立以建设单位为主导、承建各方为主体，以合同为依据、共同利益为纽带，统一制度、统一管理的一体化运行机制。以哈大高铁为例，哈大铁路客运专线有限责任公司（简称“哈大客专公司”）通过合同方式，明确在项目标准化建设中，以建设单位为主导，设计、施工、监理、科研单位为主体，以共同目标和利益为纽带，将没有行政隶属关系的各参建单位，构建成一个由主导层、中间层、执行层组成的，行动一致的建设团队，实施统一制度、统一行动、各负其责、勠力同心的一体化管理，避免了相互掣肘、合力不足的问题。为有效推动团队工作运行，建立了各项工作流程，并将标准作为工作准则，将流程作为工作方向，将岗位责任人作为工作主体，形成“事事有标准、事事有流程、事事有责任人”的良好局面。

合同约定方面，在施工承包和监理合同中均有“应按照甲方制定的有关铁路建设项目激励约束考核机制办法，接受甲方对乙方实行项目激励约束考核机制”条款，考核的主要内容是各参建单位标准化管理执行情况和“六位一体”兑现情况。合同履行过程中，乙方严格履行合同约定，实行激励约束考核和奖惩兑现。

统一协调方面，哈大客专公司统一协调外部关系，为参建单位创造良好的建设环境，减少窝工和损失。钢轨及配件、钢梁及支座、钢筋、水泥和高铁设备等主要材料采取甲供形式，由哈大客专公司在全国范围内统一组织招标，中标价在300亿元以上。同时，粉煤灰、预应力钢棒和土工布等地方材料采取甲控形式，由哈大客专公司参与施工单位在当地统一组织的招标，防止乱涨价给参建单位造成成本上升。哈大客专公司还统一协调各施工企业的资源配置、施工组织，以实现全线工程的均衡推进，减少各单位不必要投入。

4. 强化“四化”支撑

机械化、专业化、工厂化、信息化是现代化生产的重要标志和有力保证，对于确保质量安全、提高生产效率至关重要。在高铁项目标准化管理中，将机械化、专业化、工厂化、信息化集成一个整体，作为支撑体系。

机械化的广泛应用为施工质量提供了可靠保证。大力倡导机械化施工，制订发布各专业工程机械化设备配置指导意见，配套修订设计规范和概预算定额，为机械化施工全面推行创造条件，使得一系列新技术、新装备推广应用，对规范作业流程、确保工程质量起到有力的保障作用。推进机械化的重点是提高机械化施工程度，抓好机械化施工作业线的标准化配置，强化机械设备现场作业的标准化管理。

专业化包括专业化施工和专业化管理。专业化施工主要是组织专业设备和专业人员开展施工，专业化管理主要指参建各方以工程施工活动为对象的专业分工管理。专业化的稳步推进为工程质量提升提供了技术保障。着力培育专业化建设管理团队及专业化施工队伍，打造了一批懂建设会管理的专业项目管理机构。对长大高风险隧道、深水大跨桥梁、电气化、房建等专业性强的单位工程，施工单位组织专业化队伍承担相应的施工任务，发挥了专业施工队伍的优势，切实提升了工程质量保障和风险防范能力。

工厂化主要是指将施工现场制作的产品或构件按工厂化生产的要求集中生产，其总原则是“施工生产能工厂化的就工厂化，社会工厂能利用的就利用”。工厂化为工程质量持续向好发挥了促进作用。在大力推行混凝土、站房钢结构、预制梁、预制轨道板(轨枕)、长轨焊接等工程产品工厂化制造，以及梁、枕、板等构件和混凝土产品现场集中生产的基础上，积极引导设计、施工单位解决电缆沟槽、支挡结构等传统现浇构件的工厂化生产，进一步提高工厂化生产比重，实现工装工艺固定、生产人员固定、检验检测固定，产品质量稳定可控，工作效率也显著提高。

信息化主要是指在高铁建设过程中，以现代网络、通信、电子设备等信息技术手段为载体，实时了解掌握项目质量安全和进展情况，对施工过程实施有效的监控和管理。信息化的大量应用为质量管理提供了强大支持。信息化手段的应用对过程数据的采集、数据的可靠性和工程质量的监控等方面起到了明显促进作用。推广试验室、拌和站管理信息系统，对试验检测、混凝土拌和生产数据实时采集和传输，实现远程监控，有效保证了混凝土质量和试验检测的规范性。推广隧道监控量测信息系统，普遍应用路基连续碾压检测、沉降变形监测、桥梁静载试验自动加载、预应力钢筋张拉监控等手段，提高了过程质量监控效果，建立铁路工程建设管理信息化平台，将各种管理内容纳入平台之中，实施实时监控管理，为智能化管理打下基础。

5. 加强过程控制

以流程管理、开工标准化、首件认可、专业管理、检查考核等为主要手段，构成过程控制机制。过程控制是实现建设目标的重要管理内容，围绕高铁工程，从前期工作到项目竣工验收全过程各环节均应抓好“六位一体”过程控制，充分体现全方位、全过程和全员参与。

(1)流程管理

流程管理重在三点：一是把握方向，要沿着流程图所规划的方向推进工作，不能横生枝节，偏离方向，做无用功，确保不离链。二是循序渐进，按流程图确定的工作步骤一步一步向前推行，既不能跨越，也不能混淆逻辑关系或原地踏步重复工作，确保不断链。三是环节控制，一个工作流程少则几个环节，多则几十个、几百个环节，每个环节的工作都应有责任单位、责任人、时间质量要求，以每个环节的工作质量保证整个流程的工作质量，确保不掉链子。

(2)开工标准化

国家发展改革委对项目开工条件有明确规定，即六项必要条件：符合国家相关产业政策、发展规划和市场准入标准；按规定完成投资项目的审批、核准或备案；按规定开展建设项目用地审批，依法完成农用地转用和土地征收审批，并领取土地使用证；按规定完成环境影响评估审批；按规定完成节能评估；符合信贷、安全管理、城乡规划等规定和要求。满足政策方面的要求是项目开工的必要条件，但一个项目要做到开工后便有序推进、质量可控，仅有这些条件是不够的。特别是大项目涉及众多工点，不可能一起开工，也不可能在技术方面没有差异。因此，为了实现开工必好、开工必快的目标，就应根据国家要求和现场实际，制定详细的开工条件。

铁路系统将开工标准化作为标准化管理的重要部分，经多年探索，制定出了具有先进性、普适性的开工条件。各个项目、工点虽有差异，但基本原则和内容是一致的。如桥梁工程开工标准包括：设计文件准备情况，实施性的施工组织设计、方案、作业指导书，主要管理人员和作业人员，设计图核对，征地拆迁，机械、设备、机具准备情况，原材料进场及混凝土，测量放样，技术交底，工艺性试验，环保、水保措施。

(3)首件评估认可

实现开工必优，除开工标准化外，试验先行、典型引路也是重要的一环。为此，铁路工程实施首件评估认可制度。首件评估是对单一的分项工程或某一重复工序首次施作的资源配置、作业工艺、现场管理和施工质量等情况进行检查评估，以完善和固化工艺工法，发挥典型引路的作用。首件评估认可涉及牵头评估责任单位、评估流程、评估重点和具体内容、工艺改进、工艺固化、总结推广等工作，由建设单位统一制定办法和组织实施。

6. 强化创新驱动

以协同创新、系统创新，研究和现场试验同步推进，项目创新统一规划、分头实施等为主要内容，构成创新驱动机制。

首先，强调质量主体创新。从企业角度来看，企业家是质量创新的重要主体，是质量创新的第一推动力。熊彼特等人提出企业家创新动力论，将创新定义为“企业家对生产要素之新组合”。而从高铁项目本身来讲，业主企业担负了统筹项目质量管理的职责，因而应构成创新驱动质量管理的核心。

其次，质量组织创新。质量创新来自组织内源，是质量系统、质量众多要素的协同创新过程。产业创新动态过程模型将产业创新分为产品创新、工艺创新和产业组织创新三个阶段。而具体到项目中也具有一定借鉴意义，特别在组织创新方面，只有克服过去各自为战、质量控制目标内容各不相同的项目质量管理弊端，进一步创新组织方式，通过建立统一的高铁项目质量管理机制，宏观把控质量管理工作，才能推进高铁工程质量管理效率的实质性提高。

最后，质量协同创新。创新驱动质量管理应从关注单一的创新过程、活动或者要素的构建，转变到关注创新系统要素之间的互动机理和关系上，并借鉴数据创新、整合创新、组合创新、集成创新、生态创新和系统创新等理论，形成一个创新平台。在开放的质量系统和生态环境中，所有参建单位、参建人员均应共同参与质量生态的建设，将为用户创造价值、保证旅客行程绝对安全作为高铁质量管理的本质目的和永恒追求。

7. 完善现场管理

以整体布局、文明施工、完善制度为抓手，构成现场管理机制。

西成客专陕西公司标准化管理应用案例

西成客专建设过程中严格执行《中国铁路总公司关于深化铁路建设项目标准化管理的指导意见》(铁总建设〔2013〕193号)规定，以“人员配备、管理制度、现场管理和过程控制”为重点，严格标准落实，进一步规范“实施有程序、作业有标准、过程有控制、考核有结果”，确保让标准成为习惯，使习惯符合标准、结果达到标准。

1. 管理制度

认真学习原中国铁路总公司各项文件规定和要求，结合管理职责，建立和完善各类管理制度、规定、办法、细则等，汇编《管理制度标准化》手册，为项目建设规范管理提供质量保证。

2. 人员配备

编制《人员配备标准化》管理手册。明确建设以及施工、监理、设计、第三方检测等参建单位的人员配备标准以及组织机构设置、主要岗位任职条件、岗位职责、人员调整审批等相关要求。

3. 现场管理

(1)编制《现场管理标准化》管理手册。明确《现场管理工作通用检查标准》、《现场安全文明管理标准》和《现场安全文明标志》等，为做好现场管理工作提供了依据和标准。

(2)规范劳务用工管理。按照“管理有效、监控有力、运作高效、专业分工”的原则，进一步规范“架子队”管理模式，确保“1152”[一个专职队长，一个技术负责人，五大员(技术员、安全员、质量员、材料员、试验员)，工班长、领导员]配置符合建设管理要求，杜绝了违法分包及转包行为。

(3)贯彻执行环境保护、水土保持和主体工程“三同时”制度。每月实行专项检查，纳入奖惩激励机制。

(4)安装电视电话会议系统。给建设项目管理提供了及时沟通相互交流的平台，管理效率得到很大提高。

4. 过程控制

(1)建立和完善过程控制标准，为规范过程控制提供依据。编制《过程控制标准化》管理手册，从“标准化检查量化指标”“过程控制标准化检查表”“标准化作业指导书”等方面，对建设、监理、施工单位分别提出具体要求。

(2)以标准化管理绩效考评为动力，强力推进标准化管理工作。从人员配备标准化、管理制度标准化、现场管理标准化、过程控制标准化以及综合管理五个方面，分别组织对新开工项目各施工、监理等单位进行标准化管理达标考评以及对在建实施项目各施工、监理等单位进行标准化管理创先考评，并将结果纳入信用评价，及时上传铁路工程管理平台。

(3)加强开工标准化管理。按照“高标准起步、高质量达效、高效率推进”原则，分专业对照验收标准、技术规程，制定明确开工标准化条件，确保满足质量控制要求。

(4)以推行首件认可为抓手，促进过程控制标准化水平不断提高。从管理人员配备、工装设备到位、作业指导书、技术交底、施工组织方案、安全预案、原材料检测、内业资料等方面，认真核查参建单位的相关资料和过程控制的具体情况，及时提出整改意见，促进工程管理不断走向规范化和标准化。

(5)以“样板引路”活动为平台，激发和调动参建单位的积极性，为规范过程控制不断积累经验。结合现场实际，认真开展“样板引路”活动，对每次确定为“好”的样板，依据《安全质量日常管理考核暂行办法》下发“绿色通知单”给予表扬和奖励。

(6)以“四化”支撑为手段，规范和固化工艺流程，为施工质量提供保障。以隧道、路基、无砟轨道、制架梁、钢构件及拌和站等为重点，积极推广和应用“工厂化、机械化、专业化、信息化”，提高了工效，固化了工艺流程，保障了施工质量。

(7)以专项检查和互检为手段，促进过程控制水平不断提高。根据工程进展的实际情况，适时在全线有针对性地开展各类专项检查、互检活动，达到相互学习、取长补短效果。

(8)建立施工质量包保、蹲点、约谈制度,强化关键环节控制。结合建设项目特点及实际情况,明确并落实参建单位包保、蹲点、约谈的对象、人员、形式、任务、要求和考核等相关内容。

5. 综合管理

(1)牢固树立理念:全面落实"事事有标准、事事有流程、事事有责任人"总体工作要求。

(2)形成文化底蕴:"让标准化成为习惯,使习惯符合标准、结果达到标准"深入人心。

(3)规范工作流程:建立"实施有程序、作业有标准、过程有控制、结果有考核"工作秩序。

(4)拓深工作内涵:切实增强"人员配备、管理制度以及现场管理和过程控制"工作内容的综合认知。

(5)丰富活动载体:以标准化项目部、标准化监理站、标准化工区、标准化拌和站、标准化试验室等为载体,进一步丰富标准化工作形式。

第7章　高铁工程质量红线子系统

高铁质量红线是工程施工工序质量标准所容许达到的最低水平。高铁质量红线管理是用科学的方法，从系统视角，研究红线的范围、评价方法，进而建立质量红线评价模型并确定质量红线。

7.1　质量红线拟定

高铁项目与人民生命安全息息相关，任何质量隐患都有可能带来不可估量的损失。施工阶段作为高铁工程项目的具体实施阶段，具有持续时间长、潜在风险大等特点，不仅要求全部施工人员对质量高度关注，为质量负责，同时也要从科学的角度制定对高铁施工和运行安全影响重大的工序或节点质量强制性管理标准，作为质量红线。

7.1.1　质量红线评价方法——基于数据解析的多目标综合评价

为保证高铁质量红线的合理性，需要科学地利用系统综合评价和系统分析对高铁质量红线进行设定，即利用建模、优化、仿真、评价等技术对系统各方面进行定性与定量相结合的综合分析，进而选择出能提供最佳系统方案的决策依据，如图7-1所示。

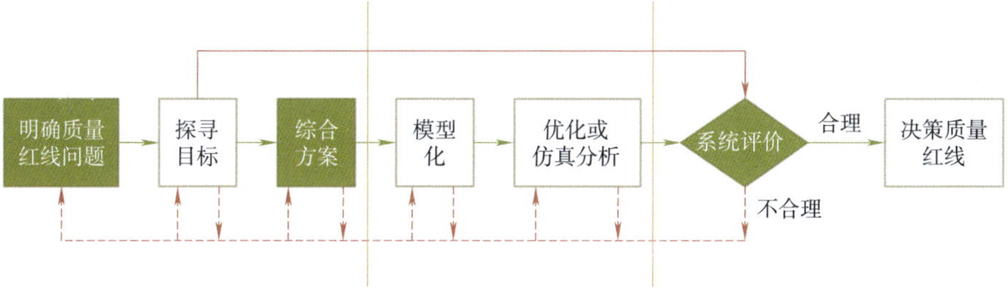

图7-1　系统分析基本过程

由于高铁质量影响因素复杂且不唯一，同时影响因素的重要程度具有差异性。因此，采用基于数据的多目标解析方法对高铁质量红线进行系统管理和综合评价，最终确定合理的质量红线。即，通过收集的数据信息，采用不同的数据解析方法和技术，分析影响高铁质量与安全的质量红线。基于数据解析的多目标综合评价模型以及实际数据与现实意义，建立质量红线系统，通过数据解析方法将系统模型化，对质量红线进行综合评价。系统模型的作用如图 7-2 所示。

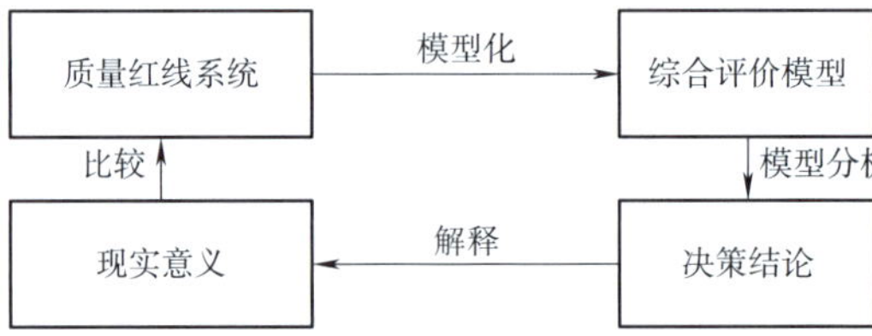

图 7-2　系统模型的作用

评价方法是影响高铁质量红线综合评价水平的重要因素，直接影响红线选择的合理性与科学性。常用的评价方法有模糊综合评价法、层次分析法（analytic hierarchy process，AHP）、加权评估法、数据包络分析法、功效系数法、平衡计分卡法和逻辑框架法等。由于高铁质量红线影响因素的复杂多样性，简单的加权评估法与功效系数法难以综合评价已有高铁红线的合理性。结合各种评价方法的特点，可采用多指标综合评价方法，即模糊综合评价法和 AHP 方法。具体原因如下：

（1）高铁项目建设周期长、影响因素多，人员素质、气候变化、施工设备等均会影响施工质量，进而直接影响质量红线选取的合理性。通过 AHP 方法，可以将影响因素进行有效分类分层，同时可兼顾影响因素的复杂性特点，因此 AHP 运用于高铁质量红线的评价中具有合理性。具体可将质量红线作为综合评价的方案层，从铁路建设的平顺性、经济性等角度评价质量红线的合理性。

（2）高铁线路建设工程中的影响因素具有不确定性，导致质量红线的影响因素具有不确定性与模糊性特征，且难以定量确定。模糊综合评价可以实现定性评价到定量评价的转换，很好地处理模糊的、难以量化的问题，并可通过定量数据直观表示结果程度。

基于数据解析的多目标解析综合评价方案如图 7-3 所示。该方案可细化为以下几个步骤：首先，对影响高铁质量的历史信息进行收集与整理；其次，利用经验与数据分析的方式找到影响高铁质量的 n 条红线；然后，结合 AHP 方法及模糊综合评价方法，建立多目标评价系统，评价 n 条红线的合理性，最终确定影响高铁质量的 m 条红线。

7.1.2　拟定 15 条质量红线范围

高铁运行速度较高，对线路平顺性、稳定性以及基础设施强度提出更高的要求，同时对高铁工程质量也提出更高的要求。由于工程项目建设阶段在高铁质量管理工作中占据重要地位，因此，应在工程建设过程中严格把关，树立红线意识，对于一旦突破就会给高铁工程质量造成难以弥补影响的工作内容或工序，设置质量红线，告诫所有参建人员和管理人员必须坚守、不可逾越，确保高铁和旅客安全万无一失。

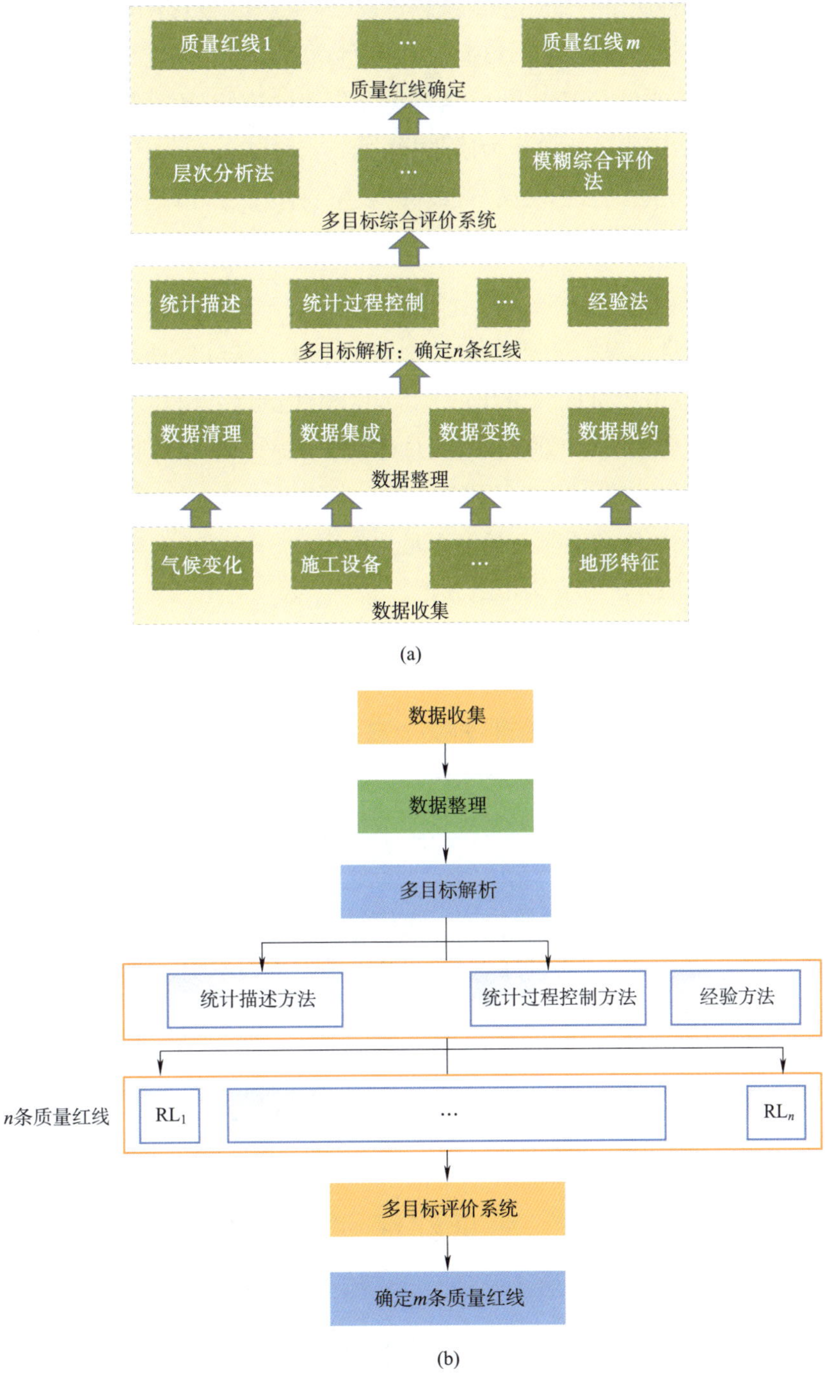

图 7-3　多目标解析综合评价方案

1. 铁路建设项目红线拟定

《铁路建设项目工程质量管理办法》(铁总建设〔2014〕292 号)指出,“建设单位应加强工程实施阶段质量管理工作,强化源头管理、过程控制和闭环管理,确保工程质量稳定受控。”该办法进一步提出落实质量管理要求,将结构物沉降评估达标、桥梁收缩徐变达标、锁定轨温达标、联调联试达标、工序达标等作为质量“红线”。

该办法要求对红线从严管理,突破“红线”的要坚决停工、严肃处理,只有当相关工序都达标时才可进入下一道工序。

2. 铁路建设项目质量安全阶段性红线拟定

除了《铁路建设项目工程质量管理办法》拟定的上述五条红线外,鉴于过去隧道、路基、桥梁等工程在建设过程中质量问题突出的现状,中国铁路总公司在 2017 年底专门制定了《铁路建设项目质量安全红线管理规定》(铁总建设〔2017〕310 号),明确了 10 条阶段性红线,以及严格的碰线处理措施。10 条阶段性红线包括:

(1)隧道初支、衬砌厚度和混凝土强度不足。

(2)隧道不按规定的方法和安全步距开挖。

(3)隧道施工不按规定开展围岩监控量测和超前地质预报,有毒有害气体逸出的隧道不按专项方案开展监测。

(4)路基填料不符合设计要求,CFG 桩等地基处理检测不合格,边坡防护预应力锚索不按设计要求施工。

(5)桥梁桩基出现Ⅲ、Ⅳ类桩和钢筋笼长度不足;站房钢结构构配件不合格;使用不合格电缆。

(6)现浇梁满堂支架、连续梁挂篮施工不进行专项设计,不按设计要求施工。

(7)监理人员旁站不到位或现场随意签认,内业数据虚假不实。

(8)偷工减料,以次充好。

(9)转包和违法分包。

(10)内业资料弄虚作假。

7.2 质量红线评价建模

基于数据解析等方法对 15 条拟定质量红线进行确定。采用 AHP 方法和模糊综合评价方法建立评价模型,构建多目标综合评价系统。充分考虑高铁质量红线问题特点以及 AHP 方法与模糊综合评价方法的建模优势,一方面研究基于 AHP 方法建立多指标评价模型,另一方面,同时考虑影响因素的不确定性和模糊性,在 AHP 评价的基础上,建立模糊综合评价模型。

7.2.1 基于 AHP 方法的多目标评价方法

AHP 建模主要分为以下四个关键步骤：

1. 明确问题，建立层次结构模型

为综合评价确立红线的合理性，将高铁质量管理设置为目标层，将平顺性、稳定性、经济性、安全性、可靠性和协调性六种因素设置为质量红线的准则层，并将 15 条红线设置为层次分析的方案层。其中，将 10 条阶段性红线放在一起定义为方案层的 1 个方案，结构物沉降评估达标、桥梁收缩徐变达标、锁定轨温达标、联调联试达标、工序达标定义为方案层的另外 5 个方案。层次结构模型如图 7-4 所示。

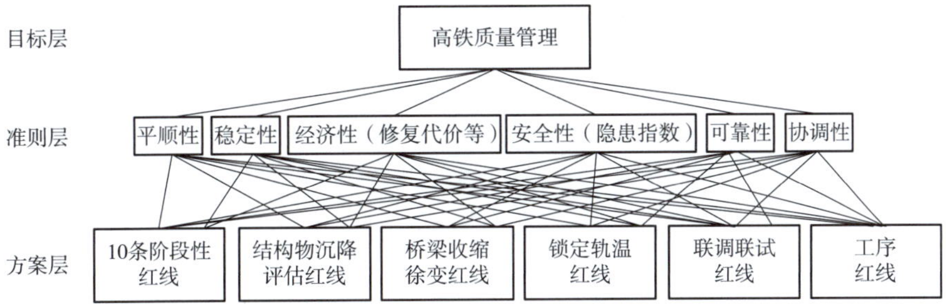

图 7-4 高铁质量红线的 AHP 层次结构模型

2. 构建判断矩阵

此步骤主要是通过构建判断矩阵来衡量本层次各要素对于上层次各要素的重要性。判断矩阵为正互反矩阵，可表示为 $\boldsymbol{A}=(a_{ij})$，其中 a_{ij} 表示准则层第 i 个影响因素 C_i 与第 j 个影响因素 C_j 相比的重要程度，主要是通过 9 分标度法确定，见表 7-1。

表 7-1 判断矩阵

C_i 与 C_j 比	相等	较强	强	很强	绝对强
a_{ij}	1	3	5	7	9

3. 单层排序及一致性检验

（1）单层排序

求解判断矩阵 $\boldsymbol{A}$ 的最大特征值 $\lambda_{\max}$，再由最大特征值求出对应的特征向量 $\boldsymbol{w}$（$\boldsymbol{Aw}=\lambda_{\max}\boldsymbol{w}$），并将 $\boldsymbol{w}$ 标准化，即为同一层各因素相对于上一层某一因素的权重，继而可根据此权重的大小确定该层因素的排序。

（2）一致性检验

取一致性指标 $\mathrm{CI}=\dfrac{\lambda_{\max}-n}{n-1}$，其中，$n$ 为 $\boldsymbol{A}$ 的阶数。

取随机性指标 RI，见表 7-2。

表 7-2 RI 取值

n	1	2	3	4	5	6	7	8	9	…
RI	0	0	0.58	0.9	1.12	1.24	1.32	1.41	1.45	…

令 $CR=\frac{CI}{RI}$,若 $CR<0.1$,则认为 $\boldsymbol{A}$ 具有一致性。否则,需要对 $\boldsymbol{A}$ 进行调整,直到具有满意的一致性为止。

4. 层次总排序及一致性检验

准则层 $C_1,C_2,\cdots,C_m$ 排序完成,设其权重分别为 $a_1,a_2,\cdots,a_m$。方案层 P 包含 n 个方案:$P_1,P_2,\cdots,P_n$,其相对于上一层的 $C_j(j=1,2,\cdots,m)$ 进行单层排序,排序权重记为 b_{1j},$b_{2j},\cdots,b_{nj}(j=1,2,\cdots,m)$,则方案层 P 中第 i 个方案 P_i 的总排序权重为 $\sum_{j=1}^{m}a_jb_{ij}$,见表 7-3。

表 7-3 RI 取值

层次 P	层次 C				P 层总排序权重
	C_1	C_2	…	C_m	
	a_1	a_2	…	a_m	
P_1	b_{11}	b_{12}	…	b_{1m}	$\sum_{j=1}^{m}a_jb_{1j}$
P_2	b_{21}	b_{22}	…	b_{2m}	$\sum_{j=1}^{m}a_jb_{2j}$
⋮	⋮	⋮		⋮	⋮
P_n	b_{n1}	b_{n2}	…	b_{nm}	$\sum_{j=1}^{m}a_jb_{nj}$

通过以上方式,可综合确定 P 层的排序,从而选择合适的质量红线。

7.2.2 基于 AHP 与模糊综合评价结合方法的多目标评价方法

由于高铁施工过程受到诸多不确定性因素影响,因而依据 AHP 综合评价计算得到方案层 P 的排序可能不具备鲁棒性。根据前面所述,模糊综合评价方法可以综合考虑问题的不确定性与模糊性,因此高铁质量红线的评价系统采取 AHP 与模糊综合评价相结合的方法。主要步骤如图 7-5 所示。

模糊综合评价模型的具体构建过程如下:

(1)建立高铁质量的因素集 U。记 AHP 评价模型中的 m 个影响因素为高铁质量的一级因素集,记为 $U=\{U_1,U_2,\cdots,U_m\}$,其中,$U_i=\{U_{i1},U_{i2},\cdots,U_{in}\}$;$i=1,2,\cdots,m$;$n$ 表示高铁质量评价下一层评价指标的个数。

(2)依据高铁项目实际情况,确定评价系统的评语集。假设评语集的集合 $V=\{V_1,$

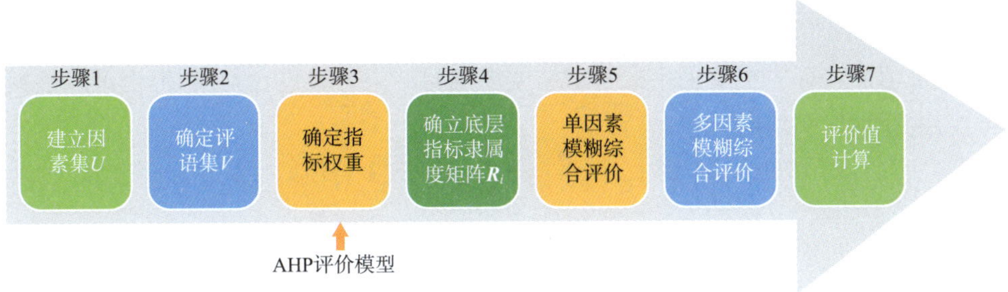

图 7-5　AHP 与模糊综合评价结合方法

$V_2,\cdots,V_p\}$，表示对因素集的 p 种评判。通常有 5 个评价等级，即

$$V=\{\text{初始级,成长级,标准级,已管理级,优化级}\}=\{25,45,65,85,100\}$$

（3）对评语集确定指标权重。利用层次分析法确定指标权重，一级权重 $\boldsymbol{w}=(w_1,w_2,\cdots,w_m)$，二级权重 $\boldsymbol{w}_i=(w_{i1},w_{i2},\cdots,w_{in})$。

（4）确定底层指标的隶属度矩阵 $\boldsymbol{R}_i$。依据质量红线系统指标评价标准，填写质量红线评价调查表，进而根据调查表结果确定单因素评判矩阵：

$$\boldsymbol{R}_i=\begin{bmatrix} r_{11} & r_{12} & \cdots & r_{1p} \\ r_{21} & r_{22} & \cdots & r_{2p} \\ \vdots & \vdots & & \vdots \\ r_{n1} & r_{n2} & \cdots & r_{np} \end{bmatrix}$$

式中　$\boldsymbol{R}_i$——一级指标第 i 个因素下的二级指标的隶属度矩阵，r_{jk} 可表示为

$$r_{jk}=\frac{v_{jk}}{\sum_{j=1}^{n} v_{jk}} \quad (j=1,2,\cdots,n;k=1,2,\cdots,p)$$

（5）确定单因素的模糊综合评价。对二级因素 $U_i=\{U_{i1},U_{i2},\cdots,U_{in}\}$ 进行单因素模糊综合评价，设其对应的权重 $\boldsymbol{w}_i=(w_{i1},w_{i2},\cdots,w_{in})$，则 U_i 的综合评价为

$$\boldsymbol{b}_i=\boldsymbol{w}_i\circ\boldsymbol{R}_i=(w_{i1},w_{i2},\cdots,w_{in})\circ\begin{bmatrix} r_{11} & r_{12} & \cdots & r_{1p} \\ r_{21} & r_{22} & \cdots & r_{2p} \\ \vdots & \vdots & & \vdots \\ r_{n1} & r_{n2} & \cdots & r_{np} \end{bmatrix}=(b_{i1},b_{i2},\cdots,b_{ip}) \tag{7-1}$$

（6）多因素的模糊综合评价。在单因素评价的基础之上，对第一级因素 U 作综合评价。设 U 中各因素对应的权重 $\boldsymbol{w}=(w_1,w_2,\cdots,w_m)$，综合评价矩阵为 $\boldsymbol{R}$，则 U 的综合评价为

$$\boldsymbol{b}=\boldsymbol{w}\circ\boldsymbol{R}=(w_1,w_2,\cdots,w_m)\circ\begin{bmatrix} \boldsymbol{b}_1 \\ \boldsymbol{b}_2 \\ \vdots \\ \boldsymbol{b}_m \end{bmatrix}=(b'_1,b'_2,\cdots,b'_p) \tag{7-2}$$

式(7-1)和式(7-2)合成算子"∘"采用$M(\cdot,+)$的方式计算,如式(7-1)中,$b_{ij}=\sum_{k=1}^{n}w_{ik}r_{kj}$。

(7)评价值的计算。主要采用最大隶属度原则对结果等级进行判断,但也可以根据问题实际特点,选择加权平均的方法。

7.3 质量红线确定

根据高铁建设的特点和各项工作的重要程度、修复代价及上述多目标解析评价模型等,确定四条红线,包括:工程结构物沉降不达标不能进行无砟轨道施工,钢筋混凝土桥梁收缩徐变未达标不能进行无砟轨道施工,气温未达到设计锁定轨温的范围不能进行无缝线路锁定施工,联调联试工作未达标不能初步验收和开通。

7.3.1 工程结构物沉降不达标不能进行无砟轨道施工

铁路线路工程结构物主要包含路基、桥梁、隧道,这些结构物的基础位于土石层中,而结构物之上要铺设无砟轨道。土石层特别是软土,在承受结构物载荷后会出现沉降,无砟轨道一经施工便无法调整高度。高铁运行要求线路高平顺、高可靠,因此沉降值必须控制在毫米级。为此,施工过程中采取桩基、换填、强夯、堆载预压等措施,布设沉降观测系统,以控制和观测沉降。沉降收敛、稳定时间根据理论计算、试验和观测确定。由于沉降收敛、稳定时间需几个月甚至一年以上,故对工期起制约作用。设置结构物沉降不达标不能进行无砟轨道施工的红线,就是为了防止抢工期,以保证无砟轨道质量和运营安全。

宝兰客专陕西段沉降变形观测与评估案例

宝兰客专位于规划的徐州至兰州客运专线的西段,于2012年10月开工建设,2017年7月9日开通运营。陕西段站前工程划分为BLZQ-1标和BLZQ-2标2个施工标段。在宝兰客专陕西段进行沉降观测工作启动之前,西兰铁路客运专线陕西有限责任公司(简称"西兰客专陕西公司")经公开招标委托咨询单位进行本项目线下工程沉降观测的咨询评估工作。

1. 变形观测组织

首先,建设单位组织咨询评估、设计、监理、施工单位开展沉降观测工作,由设计院进行了沉降观测设计技术交底,编制形成《宝鸡至兰州铁路客运专线(陕西境内)线下工程沉降变形观测及评估实施细则》(以下简称"《实施细则》"),以西兰客专陕西公司和咨询评估单位名义联合及时下发至各站前施工、监理单位,作为建设期间进行沉降观测与评估工作的指导实施细则;其次,各施工单位编制本标段的线下工程沉降变形观测作业指导书,监理单位编制本监理站的沉降变形平行观测实施方案,经咨询评估单位和建设单位严格审核后正式实施;再次,为加强评估工作与施工进度的配合,建设单位及时组织咨询评估、施工、监理等单位通报施工进度、沉降观测与评估实施情况、评估计划、存在的问题及观测评估意见。

2. 观测指标

首先，明确各类结构物的沉降观测时间。堆载预压区路基预压土施工完毕至沉降评估时的观测期均不少于 6 个月(非堆载预压区路基中，路堑段路基填筑完成至沉降评估观测期在 4 个月以上，桩板结构路基沉降观测期也在 3 个月以上)，桥梁主体工程施工完成后变形观测期一般不少于 6 个月，隧道主体工程完工后的变形观测期不少于 3 个月。

其次，明确各类结构物的沉降标准。用实测数据做回归分析，确定沉降变形的趋势，曲线回归的相关系数应不低于 0.92；预测的隧道观测标工后沉降值不应大于 15 mm；梁体徐变判定标准严格采用终张拉 60 d 后，$L\leqslant 50$ m 梁体跨中徐变上拱度实测值不应大于 7 mm，$L>50$ m 梁体跨中徐变变形实测值不应大于 $L/7\,000$ 或 14 mm。

3. 沉降观测与评估

下面以 BLZQ-2 标其中一段的沉降观测与评估分析为例，各类结构物观测评估的内容及标准如下：

(1)线下工程 DK661＋628～DK669＋530.7，评估长度为 7.86 km，包括晁峪隧道 7 593 m、庵坪东沟大桥 236 m、庵坪路基 69.7 m。

(2)晁峪隧道：大部分段落的二次衬砌最迟完成至沉降评估末次观测最短时间近 7 个月，满足《实施细则》规定的隧道主体工程完工后观测期一般不应少于 3 个月的要求。其余很小段落的二次衬砌最迟完成至沉降评估末次观测最短时间为 2 个月以上，该段围岩等级为Ⅱ、Ⅲ级，满足《实施细则》中“对于地质条件较好的隧道，考虑到整体沉降较小，因此规定观测沉降总量不大于 5 mm 时，可判定满足无砟轨道铺设要求，但观测期一般不应少于 60 d”的要求。

(3)庵坪东沟大桥：桥跨布置为 7×32 m 简支梁，架梁完成至沉降评估末次观测的最短时间为 392 d，满足《实施细则》中规定桥梁主体工程完工后不少于 6 个月观测期的要求。

(4)庵坪路基：该段路基为桩板结构，自沉降观测开始至评估分析末次观测时间为 7 个月以上。

7.3.2　钢筋混凝土桥梁收缩徐变未达标不能进行无砟轨道施工

高铁建设大量采用钢筋混凝土桥梁，而混凝土性质决定了桥梁施工后会出现收缩徐变。桥梁收缩徐变时间较长，是工期的重要制约因素。若收缩徐变不达标就进行桥上无砟轨道施工，则会使轨道水平、高低产生变化，还会使轨道、桥梁产生应力，影响结构使用寿命和高铁运营。因此，为防止这种情况出现，设置“钢筋混凝土桥梁收缩徐变未达标不能进行无砟轨道施工”的红线。

郑万高铁唐河特大桥智能化桥梁线形监控案例

郑万高铁唐河特大桥为双线无砟轨道高铁桥，其中 181 号～184 号墩采用预应力混凝土连续梁与钢管拱组合结构，计算跨度为(96+200+96)m，梁全长393.5 m，主梁除A0、A22号梁段在支架上现浇外，其余梁段均采用挂篮悬臂浇筑。唐河特大桥采用桥梁线形监控管理信息系统对连续梁线形进行实时监控。

桥梁线形监控管理信息系统是专业连续梁线形监测、控制计算分析及管理软件，在自动化、高精度、信息化等方面高度融合，做到连续梁线形监测和控制专业化、信息化、自动化、高精度，提高了连续梁线形监测质量，最大限度减小施工各项线形数据与设计理论数据之间的偏差，并根据现场实测数据对照设计参数和对应理论分析结果进行分析，计算得出下一节段线形控制调整数据，指导现场施工，确保施工中结构稳定与安全。

(1)采用高精度自动测量的倾角式静力水准仪进行测量，保证了测量监控数据的准确性和高精度，如图7-6所示。

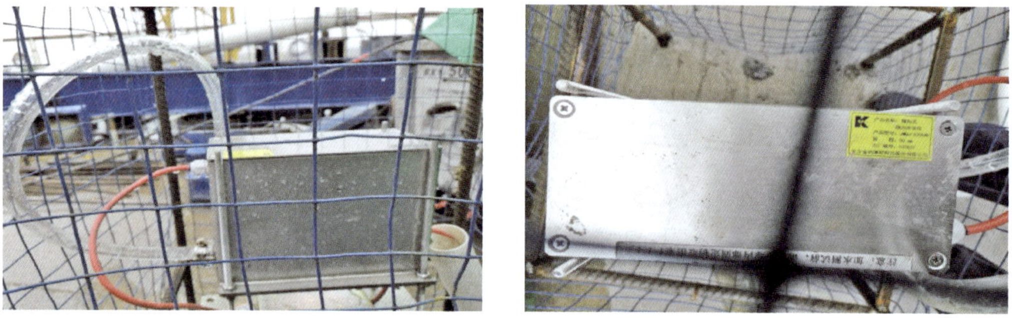

图7-6　倾角式静力水准仪

(2)采用全自动实时采集数据与无线传输系统实现监控数据的自动采集、实时上传，保证了监控数据的真实性和及时性，如图7-7所示。

图7-7　全自动实时采集数据与无线传输设备

(3)开发并建立连续梁线形监控管理信息系统，可自动根据连续梁施工过程的理论分析计算结果对实际施工情况作出智能调整，实现了线形监测中理论值的自动维护，理论值和施工监测实际数据的实时动态显示(图形或图像)，施工过程的实时动态演示和控制。

(4)建立连续梁施工智能控制专家系统和数据库，实现施工智能控制的信息化和可视化。

(5)采用远程双向传输控制软件，自动控制桥梁施工现场的倾角式静力水准仪、全站仪等监测设备，实现对连续梁悬灌施工(高程方向和水平方向)线形实时监测。根据监测结果，信息化系统自动确定下一节段立模标高，实时指导下一步施工。

7.3.3　气温未达到设计锁定轨温的范围不能进行无缝线路锁定施工

无缝线路钢轨和道床需要承受温度变化引起的压应力或拉应力，必须设置限值以保证钢轨、道床不受破坏。为此，必须精确计算无缝线路锁定轨温范围。例如，北京地区锁定轨温为 20～24 ℃，只有春秋季节的部分时段气温才在这个范围内，这就对施工组织提出了挑战。如果不按锁定轨温施工，当气温达到最高、最低时，钢轨、道床会承受超过设计值的温度力，对工程质量和安全底线提出挑战。因此，要确保高铁工程的质量安全，必须设置这条红线。

西成客专钢轨应力放散及锁定案例

新建西安到成都铁路西安至江油段(陕西省境内)北起西安北站，经鄠邑进入秦岭山区，沿涝峪而上穿越秦岭，经佛坪、洋县、城固至汉中，跨汉江经南郑、勉县、宁强，过毛毛山入川，与朝天站相连。西成客专无砟道床铺轨 663.571 km，其中长大坡道(大于 10‰)共计 154.278 km。西成客专为国内首条穿越秦岭的高铁，最大设计坡度为 25‰。长轨运输车进入上坡时若机车推送动力不足，容易造成打滑、擦伤钢轨，铺轨机用牵引车牵引钢轨时阻力大，铺轨、焊轨及应力放散施工深受恶劣的地理条件和气候条件影响，在施工过程中增加了很大难度。

1. 自然环境及气候条件

全线总体为亚热带干旱气候，属温暖气候分区，夏季温暖多雨，冬季寒冷干燥，降雨多集中在 7～9 月份，年平均气温为 15.2 ℃，极端最高气温为 42.9 ℃，极端最低气温为－19.4 ℃，平均年降雨量为 668.9 mm，年平均蒸发量为1 573.3 mm，最大风速为 15.6 m/s，最大积雪厚度为 30 cm，最大冻结深度为 60 cm。

2. 施工技术条件

西成客专(陕西省境内)正线采用无砟轨道结构，铺设跨区间无缝线路，正线锁定轨温在 16 ℃±5 ℃至 27 ℃±5 ℃之间，道岔锁定轨温与其两端区间无缝线路的设计锁定轨温一致，在设计锁定轨温±3 ℃范围内锁定。全线的道岔在 2017 年 4～5 月份气温合适时，自然状态情况下放散锁定。

3. 设计锁定轨温计算方法

无缝线路的设计锁定轨温根据气象资料、无缝线路的允许温降和允许温升计算确定，并满足桥上无缝线路的断缝检算要求。

设计锁定轨温依照下式计算：

$$t_e=\frac{t_{max}+t_{min}}{2}+\frac{[\Delta t_d]-[\Delta t_e]}{2}\pm[\Delta t_k]$$

式中 t_e——设计锁定轨温；

t_{max}——当地历年最高轨温；

t_{min}——当地历年最低轨温；

$[\Delta t_d]$——允许温降；

$[\Delta t_e]$——允许温升；

Δt_k——设计锁定轨温修正值，可取 0～5 ℃。

无缝线路计算的最高、最低轨温为历年统计结果。根据《铁路轨道设计规范》(TB 10082—2005)附录 D，查得西安、汉中地区最高、最低轨温记录，见表 7-4。西成客专设计中收集了沿线各气象站近年来的气象资料。结合该资料反映的近年来的极端气温数据，综合确定全线的轨温计算数据。

表 7-4 沿线气象站气温资料汇总表

台站名称	代表里程	气温及产生时间					
		年平均/℃		最高/℃		最低/℃	
西安市观象台(肖家村)	DK0+000～DK38+316	15.2	2000—2007 年	42.9	2006 年 6 月 17 日	−10.9	2002 年 12 月 26 日
户县国家气象观测站二级站	DK38+316～DK100+336	14	1971—2006 年	41.9	2006 年 6 月 17 日	−19.0	1977 年 1 月 30 日
佛坪县气象站	DK100+336～DK159+671	11.6	1957—2007 年	38.7	1995 年 7 月	−14.4	1991 年 12 月
洋县国家一级气象站	DK159+671～DK232+800	14.4	1960—2007 年	39.4	2006 年 7 月 21 日	−11.9	1991 年 12 月 28 日
汉中市观象台(汉台区南环路东段)	DK232+800～DK253+435	15.2	1998—2007 年	38.4	2006 年 7 月 19 日	−5.9	1999 年 1 月 15 日
南郑国家气象一般气象站	DK253+435～DK289+680	14.8	1997—2008 年	38.5	2002 年 7 月 13 日	−6.6	2008 年 1 月 31 日
宁强国家基本气象站	DK289+680～DK343+990	12.9	1957—2007 年	37.4	2002 年 7 月 15 日	−11.6	1991 年 12 月 28 日

4. 正线铺轨及应力放散施工方案

因西成客专铺轨里程长、工期短，需提前储存钢轨，所以该方案在汉中设置铺轨基地，钢轨先进入基地存放，再装车铺设；放散锁定按照逐区间进行，出于施工线安全考虑，应力放散施工和钢轨铺设施工相隔一个区间，顺序相同；各区间车站放散方法主要有两种，需根据现场实际轨温来定，实际轨温符合设计范围的采用滚筒放散法，否则采用综合放散法。

7.3.4 联调联试工作未达标不能初步验收和开通

联调联试工作是边试验边调整的过程，一般需 3～6 个月，如因急于开通而压缩联调联试时间，很容易出现设计功能特别是各专业接口功能不能验证、工程质量隐患不能发现并消除等问题。因此，设置这条红线，把住开通前最后一道关，把所有影响运营安全和效率的问题消除于开通之前。

第8章 高铁工程质量管理系统最优的运行机制设计

高铁工程质量各分项、单位工程及各专业工程质量最优，并不能意味着整体工程最优。除各项工程质量合格外，系统最优应体现在：系统协调一致、多目标协同、能力匹配、与外部环境相协调等方面。

8.1 系统协调一致

高铁工程是复杂而庞大的工程项目。从建设内容来看，涉及路基、桥隧、房屋、电力、通信、信号、电气化等多个专业及接口；从时间维度来看，涉及项目决策、工程设计、工程施工、竣工验收、运营维护等全寿命周期过程；从组织结构来看，涉及设计单位、施工单位、监理单位、咨询单位以及各个材料设备供应商等多个参与主体。高铁工程的质量达标，不仅仅是各专业、接口建设质量达标，还需要整个高铁系统能平稳高效运行，这也是系统协调一致的目标。

系统协调一致的具体内容包括系统功能、系统全寿命周期和系统组织三部分的协调一致。各部分内容既有其自身特征，又与其他部分相互耦合与支撑，如图8-1所示。

8.1.1 系统功能协调一致

高铁工程质量是否符合标准的重要依据，就是建设完成后，整个系统能否正常运行，而系统正常运行的基础是系统功能的协调一致。系统的功能协调一致，包括专业功能协调一致和接口协调一致，如图8-2所示。

1. 专业功能协调一致

高铁系统正常平稳运行，需要系统内各专业提供支撑，并且各专业为系统提供的功能质量与系统需求协调一致。主要包括：供变电、接触网系统内各专业的设计参数和设备选型，与动车组行车质量需求相一致；通信、信号、客运服务、防灾等系统内各专业的功能、性能、安全性，与动车组行车质量需求相一致；路基、轨道、道岔、桥梁、隧道等结构工程，其动力性能、振动噪声、电磁环境、综合接地等的安全性和适用性的质量水平，与动车组行车以及环境管理等质量需求相一致。

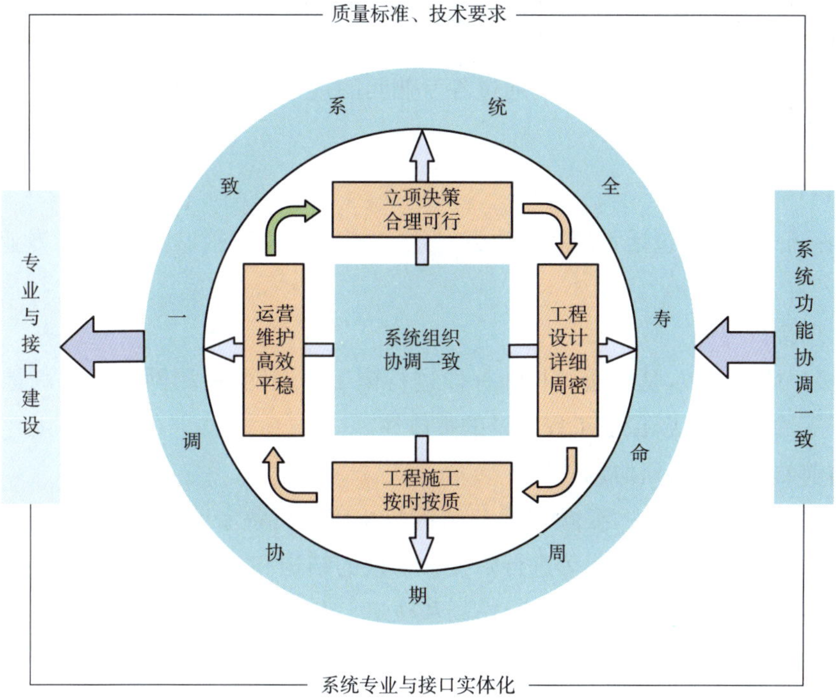

图 8-1　系统协调一致具体内容

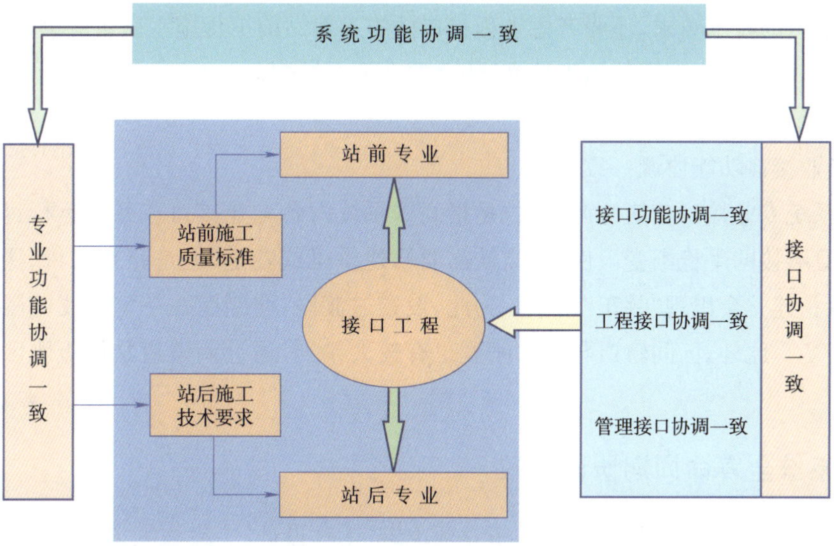

图 8-2　系统功能协调一致

如通信专业的无线通信质量与行车控制要求的质量相一致，具体指标有：网络注册时延不大于 30 s，最大端到端传递时延不大于 0.5 s，数据传输频率为 4.8 kbit/s。信息化专业与网上售票、刷脸进站等客运服务专业的功能也要一致,等等。

同时高铁系统内各专业是相对孤立的单元,但作为整体系统的组成部分,各专业间有着紧密的联系和大量的信息交换,需要通过各专业间的接口(如过渡段、道岔等),才能实现相互协作,使整个系统正常运行。

2. 接口协调一致

接口协调一致主要包括管理接口协调一致、站前站后工程接口协调一致、专业接口功能协调一致三类。

(1)管理接口协调一致

管理接口协调一致,是指通过相邻标段进行施工控制网、精测网的贯通测量,架梁、铺轨、"四电"等的顺畅衔接,保证工程建设的整体性。

(2)站前站后工程接口协调一致

站前各专业施工过程中,要预留部分结构与相应站后各专业衔接,如与通信、信号、电力、接触网、牵引变电、环境工程等进行衔接。衔接的结构和部位称为接口工程。工程接口的承载主体主要包括路基、桥梁、隧道、站场和轨道。专业接口的建设内容主要包括:路基综合接地、过轨、接触网支柱基础、电缆沟槽,桥梁综合接地、锯齿形孔及爬架、梁体接触网支柱基础、桥上电缆槽,隧道综合接地、隧道内过轨、接触网预埋槽道、隧道内电缆槽,无砟轨道绝缘处理、接地连接等。

站前站后工程接口协调一致,是指衔接站前、站后工程的工程接口设计,不仅要考虑站后工程对接口的技术要求,还要考虑工程接口的施工对站前工程施工质量的影响,通过对两者进行协调,确保接口工程的施工精度,使之符合列车控制、行车速度等的质量要求,保证高铁的可靠运行。

(3)专业接口功能协调一致

高铁系统专业接口功能协调一致,是指高铁系统内各专业接口在系统运行过程中保证各专业过渡顺接的平稳渐变。例如,高铁需要修建桥梁或隧道,但是路基与桥、隧刚度不一致,若直接相连就会出现"跳车"现象。为此,设置过渡段,使刚度在一定长度范围内均匀变化,避免突变。此外,区间轨道与道岔刚度也有较大差别,通过调整道岔垫板刚度使其趋于一致。

8.1.2 系统全寿命周期协调一致

高铁工程项目整体质量的形成经历立项决策、工程设计、工程施工、运营维护四个阶段,如图 8-3 所示。

立项决策阶段:基于项目建设目的和意义,确定高铁工程项目建设标准,分析论证高铁工程项目在技术层面与经济层面上的可行性与合理性,从而确定高铁建设总体质量要求。

工程设计阶段:将工程项目质量要求具体化,确定总体项目建成后的功能和使用价值,

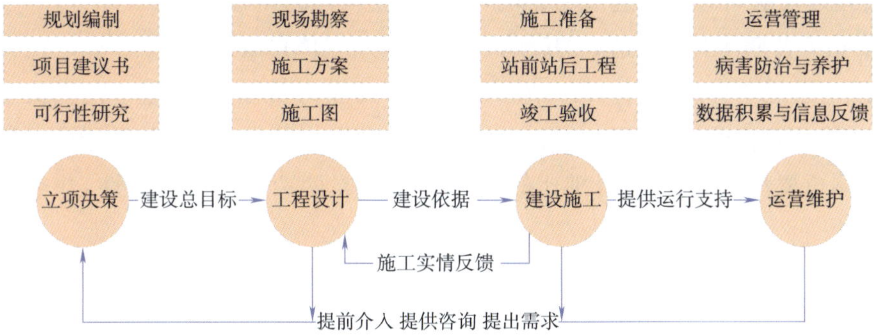

图 8-3　系统全寿命周期协调一致

细化各子项目质量目标，形成设计方案与施工图纸。

工程施工阶段：具体形成项目实体质量的阶段，是实现合同要求和设计方案的阶段，同时也是设计方案的实证以及反馈调整的阶段。

运营维护阶段：运营维护阶段既能检验建设工程质量的优劣，又能提升质量水平，在高铁工程项目的寿命周期中是时间最长的环节。

高铁工程项目建设质量具有“继承性”、“牛鞭效应”和“木桶效应”。其中，“继承性”是指建设优先级较高的工程子项目会对后期的建设项目质量以及整体的项目质量造成影响，“牛鞭效应”是指随着建设的推进，前期工作的质量缺陷会被逐渐放大，“木桶效应”是指局部工程质量标准降低会导致整体质量的降低。例如，如果路基的排水工程的建设质量过低会降低路基的整体抗灾能力，并导致使用年限缩短，最后会影响整个高铁系统的正常运行并增加维护成本与难度，甚至导致整个高铁系统使用寿命缩短。

系统全寿命周期的协调一致目的是：贯穿立项决策直到运营维护阶段的质量管理，以各阶段之间的相互影响关系为根据，对各阶段工作进行协调控制，保证高铁工程项目各阶段的工作均围绕“系统功能最优、整体质量最好”的目标推进。

系统全寿命周期协调一致作为总目标是难以定量描述的，这里提出利用层次分析法建立全寿命周期质量管理的数学模型，筛选各类影响协调一致的主要因素，并分析各类因素变化时对总体质量目标的影响。具体实现步骤如下：

(1)工程建设投入、难易度，与日常运营维护成本、难易度呈负相关，与建设质量呈正相关；日常运营维护成本、难易度，与建设质量呈负相关。影响系统全寿命周期中协调一致的主要因素包括建设投入(B_1)和运营投入(B_2)。影响建设投入主要因素包括建设标准(C_1)、工程设计(C_2)、施工作业(C_3)、安全质量(C_4)、物资供应与管理(C_5)、咨询服务(C_6)、投资管理(C_7)、征地拆迁(C_8)、环境影响Ⅰ(C_9)。影响运营投入主要因素包括线路日常维护(C_{10})、运载量(C_{11})、运营管理(C_{12})、车辆购买与养护(C_{13})、设施设备折旧(C_{14})、运输服务(C_{15})、环境影响Ⅱ(C_{16})、安全性(C_{17})。根据上述影响因素构建指标层。影响因素中，环境影响Ⅰ

(C_9)主要指建设期间对环境造成的影响，如废弃物填埋或堆放、植被破坏等；环境影响Ⅱ(C_{16})主要指运营期间对环境造成的影响，如各类有害气体排放、噪声污染等。

(2)设定系统全寿命周期协调一致为总目标，即作为目标层 A，基于包括最小化建设投入偏好、最小化运营投入偏好、平衡考虑运营与建设三种情况，给出 B 层影响因素的重要性及具体重要性数值，然后分别比较 C 层影响因素两两之间的重要性，并给出重要性赋值。

(3)方案层为 m 种备选建设方案。层次结构如图 8-4 所示。

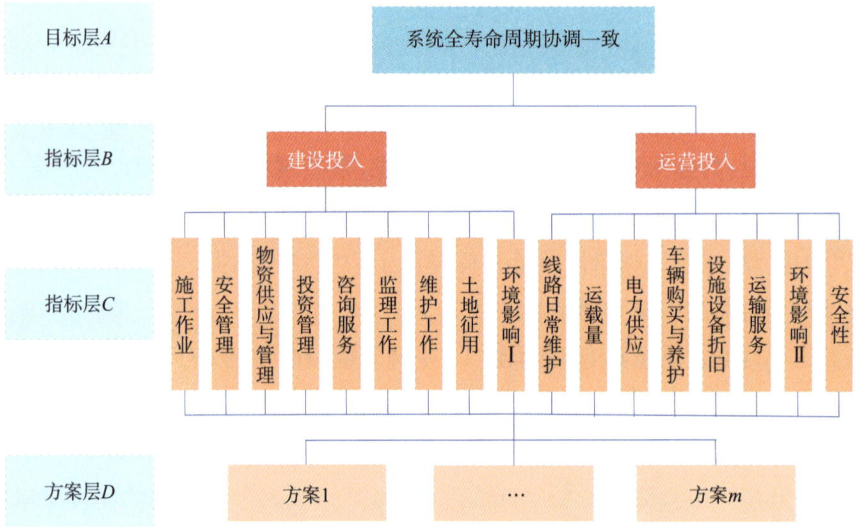

图 8-4 高铁系统全寿命周期协调一致的 AHP 层次结构

(4)建立影响因素重要性两两比对判断矩阵。根据递阶层次构造判断矩阵，每一个具有向下隶属关系的元素作为判断矩阵的第一个元素(位于左上角)，隶属于它的各个元素依次排列在其后的第一行和第一列。影响因素间的相对重要性根据 1～9 标度法取值，用 $b_{i,j}$ 表示指标层 B 某因素的隶属影响因素 i 与 j 之间的比较结果，$\boldsymbol{B}_1=(b_{ij})_{9\times9}$，$\boldsymbol{B}_2=(b_{ij})_{8\times8}$ 为判断矩阵；用 c_{hk}^i 表示指标层 C 的某影响因素 i 下方案 h，k 之间的比较结果，$\boldsymbol{C}_i=(c_{hk}^i)_{m\times m}$ 为判断矩阵，$i=1,2,\cdots,17$。

(5)计算单排序权值并进行一致性检验。$\mathrm{CI}=\dfrac{\lambda-n}{n-1}$，其中，$\lambda$ 为判断矩阵的最大特征值，n 为判断矩阵的阶数，CI 为判断矩阵的一致性指标。$\mathrm{CR}=\dfrac{\mathrm{CI}}{\mathrm{RI}}$，其中，RI 为平均随机一致性判断指标，CR 为判断矩阵的一致性比率，若 $\mathrm{CR}>0.1$，表示某些因素重要性有逻辑错误，需要重新调整影响因素的重要性并构造判断矩阵，直到满足一致性要求，计算权向量 $\boldsymbol{w}=(w_1,w_2,\cdots,w_m)^{\mathrm{T}}$。

(6)一致性检验与层次总排序向量。逐层进行一致性检验，针对以第 $k-1$ 层第 j 个元

素为准则的第 k 层的一致性指标 CI_j^k、比率 CR_j^k，以及随机一致性指标 RI_j^k，$j=1,2,\cdots,Q$，$\mathrm{CI}^k=(\mathrm{CI}_1^k,\mathrm{CI}_2^k,\cdots,\mathrm{CI}_Q^k)\boldsymbol{w}^{k-1}$，$\mathrm{RI}^k=(\mathrm{RI}_1^k,\mathrm{RI}_2^k,\cdots,\mathrm{RI}_Q^k)\boldsymbol{w}^{k-1}$；然后采用公式 $\mathrm{CR}^k=\dfrac{\mathrm{CI}^k}{\mathrm{RI}^k}$ 进行层次总排序一致性检验，调整一致性比率高的矩阵中的元素值，直到 $\mathrm{CR}^k<0.1$。

计算第 2 层相对于总目标的权重 $\boldsymbol{w}^2=(w_1^2,w_2^2)^{\mathrm{T}}$，第 3 层 17 个元素对于上一层第 $z(1,2)$ 个元素的单排序权重为 $\boldsymbol{p}_z^k=(p_{1z}^k,p_{2z}^k,\cdots,p_{17z}^k)^{\mathrm{T}}$，不受 z 支配的元素权重为 0，$\boldsymbol{p}^k=(p_1^k,p_2^k)$ 为第 3 层元素对第 2 层元素的排序，第 4 层元素（假设比较两种方案）对于上一层第 $s(1,2,\cdots,17)$ 个元素的单排序权重为 $\boldsymbol{p}_s^k=(p_{1s}^k,p_{2s}^k)^{\mathrm{T}}$。第 k 层元素对于总目标的总排序为

$$\boldsymbol{w}^k=\boldsymbol{p}^k\cdot\boldsymbol{w}^{k-1}$$

或

$$w_i^k=\sum_{j=1}^{Q}p_{ij}^k\cdot w_j^{k-1},i=1,2,\cdots,n$$

式中　i——最后一层元素标号；

Q——上一层元素个数。

经过逐步求解得到底层各方案对总目标的排序向量。根据所得向量的值选择系统全寿命周期协调一致决策目标下的最佳方案。

通过不同偏好下方案的选择，分析各类影响因素对协调一致目标的影响，进而实行保障高铁工程项目系统全寿命周期协调一致的具体实施措施。

立项决策阶段。考虑“系统功能最优、整体质量最好”的问题，确定总体目标，在该阶段要分析后续阶段建设和运营的成本、难度等因素，制定包括质量、工期、投入、安全管理等要素的建设目标，加强功能需求分析，使后续设计工作更加具有针对性。

工程设计阶段。做好经济技术方案比选，减少不合理的设计，提高设计质量，避免返工、误工等现象；同时，需要协调好施工质量标准与运营维护阶段质量要求，避免出现为了降低施工成本与难度而导致系统寿命缩减以及运营维护成本上升、难度增加的情况。

工程施工阶段。不仅严格按照施工图纸、合同以及一系列规章制度与质量标准保障各类物资的供应并完成建设工作，还需根据施工条件及时进行信息反馈，以便优化设计。

工程运营维护阶段。提前介入和运营反馈可为工程设计与建设过程提供一定的指导意见，并能够为高铁后续建设提供需要改进和优化的数据和经验；同时，在该阶段各类维护工作严格按照各类标准执行，防止因维护保养不利导致设施、设备使用寿命缩短甚至损毁的情况出现。

8.1.3　系统组织协调一致

高铁工程质量管理工作横向贯穿项目所有参与主体单位，纵向贯穿项目决策、工程设计、工程施工、运营维护等全寿命周期的综合性活动，必须构建合理的质量管理组织体系，明

确并落实各参与主体的质量责任，做好各参与主体间的协调工作，推进系统组织协调一致，为高铁工程项目建设稳步推进、系统整体质量最优提供保障。

系统组织的协调一致是指高铁项目质量管理涉及的业主单位、设计单位、监理单位、咨询单位、施工单位、供货单位、运营维护单位等各参与主体之间的利益冲突最小化，大、小业主发挥主导作用，其他各参建单位发挥其在建设、运营阶段的相应职能，决策、执行、反馈等各类信息传递准确及时、响应迅速。其中，高铁项目质量管理有关单位之间所起作用及相互关系如图 8-5 所示。

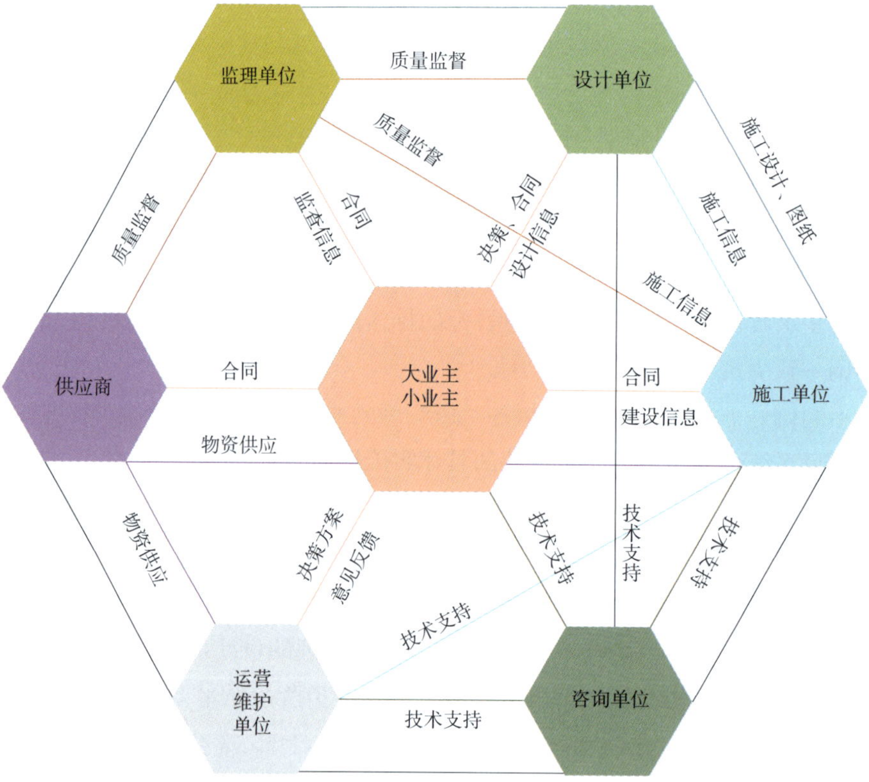

图 8-5　系统组织的协调一致

京广高铁武广段系统协调一致案例

京广高铁武广段全线跨越湖北、湖南、广东三省，涉及武汉、长沙(株洲)、衡阳、新广州四大枢纽，正线全长 961.373 km，预算总投资额为 1 275.4 亿元。该项目具有建设规模大、系统集成难、技术标准高、建设工期紧、环保要求严等特点。

为保证系统全寿命周期的协调一致，防止因设计不当、部分工程质量过低等因素导致的工程返工、运营风险变大，应将全线分为武汉、咸宁、岳阳、汨罗至长沙、长株衡、郴州、大瑶山以及韶花、花广共计 10 个长大区段进行多方案研究。

例如，长沙捞刀河至机场路段，对应于 DK1557＋867～DIK1571＋350 段，原初步设计为全明线方案。全明线方案所涉及的防洪、交通、拆迁、环保、城市规划以及景观协调等一系列较重大问题，自 2004 年 6 月至 2005 年 8 月，多方进行了各层次的密集论证、协调，虽历时一年有余，但部分关键问题仍悬而未决，全明线方案一时难以稳定，项目实施遇到很大困难。采用全明线方案，不仅建设期间存在互通区内施工困难、远大片区折迁量大等系列硬性难题，而且其建成后浏阳河仍需长期观测并承担无限期责任、环保负担较重、大部地段景观协调性较差等。2005 年 9 月底综合各方面协调情况等，编制《长沙北捞刀河至机场路段方案深化研究》报铁道部。2005—2006 年经过反复勘探、研究，形成了"暗线长隧道方案"，线路绕避月形山互通立交后，下穿潇湘路，于其南侧入地，暗线穿越牛角冲互通立交后在隆平高科园区之下潜行，续穿浏阳河，至机场路南侧出露，是以单一的长隧道穿城过河。

基于层次分析法对两种选线方案进行比较，先分别对运营投入与建设投入重要性比较赋值(4,1/4,1)，两种情况对应的目标的权向量分别为(0.166 7,0.833 3)、(0.833 3,0.166 7)且满足一致性，或者去掉第二层表示两者重要性相同。再根据偏好进行影响因素重要性赋值，以环境影响Ⅰ为基准对建设投入隶属影响因素重要性赋值(9,6,8,6,2,7,3,8,1)，以安全性为基准对运营投入隶属影响因素重要性赋值(8,8,2,9,9,3,6,1)，以此为依据，继续比较其他因素间的重要性，并构造判断矩阵。针对全明线、暗线长隧道方案，两者相对上一层影响因素的重要性比较依次为：(3,1/5,1/1.2,2,1/2,1/1.2,1.1,1/9,1/4,1/7,1/1.5,1/1.1,1/1.3,1/2,1/1.5,1/4,1/6)，进行一致性检验，然后计算得出全明线、暗线长隧道方案对应总目标的权重分别为(0.379,0.621)、(0.478,0.522)、(0.414,0.586)。因此，无论从前期建设投入考虑，还是从后期运营维护考虑，或者两者兼顾，暗线长隧道方案都要比全明线方案更能满足全寿命周期协调一致的目标。2006 年 8 月铁道部批复同意该段线路采用暗线长隧道方案，暗线长隧道方案较原初步设计缩短桥梁计 11 467 延米，减少城区拆迁约 20.1 万 m^2，线路短 108 m，并且平面线形得到改善、线路技术标准有所提高，其浏阳河隧道长 9 935 m，该段设计批复较原初步设计核减投资 4 188 万元。

在工程设计阶段，武广客专建设引入了"小业主，大咨询"的工程咨询管理模式，由中铁第四勘察设计院集团有限公司、中铁二院工程集团有限责任公司、德国欧博迈亚工程设计咨询有限公司组成咨询联合体进行施工图审核。为了加强施工图质量，武广客专公司制定了《武广铁路客运专线施工图考核实施细则》(武广安〔2007〕51 号)，每半年对施工图进行一次考核，并将考核结果上报铁道部相关部门。通过对设计院施工图考核，提高了施工图质量，加快了施工图设计速度。在施工阶段，武广客专公司严格遵守国家法律、法规和铁道部相关规章制度，加强了标准化管理，全面落实了"六位一体"管理要求。制定了《招标投标管理办法》，规范勘察、设计、施工、监理(含咨询)、甲供甲控物资设备等各项招标工作。招标评标在铁道部招标办和监察局的指导、监督下，按照公开、公平、公正的原则进行，武广客专招标共计 145 项次，涉及投资 7 384 727 万元。制定了《合同管理办法》，明确合同管理过程中各相关部门的职责权限、管理流程、操作方法，从质量、进度、投资、安全、环保、技术创新和风险控制等方面强化合同管理工作。物资供应不设中转库，由供应商直接供应到工程沿线工地。通过四项措施保证了物资管理的保时保质保量，四项措施为：完善物资质量监控体系，健全规章制度，狠抓落实；严格分类管理，把住采购源头；加强物资进场验收与储存保管；细化监理单位的质量责任。制定了《工程监理管理办法》，保证了监理职能的正常发挥，进而保证工程建设的质量。

在工程接口管理方面，武广客专公司于2006年9月19日颁布了《武广客运专线接口管理办法》，2008年4月14日发布了《武广铁路客运专线接口移交验收管理程序》（武广技〔2008〕35号）。这对抓好接口管理工作，全面、准确、系统地把握接口动态，科学有序地全过程控制好接口质量，系统完整地实现武广客专建设起到积极推动作用。

在建设过程中为保证工程设计与施工协调一致，武广客专公司根据工程建设情况，制定了《开工报告审批规定（试行）》，将武广客专开工审批分为一级审批、二级审批、三级审批，实行分级管理，以规范工程开工的各项工作，保证武广客专建设顺利。武广客专公司于2006年6月制定了《武广铁路客运专线变更设计管理细则》（武广工〔2006〕67号），根据工程建设情况，2007年4月对武广工〔2006〕67号文进行了修订，制定了《武广铁路客运专线变更设计管理实施办法》（武广工〔2007〕34号），确定了变更分类原则、变更设计项目划分原则、变更设计原因和责任、变更设计程序和分工、变更设计时限等规定。在建设过程中，武广客专公司始终把安全质量摆在第一位，不断强化安全质量基础管理，认真开展安全质量专项整治和隐患排查，对全线重点风险隧道和跨线桥进行风险评估和重点防范监控，确保全线安全质量持续稳定可控。

为保证运营维护阶段高铁系统平稳运行、降低维护成本与难度，按照《铁路客运专线竣工验收暂行办法》（铁建设〔2007〕183号）和《客运专线铁路工程静态验收指导意见》（铁建设〔2009〕183号）等的相关规定，武广客专竣工验收采用建设单位自验、铁路局验收、专家检查、政府验收的方式，具体分为静态验收、动态验收、初步验收、安全评估和国家验收五个阶段，保证了高铁工程整体质量满足投入运营的标准。

从2005年6月23日，京广高铁武广段正式开工建设，到京广高铁武广段于2009年12月9日试运行成功，并于同年12月26日正式运营，全线未发生较大及以上安全事故，施工安全状况良好，总体质量符合设计及验标要求，工程总体质量合格，满足350 km/h正常运行速度要求。

8.2 多目标管理

8.2.1 多目标质量管理关系解析

高铁建设有六个控制目标：质量、工期、投资、安全、环境、稳定。从工程实践和目标之间的关系特点看，它们既对立又统一。

首先，项目实施的六大期望目标是相互对立的。六个目标分别是投资少、工期短、质量优或达标、无安全事故、环境污染少、队伍和社会稳定。一般地，在安全生产的条件下，欲提高工程项目的质量，就要以牺牲成本和工期为代价；由于材料价格的不稳定，延长工期将会造成直接成本费用的增加，即使采取必要的措施保证直接费用在工期内不增加，但工程的间接费用也会有所上升，进而导致成本的提高。如果项目的工期很紧，则需要增加劳动力和机械设备及周转材料，或采取新工艺和新技术，会导致成本相应增加；若要降低成本，则很可能降低工程质量，或是延长工期；此外，施工环境和队伍建设对工期的影响也不可忽略，如恶劣气候、社会不稳定等将会延长施工进度，甚至造成破坏。如果忽视质量要求，追求利润最大化，则很可能会造成低劣质量，造成返工，将会导致“人、材、机”的损失，以及工期的延长，反而使得成本上升。同样，不考虑工期和成本要求，建造出超功能、超标准的工程产品，也是一种浪费。只追求数量但不追求质量，这种方式对工程建设和国民经济的发展是没有实际意义的。总体来看，项目实施的六大目标，特别是质量、工期、投资、安全等期望目标之间，体现出明显的对立关系。

其次，项目的六大目标也存在着统一性。例如，若项目投资合理，则项目进度将会加快，使项目的工期缩短，投产时间提前，能够使投资尽早收回，此时工期目标对投资目标的实现起到了促进作用。又如，为了提高项目质量，成本投入可能加大，工程工期有可能延长，这虽然增加了项目建设的投资成本，但使项目后期的运营和维护费用减少，在一定程度上能使项目的总成本下降，进而总经济效益得到了提升，此时质量目标对成本目标的达成起到了促进作用。由此说明，项目各个目标之间又是相互联系、统一的。

从工程项目实践来看，影响六个目标管理的因素基本上归纳为人、材料、设备等因素。图 8-6 为高铁多目标质量管理各项影响因素。

由于高铁建设追求的六个控制目标之间的对立与统一性提高了实现高铁建设系统最优的管理难度，因而需要运用多目标质量管理的思想促进高铁建设项目“系统功能最优、整体质量最好”的实现。成本、质量、工期等多目标的协调、统筹兼顾能够使高铁系统建设以最少资源、环境等成本，在规定的工期内完成项目建设施工，同时保证系统质量。当目标之间冲突时，例如质量与工期、质量与投资出现矛盾时，由于质量是工程建设成败的重要标志，也是获得长远利益的关键，因此质量应放在首位。

8.2.2　高铁质量管理多目标系统的精准协调

1. 精准协调调度

精准协调调度是指在一定条件或规则下，合理分配各类资源，达到资源合理使用、生产节奏一致、用时最短、效率最高、成本最小、收益最大等目标。其中，精准是指在一定的资源与时间条件下，针对总项目的子项目寻找或重新构造具有问题针对性的算法，快速精确地解

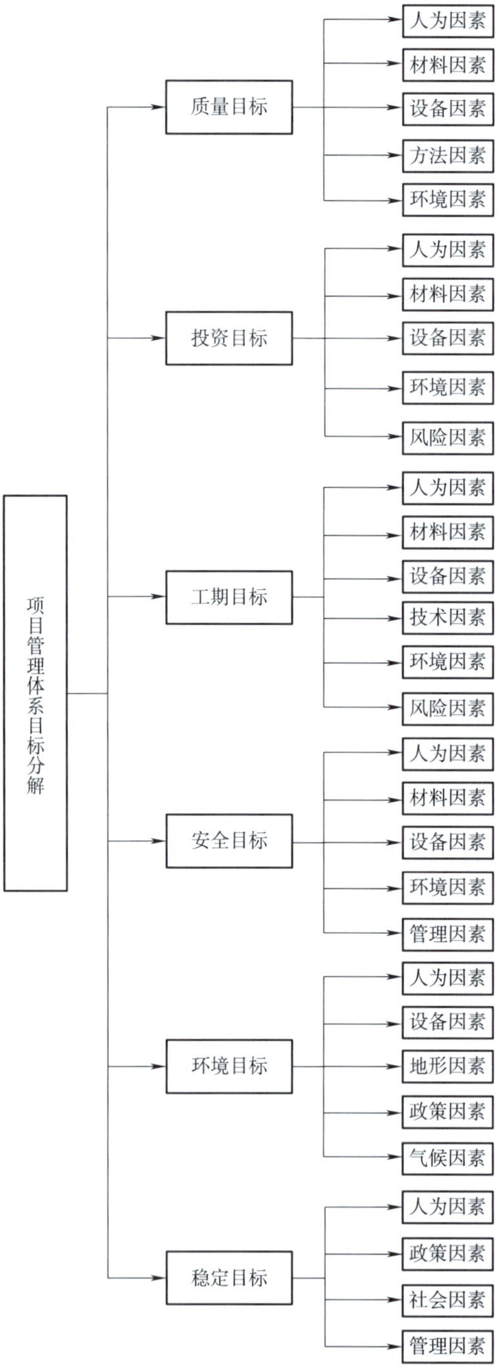

图 8-6　高铁多目标质量管理影响因素

决局部最优问题；协调是针对总项目在具有多目标多子项系统的求解过程中，基于各目标、子项之间、总项目与子项目之间的关系，重新对资源、时间等进行合理分配，以达到“系统功能最优、整体质量最好”的目的。

高铁建设项目中涉及的各类调度问题之间不仅存在资源的竞争关系，同时也存在时间与空间上的耦合性。要保证多目标管理间平衡，就要求工程建设各个目标内部满足一致性，同时目标之间的一致性要求各目标的建设必须满足相应标准。例如，工期和造价有着对立统一的关系，在特定的工期点存在最优建造价值，但当工期不在这个点的时候，造价会随之上升，这源于加快工期需要增加投入，而延缓工期则会导致管理费用的不断上升。

高铁建设是一个整体项目，从总体目标出发对各目标问题对应的子项目进行协调。协调的关键在于以总体最优化为目标，根据各单目标之间的耦合关系，通过与总体目标之间的信息传递，不断调整资源的分配与工期的安排，最终达到各单目标之间的协调以及总项目的目标最优。

精准协调调度解决系统协调一致问题的流程如图 8-7 所示。首先，总调度方案给出具体各部分的资源、工期分配方案，针对总体对各部分的资源、工期等的分配方案，对每个单目标调度问题进行求解。单目标的调度方案获得之后，添加到总调度方案集合中。总调度方案通过计算重新给出更有利于目标改进的分配方案，基于新的分配方案，各单目标重新计算本身的最优或近优调度方案，并将新方案添加到总调度方案集合中，如此不断循环直到获得最终的协调调度方案。

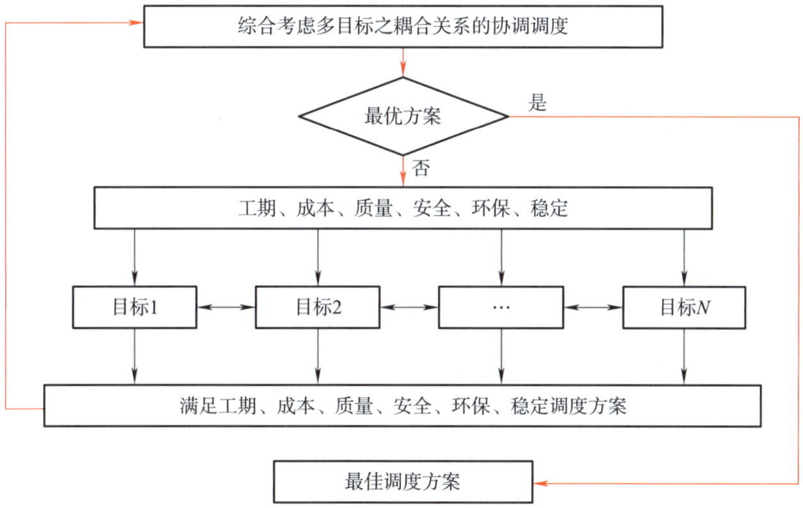

图 8-7　精准协调调度解决系统协调一致问题的流程

针对模型要涵盖的具体问题，质量是硬约束条件；项目的工期约束以及优先序约束表达对建设时间节奏协调一致性的要求；项目的成本约束表达对建设成本的要求；环保、安全、稳定确定性约束表达对建设综合要求。最后将目标函数设定为最小化成本与最优建设工期，以达到工期与质量、成本等的协调调度。

2. 多目标动态控制

随着一些信息变动和突发情况的产生，原项目规划将受到干扰，使得项目目标难以实现。因此，多目标动态管理对于项目的实施十分必要。项目的多目标动态管理是一个动态循环的过程，如图 8-8 所示。一个周期内的管理不可能解决所有的目标问题，由于项目实施过程是动态的，对于遗留的目标分配不均衡问题，应交给下一个循环来处理，在下一次实施过程中对目标进行重新分配调整。在这个过程中，项目应按照指定的多目标计划进行实施，并在实施过程中对项目目标进行实时监督，如果质量目标有偏差，则应及时对偏差原因进行分析，并制订相应的措施进行补救。如果原定的项目目标无法实现，或原定的项目目标不合理，则有必要对项目目标进行调整。

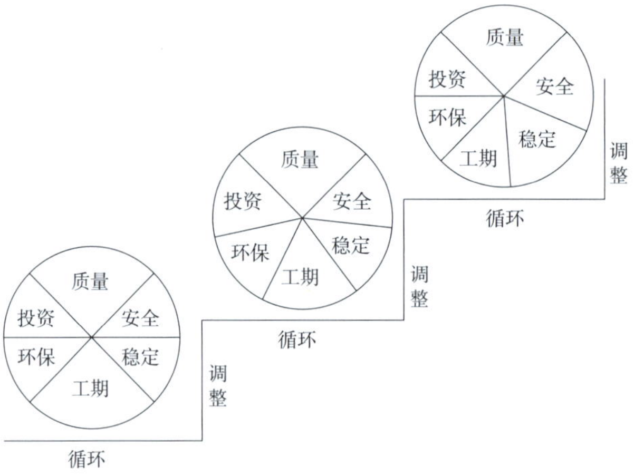

图 8-8　高铁建设中多目标质量管理动态调整示意图

如图 8-9 所示，对施工项目进行进度控制，指的是在一定的工期内，制定最为合理的进度计划，并在施工中对原计划进行严格执行，对实际进度进行不定期的检查，通过比对后，找出偏差，进而对偏差产生的主要原因进行解析，同时对各因素对施工进度的影响程度进行评估。在保证工程质量和节约成本的基础上，如对工程进度有所影响，则项目管理部门应及时采取有效措施进行弹性调整，也可以在原进度计划基础上进行修订，达到工程质量、成本与进度的协调统一，反复进行，直到工程项目在合理工期内竣工验收为止。

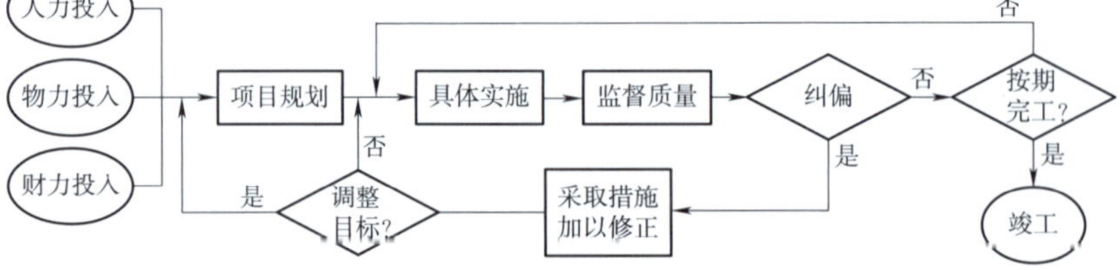

图 8-9　高铁建设中多目标动态管理原理图

高铁项目具有投资力度大、建设周期长等特点，并且一般在高风险环境中进行建设。在实施阶段，投入了较大的人力、财力以及物力，如在该阶段发生质量问题，将对整个项目的预期收益产生重大影响。考虑到环境因素具有未知和不确定性，对施工质量影响复杂，只能提前进行有效预测。因此，在现场必须严格控制环境风险，在施工计划中还需结合历史数据信息对影响质量的环境因素进行有效预测，及时对施工方案进行调整，降低环境对施工质量的影响。

8.2.3 保质量、省投资

质量与投资有矛盾时，应树立投资服从质量的意识，不应因为节约投资而牺牲质量，同时也不应随意提高质量标准导致投资成本居高不下。因此，工程建设必须统筹兼顾质量和投资两方面目标，平衡质量和投资间的关系，全力推进高铁工程“保质量、省投资”目标的实现（质量与其他目标的关系类似，本书不再赘述）。质量与投资目标的精准协调思想主要体现在以下四方面：

第一，追求质量合格，不追求质量优良率*。合格的工程质量意味着设计施工符合标准、没有缺陷，并可保证工程使用功能和寿命；在此基础上要达到优良，需进一步提高材料性能、提高工艺难度等，必然会增加投入，其目的往往只是增加美观性，并不能提高使用功能和寿命，因此目前对高铁工程建设项目的评价去除了质量优良率的评价指标。以线路几何尺寸为例，不应追求轨距、轨向、水平等单项指标最优，而应用综合指标 TQI 值衡量，TQI 值符合标准即可。

第二，追求结构物的稳固可靠，不追求过度保险。对于线路基础沉降，由于当前的理论对某些地层沉降特性的计算尚存在误差，因而出现宁强勿弱、增加工程处理措施的倾向。为此，应采用科学的方法，当理论计算有误差时，运用试验手段先行解决。以京沪高铁、兰新高铁建设项目为例，通过试验先行的办法，修正了原设计初拟方案，减少 CFG 桩 1/3 左右，节省投资数十亿元；两条线开通后，经过几年的运营检验，其线路基础沉降量仍保持在标准范围内。此外，对于桥梁等结构物，也应在理论计算和现场试验的基础上多次优化外形和内部配筋，减少工程量和投资。

第三，追求结构物整体长寿命，不追求单一结构物长寿命。我国高铁桥梁、涵洞、隧道等钢筋混凝土结构均按 100 年设计，而从德国、日本引进的无砟轨道板寿命只有 60 年。因此，我国通过科技攻关，自主研发了寿命 100 年的Ⅲ型轨道板系统，实现了与其他工程相匹配，工程全寿命周期成本相应降低。另外，在进行耐久性混凝土研究时，不应因隧道服役环境变化小而研究寿命更长的混凝土，而应与其他结构物同寿命开展研究，防止浪费。

第四，追求技术先进，不追究“高大上”。新技术、新材料、新工艺、新设备是保证工程质

* 优良率是合格基础上更高的要求，优质工程是经运营和历史检验后质量没有问题、用户给予的评价。

量的重要手段，应及时大量促进此类工程手段的推广应用，但对于部分没有实用价值、只起锦上添花作用的新技术则不应采用。同时，站房、雨棚建设方面，应以保障旅客舒适方便为目标，不应追求豪华装修和超大空间。总之，节省投资的原则要贯彻在高铁工程建设的各个环节。

京沪高铁建设应用案例

京沪高铁全长 1 318 km，设 24 个车站，分别为北京南、廊坊、天津西、天津南、沧州西、德州东、济南西、泰安、曲阜东、滕州东、枣庄、徐州东、宿州东、蚌埠南、定远、滁州、南京南站、镇江南、丹阳北、常州北、无锡东、苏州北、昆山南、上海虹桥站。主要工程量为路基土石方 4 904 万 m^3，正线桥梁 1 098.9 km、隧道 16 km、路基 242 km，无砟轨道 1 298.6 正线千米，牵引变电所 27 座，站房 114.1 万 m^2。

京沪高铁各项技术指标在国内国际均处于领先地位，其中速度目标值为 350 km/h，初期运营速度为 300 km/h，最小曲线半径一般为 7 000 m，最大坡度为 20‰。考虑到京沪高铁的地理环境特殊性，以及重难点工程多，如南京大胜关长江大桥、济南黄河大桥、淮河特大桥、阳澄湖大桥等，加大了施工组织的难度。而且，由于京沪高铁线路长，参与建设单位多，使得人员组织、生活保障、资源调配等难度加大。

针对京沪高铁多目标质量管理问题的特点，考虑到工期、投资、安全、环境稳定等多目标影响因素，建立以质量为核心的多目标模型，该模型的具体表达为

$$F_T = \min t(x)$$

$$F_C = \min C(x)$$

$$\text{s.t.}\begin{cases} Q(x) \geqslant Q_{\min} & (1) \\ t(x) \leqslant t_{\max} & (2) \\ C(x) \leqslant C_{\max} & (3) \\ E(x) \leqslant E_{\max} & (4) \\ S(x) \geqslant S_{\min} & (5) \\ F(x) \geqslant F_{\min} & (6) \end{cases}$$

式中 x——京沪高铁的影响因素变量；

$t_{\max}$——工期的最长时间；

$C_{\max}$——投资的最大成本；

$E_{\max}$——环境污染的上限；

$S_{\min}$——安全生产底线；

$F_{\min}$——社会稳定的底线。

现对该模型的具体含义进行解释，目标函数包括两项，即最小化工期及投资。约束条件(1)中 $Q(x)$ 为质量函数，其作用是为了满足高铁质量要求；约束条件(2)表示工期目标 $t(x)$ 在规定的最长工期范围以内；约束条件(3)表示投资目标 $C(x)$ 在投资的成本范围以内

开展施工建设；约束条件(4)表示环境目标 $E(x)$ 不能够破坏环境污染的上限；约束条件(5)表示安全目标 $S(x)$ 应满足安全生产的条件进行施工；约束条件(6)表示稳定目标 $F(x)$ 应在队伍内部和谐和社会稳定的前提下开展工作。

京沪高铁建设过程中，以质量、安全、工期、投资、环保和稳定为目标，做到了精细化管理，为建设世界一流高铁提供了有力的保障。

1. 质量管理

制定创优的质量规划，严格进行质量过程控制，完善质量管理制度，认真落实评价机制，对目标、方法、功能、责任、制度等为主体的质量管理体系进行构建，如图 8-10 所示，以实现"精品工程"。

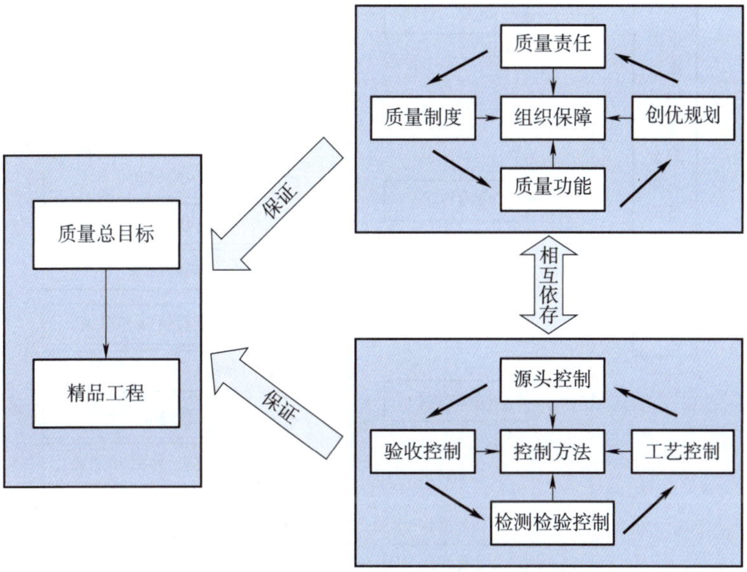

图 8-10　京沪高铁建设项目质量管理控制体系

为打造拥有中国自主知识产权的高铁技术体系，瞄准世界一流高铁建设。对每一项工程管理、每一项施工作业进行有效控制，同时兼顾质量意识、质量行为和实体工程质量。按照高铁建设项目质量管理控制体系，为保证工程质量总体优良，参建各方严格规范施工工艺和作业流程，使得单位分部工程验收合格率和工程质量检验合格率均达到了 100%，确保了高铁运行的安全性、耐久性和舒适性，成为我国铁路建设的"精品工程"。

2. 安全管理

通过借鉴 OSHMS 和 HSE 两大国际安全管理体系，京沪高铁建设项目安全管理结合了工程建设特点，形成了思想、技术、经济、组织保障和风险控制为主要核心的安全保障体系。

安全风险控制管理的推进，为建设项目实行安全风险计划、风险辨识、风险估计、风险评价、风险控制、后期评估等流程管理提供了保障,使得现场安全管理的科学性、预见性、及时性和主动性得以加强,如图 8-11 所示。

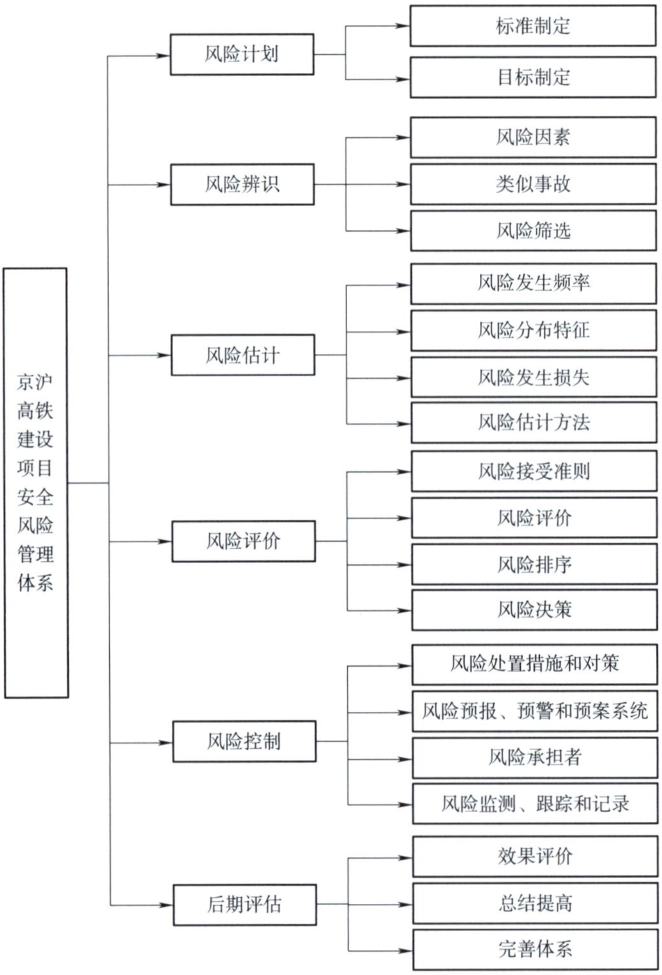

图 8-11　京沪高铁建设项目安全风险管理体系

"安全第一"的建设理念被参建各方融入工程建设全过程中,安全管理各项要求被严格落实,安全风险意识和安全生产防控措施得以加强,明确了安全生产管理责任制度,使得京沪高铁项目能够安全稳定建设。

3. 工期管理

为实现国家批复的五年京沪高铁建设工期目标,考虑到铺轨架梁和联调联试两条主线,强化了组织协调,优化了资源配置,构建了以组织协调、资源配置、技术方案为核心的工期管理体系,加快了工程项目的建设进度。及时明确技术标准,切实加强技术管理。

京沪高铁于 2008 年开工、架梁,2009 年全部完成了线下主体工程,2010 年全线铺通,2011 年 6 月开始营运,创造了铁路建设史上的"中国速度"。

4. 投资控制

京沪高铁以“全方位、全过程、向管理要效益”的投资控制理念进行投资控制，形成了开工预算、全程跟踪、全面管控、竣工决算为主要内容的投资控制管理体系，规范了工程建设投资的管理行为。

工程竣工并正常运营后，经概算清理和竣工决算，决算总投资为2 023.05 亿元。同时，对参建单位资金管理开展了专项整治，避免了建设资金挪用、浪费以及概算超估算、预算超概算、决算超预算“三超”现象，实现投资效益最大化。

5. 环境保护

以严格落实环保措施、节约土地资源、控制环境污染、创建和谐环境为目标，构建了环保管理体系，通过主动与国家、地方环保部门协调，做到环境保护工作与主体工程同设计、同施工、同验收。

为节约大量耕地，先后两次对施工路线进行修改，优化全线桥梁、涵洞设置，将全线桥梁从最初的 400 多千米增加到 1 098.9 km；优化施工组织，全线减少制梁场 8 个，梁厂、轨道板厂等设施尽量租用或考虑永临结合，施工便道尽量结合地方农用耕道，大临用地由原设计的 4 万多亩控制到 2.3 万亩。

在项目施工过程中，对隧道、桥梁钻孔桩等建设中产生的弃土弃渣和泥浆进行集中堆放，达到绿化的效果；对于机械设备产生的废水，在沉淀池或污水处理装置、混凝土拌和站、梁场、板厂进行净化；为减少噪声，优化变更设计增设声屏障；注重与周边景观和当地文化底蕴的有机结合。严格按照水利部门要求对线路穿越的五大流域、304 条河道进行河道恢复和防洪工程建设，尤其对淮河、阳澄湖等敏感水体，优化环保水保方案，实现了“零污染”。

6. 稳定工作

为了保证内部队伍稳定和外部社会稳定，以加强思想教育、强化以人为本、强调组织纪律、实现公平公开为原则，建立稳定的保障体系，如图 8-12 所示。

为营造良好的内部环境，对内部职工和农民工制定了完善的用工管理制度，并对劳务人员进行精细化管理，按时发放劳务人员工资，保持队伍建设稳定。在尊重施工沿线宗教信仰和民情风俗的前提下，避免了使用暴力等不当方式来处理问题；依法开展征地拆迁，杜绝了野蛮征拆、未征先建、未批先拆等不良现象；与地方各级政府建立良好的协调机制，认真落实了沿线群众受损补偿等复杂问题。对沿线重点工程，营造了良好的外部环境，做好了治安保卫工作。

因此，围绕“质量、安全、工期、投资控制、环境保护、稳定”建设目标方面的实践，在京沪高铁建设项目中应用多目标管理思想，结合高铁建设项目的施工特点，系统地对京沪高铁多目标质量管理进行研究，有效推动了我国铁路现代化建设。

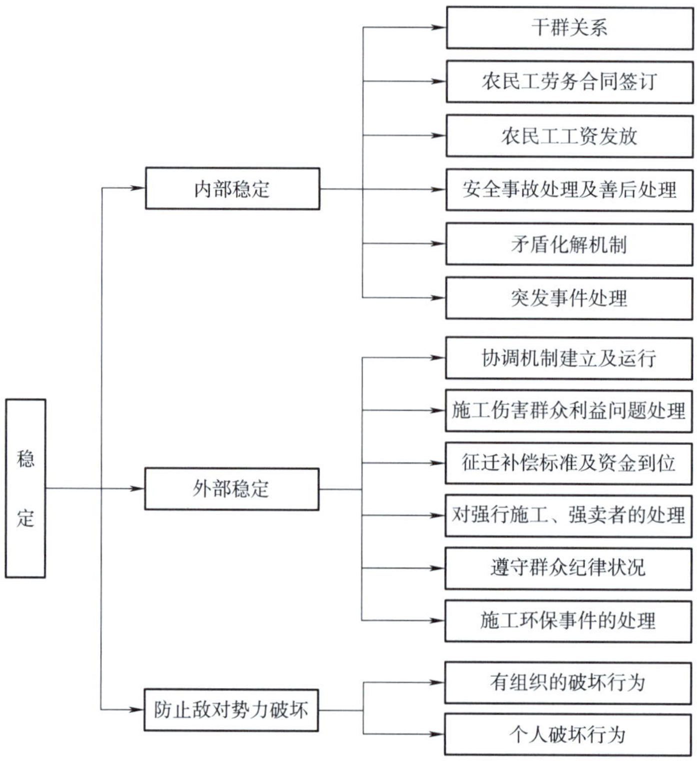

图 8-12　京沪高铁项目稳定保障体系

8.3　能 力 匹 配

高铁线路的输送能力涉及很多方面，只有相互匹配，才不至于造成资源浪费，且能有效提高服务水平。

一是点线能力匹配。主要指区间线路的通过能力与车站的接发能力匹配。假设 I 为行车间隔时间，其中区间通过时间间隔记为 $I_{通}$，车站的到达时间间隔记为 $I_{到}$，车站出发时间间隔记为 $I_{发}$。要实现点线能力匹配，最好的结果是 $I_{通}=I_{到}=I_{发}$。若由于客观原因（如车站受地形限制）导致三者不能相等，则应严格控制三者间的相差值。

二是固定与移动设备匹配。动车组的性能要与线路设计参数相一致。例如，当线路最大坡度是 25‰且为长大坡道时，动车组的功率、制动性能应与之相适应，否则就会造成减速慢行，影响效率。此外，动车组配置数量应根据不同时期的列车开行对数确定。

三是维修能力匹配。动车组和线路设备均应通过经常维修以保持质量良好，由于维修时间确定，因而要求维修设施具有足够，但不多余的能力。例如，一条高铁开通初期开行 40 对列车，其动车运用所有二线维修库即可；但若规划 3 年以后开行 80 对列车，则需配置四线维修库。因此，要一次规划、分期建设，既保证能力匹配，又不使维修设施闲置。

四是服务匹配。高铁对旅客的服务能力主要体现在车站规模和功能上，包括候车面积、进出站口、进出站道路、停车场、售票窗口或自动取售票机等，需根据车站每天接发旅客的数量计算确定。高铁站服务设施贯穿于乘客在车站的整个行为活动过程中，其设备能力与客流疏散速度密切相关；车站服务设施的设计、布局、配置、通过能力必须与高峰时客流相匹配。

南京南站设备与客流疏散能力匹配案例

南京南站位于江苏省南京市雨花台区，地处南京南部新城的核心区，是京沪高铁的五大始发站之一，汇集了四条国家及区域铁路干线，包括沪汉蓉城际铁路、京沪高铁、宁安城际铁路、宁杭铁路，是华东地区最大的交通枢纽之一。南京南站建设投资大、工期长，涉及多部门与多工种，是典型的巨系统工程。为保证南站枢纽能够如期竣工，除协调相关的规划、设计与专题研究之外，也要注重铁路与道路、地铁以及其他配套设施的整合。

1. 建立便捷换乘、高效集散的区域

南京南站是综合了多种功能的枢纽，为实现“无缝衔接、便捷换乘”的目标创造了有利条件。南站站房下方设置了不同枢纽体的配套设施，如：地上一层的换乘大厅、公交与长途客运站、邮局等相关设施，地下一、二层的出租车停车场、城市轨道站、商业店面等。枢纽体内部主要采用垂直上下的换乘模式，极大减少了旅客的移动距离和时间，实现了高效的多枢纽换乘。

2. 构筑与地铁相通的空间网络

鉴于南站地下的地铁线路汇集，合理设置了多条地下步行通道，将拥挤人流在较短时间内疏散到站外的城市空间；结合站前景观、地下空间以及街道空间，打造地上、地下一体化的网络空间，提高了车站的集散性和通达性。以南站南广场与中央景观轴为主要构架，同时遍布轨道交通站点，设置相连通的地下通道，形成网状连通的地下空间体系，促使流通人群向消费者转化。

3. 打造站前商业区

南京南站是承担区域与城际联系、市区通勤与市内交通的综合交通枢纽，是可实现与地铁、公交以及长途客运等便捷换乘的地区。该地区结合功能定位，确立了合理的用地开发策略，并围绕南站枢纽及南北广场建立城市中心区，有效催化该交通枢纽向核心商贸区转化；通过加强空间联系、构筑网络枢纽，一体化城市与机场的发展，最终将南部新城打造成为一个新的发展中心，实现南京城的多中心发展战略格局。

8.4　与外部环境协调

高铁工程质量管理应在与外部环境相互作用下实现动态平衡和“系统功能最优、整体质量最好”。外部环境与质量管理相互影响和作用主要表现在四个方面：与自然环境协调、与社会环境协调、与当地政策协调、与当地文化传承协调。

8.4.1 与自然环境协调

1. 高铁与自然景观的协调

高铁建设过程要适应和改善自然环境。就钢结构、钢筋混凝土结构而言，其服役环境因地域的不同而有所差异，面临碳化、氯盐、冻融、盐类结晶、化学侵蚀、磨蚀等复杂环境。在科学判识工程所在地服役环境的前提下，应采取针对性工程技术措施以防过早破坏，如在冻融地区就应使用抗冻融混凝土。另外，就自然灾害而言，也要根据当地风、雨、雪、地震等强度预测，以监测、预警为手段，以结构强度为支撑予以应对和防范。

哈大高铁防冻胀设计案例

针对哈大高铁路堤、路堑和过渡段等路基结构形式，依据防冻胀设计原则，对基床结构和细部构造进行了防冻胀设计。

对于路堤而言，冻深影响范围内填筑非冻胀 A、B 组土，基床以下的路基本体填筑 A、B、C 组土，在中粗砂底部铺设两布一膜不透水土工布。

弱风化、未风化硬质岩路堑，不进行换填；弱风化及未风化泥灰岩、强风化硬质岩路堑，仅基床表层换填 0.55 m 厚级配碎石；强风化泥灰岩、弱风化及未风化泥岩、页岩、泥质砂岩、千枚岩路堑，土质、全风化软质岩及全风化硬质岩路堑，要开展关键的隔排水设计，基床表层底部铺设两布一膜，换填层底部铺设复合排水网，底部两侧设渗水盲管，基床表层换填 0.55 m 厚级配碎石，基床底层换填 1.3 m 厚 A、B 组土，冻深影响范围内填筑非冻胀 A、B 组土；地下水路堑，要开展关键隔排水设计，基床表层底部铺设两布一膜，换填层底部铺设复合排水网，底部两侧设渗水盲管，两侧侧沟平台下设置渗沟，基床表层换填 0.55 m 厚级配碎石，基床底层换填 1.3 m 厚 A、B 组土，冻深影响范围内填筑非冻胀 A、B 组土。

哈大高铁过渡段主要有路桥、路隧和路涵三种结构形式，主要的处理措施为：过渡段范围内填筑级配碎石掺水泥，目的是让过渡段的刚度平顺过渡，以保证线路的平顺性。在路基地段，通常无砟轨道混凝土底座每两块轨道板之间设置一道宽 2 cm 的伸缩缝；混凝土封闭层与无砟轨道底座间设置宽 1.2 cm 的纵向伸缩缝。

针对高铁沿途的自然景观，除精心保护外，还要尽可能结合工程建设，为自然景观增亮增色，增加正能量。高铁建设规划应做到与自然景物相互协调、交相辉映，高铁的景观设计应尽可能地保护现有景观，尽可能减少对铁路周围的地形、地貌、森林等的破坏，并应通过人工构造物和植物造型等补充周围的景观，使高铁立体线形与自然景观融为一体，从而达到“尊重自然、保护自然、恢复自然”的目的。

京沪高铁苏州段自然景观协调设计案例

京沪高铁苏州段居住区域范围内加设了声屏障，在声屏障板面上设计简洁的图案、浮雕，采用苏州自然和人文风情的图画或者符号，总体提升高铁沿线的景观美，增加此类基础设施的可观赏性和趣味性，降低高铁乘客的审美疲劳感，同时减少对沿线居住生活的干扰。

沿线居住区、阳澄湖畔，自然环境良好，设置带有江南湖畔风光图案的隔声屏，且把图案做成镂空透明形式，使乘客能够隐约感受这一带的风光特色。昆山南站附近居住区的隔声屏用苏州“粉墙黛瓦”的形式，配以苏州古典园林漏窗改造的图案，体现苏州城市的文化特色。

苏州相城区高铁新城周围的道路，选择苏州的市树香樟为骨干树种，配以银杏，形成色彩和树形的搭配。因相城区有着“花城”的美誉，故搭配较多的开花类乔灌草，如樱花、红叶李、垂丝海棠、石榴、桂花、茶花等，在高铁沿线种植观花植物，让沿线呈现一种枝繁叶茂、花开四季、落英缤纷的绿化景观效果，体现出江南植物细腻的质感。

昆山常嘉高速与京沪高铁的交叉地块，结合周边自然环境和人文环境，在湿地斑块中规划设计临水露台，为人们增加亲近自然的机会，同时提供安静的休息场所。考虑到苏州湿地是野生动物白鹭的栖息地，结合绿化设置一些观鸟平台，增强景观的科普性。

2. 高铁与自然生态环境的协调

建立高铁项目的自然生态环境影响标准评价体系，是促进高铁建设与生态环境相协调的前提。评价依据是我国建立的“两级四类”环保标准体系，其中，“两级”指的是国家级和地方级，“四类”指的是环保基础标准、环保方法标准、环境质量标准与污染物排放标准。主要从大气、水、声、电磁、振动和固体废弃物六个方面进行分析，做好高铁建设的自然环境影响评价工作。

（1）大气环境质量的影响评价

在高铁建设期，施工造成的扬尘以及机械排放的废气等会影响周围路段的大气，产生污染，故需要对一氧化碳、二氧化氮以及总悬浮颗粒的变化是否超过大气污染物浓度的容许值，做好实时检测以及相应的补救措施，尽可能减少高铁建设对大气的影响。

（2）水环境质量的影响评价

高铁建设期会产生大量废水以及生活污水。因此，对高铁建设项目水环境质量的影响评价，主要考虑施工中排放的污废水是否达到了水污染物的排放标准。铁路建设污废水中的有害物质成分基本固定，监测评价重点是水体中的生化需氧量（BOD）、石油类、Cl^- 含量以及 pH 值是否超标。

（3）声环境质量的影响评价

高铁施工期产生的噪声属于短暂性噪声，一般不作为声环境质量评价的重点。主要考虑高铁运营期列车产生的连续性噪声，包括轮轨噪声、集电系统噪声和气动噪声。

（4）电磁环境质量的影响评价

高铁采用交流电气化方案，列车运行产生的电磁辐射会降低沿线广播通信频道的信噪比。因此，列车通过居住区时，会降低附近居民（采用天线接收方式）的电视收看质量。牵引变电所产生的工频电场和磁感应强度较低，对电磁环境影响可以忽略，所以高铁建设对电磁环境的影响评价，主要考虑沿线附近短波无线电通信、微波通信、卫星通信、距外轨 30 m 范围内的居民电视信号与电视接收机的干扰、平行与铁路电信线路的信号传输干扰长度和程度。

(5)振动环境质量的影响评价

随着列车运行速度的提升，振动强度也进一步增强，应对高铁运行过程中产生的振动影响进行评价。根据实测的振动影响，对照相关评价标准进行比较与分析，从而对影响周围环境、严重扰民的振动源采取减振、消声等补救措施。

(6)固体废弃物环境质量的影响评价

高铁施工时的固体废弃物主要是建筑垃圾和生活垃圾，运营时的固体废弃物主要是站段职工的生活垃圾、旅客候车产生的垃圾与列车垃圾等。如果不能有效处理这些固体废弃物，将会严重影响环境卫生质量与景观视觉效应。因此，进行高铁项目环境评价时，应对各类固体废弃物的排放进行统计、分析与评价，并采取有效措施对固体废弃物进行及时处理。

商合杭高铁施工期环境保护案例

商合杭高铁在施工期采取多种生态环境保护措施。一是多措并举，严控大气污染。采取防尘土隔离围挡、土石方集中存放、专人保洁、车辆运输密闭管理、城区工地出入口设置清洗车轮设施、定期对施工机械和运输车辆排放废气进行检查监测等措施，最大程度控制项目区大气环境污染，减少对周边居民和施工人员健康生活的影响。二是严控过程，有效控制水污染。商合杭高铁跨越裕溪河、柘皋河等 24 条河流，严禁施工污水乱排乱放，并通过采取涉水桥墩隔离清污、生产废水循环回用、施工场地设置临时沉沙池、重要水体定期检测等措施，保证污水处理后达标排放。三是控制施工噪声，固废集中规范处置。优化管桩施工工艺，由锤击改用静压施工，有效降低施工噪声；采用敏感区域减速禁鸣、高噪声设施偏远布置、合理安排施工时间等措施，切实减少噪声污染；生活垃圾定点集存，建筑垃圾集中有效处置，保障固废规范处理。

水质监测是分析工程施工对河流及生态敏感区环境影响的重要手段。在商合杭高铁施工期间，对柘皋河、裕溪河等逐月开展水质监测，通过监测水质化学需氧量(COD)及氨氮参数，分析铁路在穿越河流施工过程中对河流水质的污染情况。商合杭高铁沿线地面扰动面积大，水土流失潜在风险高。通过加强对参建单位履行环水保义务的管理及全面落实工程施工期各项环境保护措施，商合杭高铁防治措施布局到位，特别是临时防护措施的有效实施，使水土流失治理度完成较好。例如，安徽段线路的水土保持监测总结报告显示，本工程扰动土地面积 2 221.4 hm^2，实施水土保持措施面积 1 524.24 hm^2，硬化地表及永久建筑物占地面积 622.38 hm^2，项目区扰动土地整治率为 96.66%，水土流失总治理度达到 95.36%，环保成效显著。

8.4.2 与社会环境协调

高铁沿线群众的传统习惯、劳动力状况等可对铁路工程质量管理产生一定影响。例如，高铁在两个村庄之间穿过，若两个村村民交往密切，就应在相距最近的地点附近修建立交桥以保持其交流传统；若村民之间很少交往，则可利用几百米以外的立交桥(涵)解决两村庄的交通问题。又如，通过对当地劳动力数量、素质进行考查，可为施工企业选择当地劳动力或从外地引进劳动力的决策提供依据。

高铁车站的选址是否合理，也直接影响着该地区社会环境是否协调。车站选址距离居民区或者城市中心太远，会使乘客增加很多时间成本，造成社会资源的浪费，并且影响该区域的未来发展；车站选址如果造成拆迁量巨大，也会对社会环境带来一定的不稳定因素。

成都东客站选址与城市规划协调案例

成都东客站位于成华区东南部，成都市二环和三环公路间，距成都市中心 7 km，10 min 连通东大街金融商务圈，40 min 便能抵达双流国际机场，地处南北向成德绵乐城市经济带中轴，占据成绵乐与成渝“T”字形经济带的交汇处。按照“东进、南拓、西控、北改、中优”十字方针，成都将高起点规划东部区域，高水平发展南部区域，严控生态绿楔，延展扇叶状布局模式，优化用地布局和结构，构筑“双心、双轴、多点”的空间结构，引导中心城区发展重心向东、向南转移。成都东客站处于成都市向东向南发展轴线上，与成都市的城市规划发展方向相契合，地理位置得天独厚。

高铁的大规模建设将突破性改变时间与地域距离，重新构建城际经济圈层新格局。成都东客站将作为成都的交通中心，形成以成都为中心的半小时至八小时交通圈层，提高成都市对外的可达性。成都东客站在选址过程中，结合各引入线走向和城市总体规划，选址于原沙河堡中间站，充分利用原沙河堡旧址与原成都东编组站，保证了高铁线路顺直引入枢纽；车站咽喉作业均衡，避免中心城区的大量拆迁，减小对城市影响，降低建设难度；站址周围仍有较为充足的预留用地，与城市规划充分吻合。

1. 拆迁面积

铁路建设过程中拆迁是不可避免的，如果在征地拆迁过程中没有处理好各方的关系，不仅对居民的生活造成不便，还可能会造成社会问题。目前拆迁已成为影响工程进度的一个重要因素，因此，铁路建设项目应尽量避免从建筑物密集的区域通过，减少拆迁工作量。

2. 公众参与程度

公众参与是指项目建设各利益相关方充分沟通交流，共同讨论解决建设工程带来的不利影响，群策群力，趋利避害。广泛征集公众意见和利益相关者的诉求，通过吸收群众的意见，完善方案，减少对环境的影响，满足群众的基本需求。

3. 节点可达性

节点可达性是指依靠交通设施，在适当时间到达指定地点时，各节点的交通便利程度，是铁路运输效率的重要指标。铁路的发展与城市之间的时间成本、经济联系有着密不可分的关系，它通过时间、地域的条件变化直接引起劳动力、资本、信息、技术等生产要素在空间上的流动，进而影响整个社会的变化。

4. 带动沿线地区经济发展

铁路建设在很大程度上会带动沿线地区经济发展。铁路建设期，能够增加大量就业机会，促进当地人力、材料、机械的发展，同时大量新技术、新材料、新工艺的使用，会带动、促进当地的技术进步；铁路投入运营后，可以改善当地的交通条件，提高运输效率，节省运输费用和时间成本，促进产业发展，拉动国民生产总值增长。

5. 对农业生态的影响

我国法律规定，基本农田受法律保护，不得随意占用，如果占用耕地要相应地进行耕地补充，这样将会提升企业开发成本。因此，铁路建设应尽量少占用耕地，最大可能利用荒地、荒滩。此外，铁路建设可能会分割大块农田，影响灌溉和耕种，影响农业生产规模化作业，应考虑减小或消除影响的措施。

8.4.3 与当地政策协调

高铁沿线的经济发展政策，特别是发展规划，与高铁建设是相互影响的。如高铁附近产业布局、生活区域布局、公路建设安排、水利建设安排等，都涉及高铁线路是否预留车站和立交条件，如果不与地方相关部门对接，必然会造成建设期返工重做或运营期增加设施的状况，对质量、安全、投资均不利。因此，高铁建设与当地政策的对接协商是推进高铁工程建设项目顺利实施的重要工作基础。

铁路与城市交通规划协调可引导铁路客流和货物运输高效流转，可有效促进沿线地区的经济发展。铁路、公路和水运衔接，开展联合运输可有效突显铁路优势，充分发挥铁路拉动经济发展的引擎作用。铁路区域交通规划协调可以形成以铁路车站为枢纽，与其他交通方式相结合，具有联运能力的综合运输方式。

京沪高铁建设与当地政策协调分析案例

京沪高铁站点设立前，铁路与地方充分沟通，本着交通、城市发展统筹兼顾的原则，多方比选后确定车站位置，成为地标之一。由此，实现了对沿线城市的标注，能够加深旅客对途经城市的印象。国内外的各种版本地图以及交通运输资料都会对高铁站点进行标注和介绍，其宣传作用不言而喻。

1. 调整城市规划

京沪高铁是 2016 年修订的《中长期铁路网规划》中“八纵八横”高铁主通道之一，全长 1 318 km，设立 24 个车站。从高铁沿线城市规划的变化看，各站点所在的大中小型城市抓住了高铁新站选址的契机，通过高铁建设对城市功能进行重新规划。新的城市规划奉行“高起点规划、高标准建设、高品质管理”的现代化理想城市，以“高铁车站为点，高铁线路为线、新城规划为面”强调以独立功能区的组合型城市规划思想，替代原有的“老城摊大饼”的传统规划，建设了会展中心、大学城、行政大楼、商务金融区、充满连锁店和老字号的商业街等，规划中注重了生态湿地和滨水景观。

2. 拉动高铁新区建设

京沪高铁沿线有 23 个城市，其中 16 个规划了高铁新城，125 km^2 的无锡锡东新城、56 km^2 的德州高铁新城、55 km^2 的济南西部新城、28 km^2 的沧州高铁新城，它们在主城规划规模基础上实现了空间超常规尺度的跨越式增长。在《天津市中心城区“一主两副”规划》中，天津确立了西站区域的城市副中心地位。徐州市依托高铁，通过英国阿特金斯与美国 EAST WOOD 公司设计，将徐州高铁站区定位为集“交通枢纽、生态、商务、居住”四位一体的城市副中心，成为连接京沪、汇聚高新技术企业和高端服务业的全新平台。无锡市规划建设了锡东新城商务区，建设用地约 24 km^2，以总部经济、科技创新、电子商务、文化创意、现代商贸、休闲旅游等现代服务业为主导产业。高铁带来的人流、物流、资金流等对沿线发展的拉动作用是持续的，该地区的发展前景良好。

3. 出台高铁新区优惠政策

为进一步加快京沪高铁沿线各城市高铁新区、高铁商务区的建设，促进高新技术项目、优质资本、高端人才集聚，各地都依据国家法律、法规，制定了有关土地、税收、产业发展以及人才等多方面的优惠政策。无锡市为加快锡东新城高铁商务区的发展，结合国家及地方有关政策制定了《关于加快科技金融创新与发展的实施意见》和《关于加快楼宇经济发展的实施意见》。山东省德州市高铁新区在土地使用、税收方面出台了多项优惠政策，有效减轻了区域内企业的运行成本。

4. 提高沿线货物运输的效益和效率，建立物流园区

京沪高铁开通后与既有线实现客货分离，既有线路货物运输速度、运输能力、技术水平和安全性得到了进一步提升，缓解了经济走廊通道内货运瓶颈对经济发展的制约。随着物流业的快速发展，物流园区已经成为集聚物流资源，培育和发展集约化、信息化和网络化物流服务的重要载体。

5. 激发潜在旅游市场需求

京沪高铁使北京与上海的旅行时间缩短为 5 h 以内，密集开行的高铁以其便捷、舒适、准时的特性，将原来的长线游变成了一日游，形成了“小时旅游圈”。“快旅慢游”理念的推广，激发了这一通道上各个节点的潜在旅游需求。2011 年 6 月 30 日京沪高铁开通，日均发送旅客 13.2 万人；2014 年上半年，日均发送旅客已经达到 27.2 万人，客流增长达到 206%，不断创历史新高。

沪杭高铁与长三角区域产业布局协调案例

以高铁为代表的城际轨道交通是工业化后期优化区域与城市产业布局，推进区域与城

市发展一体化的重要载体，是提升区域与城市竞争力，引导产业转型升级的重要手段。沪杭高铁经济带位于长三角核心区域，该区域目前正处于工业化发展的中后期。作为一种快速、便捷的大区域交通方式，高铁已经成为影响乃至决定区域城市发展走势的新的重大因素。发挥高铁经济带的特色优势、战略潜能，优化城市产业布局，加强区域经济社会一体化有机结合，有助于城市的快速发展。

在沪杭高铁经济带三个不同层级的中心城市中，上海是全国性的经济中心、长三角地区的龙头与核心，城市产业定位是“四个中心”，即国际经济中心、国际金融中心、国际航运中心和国际贸易中心。根据《长江三角洲地区区域规划》，杭州的发展定位是重要的国际旅游休闲中心、全国文化创意中心、电子商务中心、区域性金融服务中心和高新技术产业基地。

沪杭高铁的建设和发展，不断强化了沪杭间的同城效应，形成了半小时都市圈，有效打破了之前界限分明的行政区划和城乡二元分离的格局。随着高铁公交化和高速公路网络化的发展，立体式的快速交通极大地缩短了城市之间的时空距离和心理距离，跨城市的就业和居住日益常态化。

8.4.4　与当地文化传承协调

高铁对城市发展的重要性不断突显，其中高铁车站通常作为城市重点建设项目而得到更多关注。为使高铁车站更好地与当地文化相融，突出高铁车站的地域特色，需要充分了解当地文化特色，为高铁车站设计提供明确方向。地域文化的发展往往有其特色性和传承性，早已成为高铁车站建筑的重要设计元素。车站作为城市的门户、招牌建筑，其设计也要求具有多样化和特色化，从而在城市价值提升中发挥更大作用。

高铁雅安站设计案例

高铁雅安站将创造具有时代特征的交通建筑作为设计理念之一，充分考虑当地建筑元素，采用当地材料、现代技术，创造一个具有当地特色的城市地标。雅安站设计遵循以下基本原则：

1. 自然环境适应原则

基于当地悠久历史和独特的地理气候，依赖于特有的建设方式和工艺材料，雅安站的建设蕴含地域文化特色。与过去依赖于自然气候而构建住房形态不同，地域主义主张借鉴传统建筑，借鉴适应自然气候的原理、方法及模式，合理发挥良性因素，融合现代技术的手法，开展全盘考虑。

2. 文化特色彰显原则

不同地域具有不同的文化。高铁站建筑作为城市的重要组成部分，应该在一定程度上传达城市文化，演绎城市发展进程，映射城市内涵，激发城市活力。唯有将文化与现代建筑有机融合，才能展示建筑强大的活力。高铁雅安站设计中，考虑到高铁站的文化内涵以及建筑设计与文化底蕴间的关联性，将雅安市最重要的“茶”文化标识引入设计，并贯穿始终，这是对高铁站建筑设计“文化理念”的注入。在车站，旅客能对其中的文化展示有全面的认知，了解展示的内涵和精髓。

3. 建筑符号的地域性表达原则

在符号学的观点中，建筑的形态与类型和建筑技术是分离的两个概念。不同时代背景下建筑类型有着各自相对稳定与独立的表现。因此，高铁雅安站地域性转化的最好方式在于寻求地域建筑的原型。“世界茶源、腾飞雅安”，雅安站站房设计以“茶”点题，以流畅动感的形体、精美典雅的细部、展翅腾飞的态势塑造具有地方特色、时代特征、交通特性的城市窗口形象。站房轮廓大气洗练，线条简洁流畅，体现交通建筑的特色。建筑主体采用浅色石材、木格栅及深色工字钢等材料，使得整个建筑现代而又富有层次。立面装饰主要包括主入口两侧的格子窗、竖向窗棂及石材线脚，这些装饰增加了整个建筑地域文化的韵味。细节设计方面，通过立面线条、压边、窗棂等传统元素进行抽象表达，形成鲜明的地方特色。建筑以“茶”点题，正立面线条舒展流畅、飘逸动感、富有韵律，在入口大厅两侧概括成茶叶之形，作升腾之势，将情感呈现于环境中，关注意境的营造，促使高铁站环境变得有文化内涵，寓意雅安“以茶为源”走向世界的美好愿景。建筑设计中的隐喻性包含当地特有的文化意象与特征，它在创作中的表达主要在于人的视觉、知觉效应，把设计理念落到有形形态上，并反作用于人的生理和心理，引致交互效应，促使人在与建筑环境互动时得到对地域文化的充分感知，是非物质文化的载体。

沪昆客专湖南段站房建筑与文化传承协调案例

沪昆客专湖南段车站立面设计符合南方建筑特点，传统与现代相结合，现代元素轻盈飘逸，传统元素通过借用湖南民居及徽派建筑的表现手法来体现建筑的古朴典雅，同时经过细部设计处理，使沿线车站外立面各具特色、相得益彰。

1. 湘潭北站

鉴于湘潭别称为“莲城”，车站中部采用莲花花蕊盛开的造型，优美大气，清新雅然。车站所在的九华新区，湘江蜿蜒如龙，九华恰似龙头，昂首欲飞。车站两翼设计动感、流畅，犹如蛟龙，尽情舞动，契合九华新区龙的寓意。

2. 邵阳北站

邵阳古称宝庆，历史上其城墙门固若金汤，敌军久攻不下，便有了“铁打的宝庆”这一说法。邵阳北站设计采用宝庆古城墙入口的拱门立意，建筑屋面采用流线造型，欲中升天际，寓意经济的发展和腾飞。建筑整体简洁大气，实中有虚，层次分明，如山水交相辉映，给这份神奇而古老的土地添加一份灵韵和新奇。

3. 新化南站

新化县地处湖南中部，素有“湘中宝地”之称。新化钟灵毓秀，山川秀美，名胜古迹甚多。新化南站设计采用三段式造型，主入口采用出挑的柱廊，在站房前端形成一个旅客过渡空间，灰空间的运用既增加了立面层次感，又响应了低碳节能的现代建筑设计理念。两侧以实墙为主，勒脚和檐口等局部位置以深灰色涂料勾勒出建筑挺拔秀美的外形，使站房充满清新淡雅之气。整体造型简洁现代而又不失重复韵律缔造的精致美感。

8.5 高铁工程系统可靠性分析

可靠性最早是衡量产品质量的重要指标，随着近二十年来，电子、材料、信息等各种技术取得了突破性进展，工程中的一些复杂系统可靠性问题的研究也快速发展。

在轨道交通领域，可靠性分析已获得稍具规模的研究应用。2008 年，我国引入《轨道交通 可靠性、可用性、可维修性和安全性(RAMS)规范及示例》(IEC 62278:2002)，翻译为国家标准 GB/T 21562。2015 年，国家铁路局发布 GB/T 21562 的第 2 部分和第 3 部分，分别对应安全性的应用指南和机车车辆 RAMS 的应用指南。在铁路工程领域，《铁路工程结构可靠性设计统一标准》(GB 50216—2019)依据危及人的生命危险性、经济损失程度、对社会和环境危害的影响程度，将铁路工程结构的安全等级分为三级，规定可靠性水平的设置应根据安全等级、失效模式和经济因素等确定，明确了既有结构可靠性评定原则，提出了工程结构的安全性、耐久性、可靠性、韧性、环境适应性等基本要求和原则性规定。

8.5.1 高铁工程系统可靠性的内涵

借鉴川藏铁路的研究成果，可从安全性、可靠性、维修性、测试性、保障性、耐久性、韧性、预测性、环境适应性九大方面（简称“九性”）界定高铁工程系统可靠性的内涵，如图 8-13 所示。

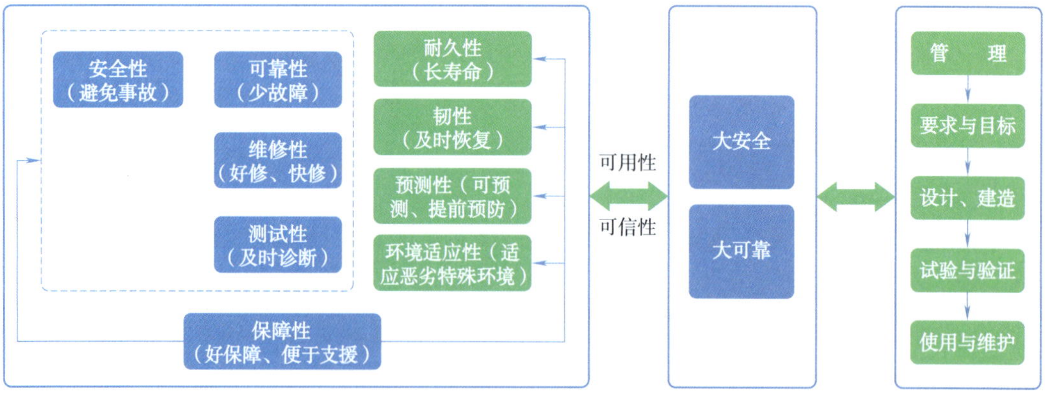

图 8-13　高铁工程系统可靠性保障内涵

安全性：在规定条件和规定时间内，不导致人员伤亡，不危害健康及环境，对高铁人员、设备或财产不造成破坏或损伤的能力。对此，应着力降低系统故障或破坏后发生重大事故的概率，以及对人员、财产方面造成损失的后果。

固有可靠性：由设计、建造方所赋予高铁的固有属性，即在预定理想运行条件下所呈现的可靠性水平，是时间维度上的质量。随着服役年限增长及不确定性因素出现，高铁巨系统处于缓慢的退化、劣化过程，当积累到一定程度，系统可能进入故障状态，包括特定环境故障、系统破坏状态和事故状态。固有可靠性与故障/缺陷隐患的预防、激发、改进与评价直接相关，其水平高低及可能的故障特征，直接影响系统的测试性、维修性和保障性。

耐久性：高铁工程在规定的使用和维修条件下，对使用寿命的一种度量，强调的是时间角度。针对不可维修的结构或构件，首次故障或破坏时间即是其寿命。

维修性：在规定的条件下和规定的时间内，按规定的程序和方法对高铁进行维修时，保持或恢复到规定状态的能力。

测试性：保证高铁能及时、准确地确定其状态（可工作、不可工作或性能下降等）并隔离其内部故障的一种特性，反映对工程状态的测试、诊断和评估能力。

预测性：及时、准确地预测高铁工程状态或其发展趋势的一种特性，反映对具有退化特征故障的预测能力。

韧性：高铁工程具备抵抗破坏及从破坏中恢复的能力，是巨系统破坏后恢复性能和恢复时间的综合度量，与系统的抗毁性、自恢复性、维修性等相关，同样受保障能力的影响。

环境适应性：高铁寿命期内预计可能遇到的各种环境作用下能实现其所有预定功能、性能和（或）不被破坏的能力，是固有可靠性的一种延伸。需注意高铁的环境适应性。

保障性：高铁的设计特性和计划的保障资源满足规定使用要求的能力，涉及人力人员、技术资料、保障设备、供应保障、保障设施等。

九大特性相当于可靠性保障的九个面，划分的维度不同，但互为关联。安全性是最基本、最重要的特性，避免事故，不发生对人、物的损失；可靠性为少故障能力，要求好和快的维修性，前提是能够及时诊断的测试性；极端环境、恶劣环境的使用需要保证环境适应性；耐久性属于长寿命保持能力；韧性考虑了破坏状态的抗毁性和恢复状态的重构性；预测性充分考虑了故障诊断与健康管理 PHM 的先进理念；保障性是其他特性实现的基础。这就构成了最广泛意义上大安全大可靠的理念。

8.5.2　高铁工程系统可靠性保障体系框架

高铁工程系统可靠性保障首先是以社会、经济、政治等方面的需求驱动以及由此上升的价值驱动为牵引，以运营效能目标为导向，技术、管理及保障体系等为策略支撑，在尽可能准确评估、提前预知风险基础上进行有针对性地实施，实施后及时进行验证评价，目的是进一步优化需求，确认巨系统的运行满足设计要求，由此形成“需求（Demand）—目标（Destination）—策略（Strategy）—评估（Assessment）—实施（Do）—验证（Check）”DDSA＋DC 的闭环管理流程，以此作为可靠性保障框架构建的基础。

基于可靠性保障九性协同化、复杂巨系统对象层次化、全生命周期建设运维一体化，构建高铁覆盖全面、层次明确、评价实时的可靠性保障体系框架，如图 8-14 所示。

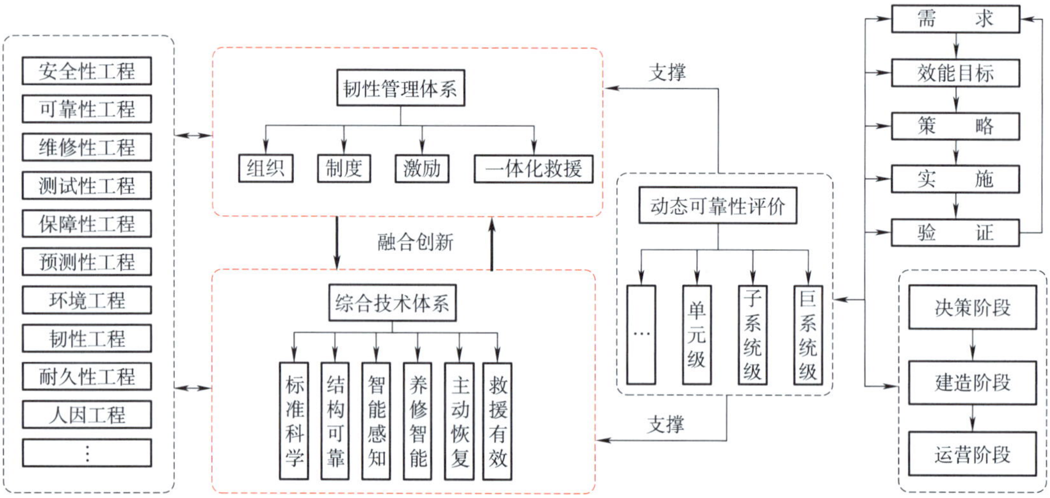

图 8-14　高铁工程系统可靠性保障体系框架

可靠性保障体系框架的核心是韧性管理体系、综合技术体系和动态可靠性评价。韧性管理体系包括组织、制度、激励和一体化救援，综合技术体系包括标准科学、结构可靠、智能感知、养修智能、主动恢复和救援有效，动态可靠性评价涵盖单元级、子系统级和巨系统级等不同层次的可靠性评价。三大方面相互关联，技术创新和管理创新相互促进、协调发展，两者的有机融合促进了管理效能提升和技术能力的跃迁，而动态可靠性评价又反过来支撑和优化管理体系和技术体系的完善。

高铁工程可靠性保障体系框架体现了全生命周期管理的时间维、基于效能的目标维、全方位的保障维等。

8.5.3　高铁工程系统可靠性保障实施路径

可靠性保障实施路径着眼于框架中的技术体系、管理体系和评价体系。在建设期间，三者可具象化为科技创新支撑、建设管理一体化及过程可靠性评价。

科技创新支撑。依靠高铁技术创新：通过凝聚国内优质科技资源，基于创新整合+新建模式，构建世界一流技术创新平台。通过多层次、多粒度的科研立项支持：基于分析辨识的关键科学问题和技术难题，结合工程建设推进计划进行科研立项。科研试验先行，并利用其成果指导工程设计、建设和运维。

建设管理一体化。基于“参与主体一体化”的组织子系统，基于“管理要素一体化”的管理要素子系统和基于“管理过程一体化”的管理过程子系统，从主体维、知识维和时间维三个维度构建全方位多层级的高铁工程项目一体化协同管理模式。基于 BIM+GIS 的高铁数字综合管理平台实现基本信息流的流转，通过数据全域标识、状态精准感知、数据实时分析、模型科学决策、智能精准执行，实现高铁建设全过程管理的模拟、监控、诊断、预测和控制。

过程可靠性评价。在明确高铁工程任务、结构组成、环境等前提条件下，可基于知识工程进行“虚拟＋实体”的过程可靠性评价。考虑单元级、子系统级、巨系统级等不同层次划分，建立定量测度或定性分析的可靠性评价指标，提前评定过程任务或整体状态的不确定性，制定应对措施。

8.6 装备质量入口管理

从广义上讲，装备质量也是工程质量的组成部分。铁路使用的装备，基本都是市场采购的，因此，把住装备进入铁路的入口关是高铁装备质量管理的基本内涵。

为杜绝质量不合格的产品进入高铁领域，我国对动车组整车、部件等铁路设备产品的生产企业实行生产资质管理，对包括高铁在内的铁路设备实行产品认证准入制度，对动车组等机车车辆关键装备实行设计型号合格证管理，并针对动车组制造实行严格的运用考核管理，多措并举严把装备质量入口关。

8.6.1 企业生产资质管理

按照国家有关政策规定，我国对铁路运输基础设备产品的生产企业实行生产资质管理，要求中华人民共和国境内生产铁路运输基础设备的企业，应当向国家铁路局提出申请，经审查合格后才能取得“铁路运输基础设备生产企业许可证”。

申请生产资质的企业要符合四方面条件：一是有按照国家标准和行业标准检测、检验合格的专业生产设备；二是有相应的专业技术人员；三是有完善的产品质量保证体系和安全管理制度；四是满足法律、行政法规规定的其他条件。

获得生产许可证书后，被许可企业要按年度向国家铁路局提交企业产品质量保证和安全管理情况自查报告。同时，国家铁路局及其铁路监督管理机构还会对被许可企业进行监督检查，主要包括取得生产许可证应当具备条件的保持情况和生产许可证使用情况，期间国家铁路局可根据生产许可管理办法撤销或者注销企业的生产许可证书。

8.6.2 产品认证管理

铁路产品认证是依据相关技术规范、标准和技术要求，经铁路产品认证机构确认，并通过颁布认证证书和认证标志，证明某一产品为认证产品的活动。我国铁路产品认证工作，主要由中铁检验认证中心有限公司（简称 CRCC）在国家认证认可监督管理委员会和认证公正性管理委员会的监管下开展。通过实行严格规范的产品认证管理制度，把好产品质量入口关：

一是铁路产品认证一般包含初始工厂检查、产品抽样检测、获证后监督几个重要环节。特殊性质的产品还会根据产品特点及运输需要采用与其相适应的认证模式。

二是认证机构制定的认证规则要符合相应产品的国家、行业标准和国铁集团技术标准（含标准性技术文件）的要求。

三是初始工厂检查时，认证机构要组织审查组对认证委托人的质量保证能力进行现场审查。审查组参与产品的生产过程控制和见证试验。在生产过程控制阶段，审查组要现场见证申证产品的生产过程，特别是关键工序和特殊过程；在见证检验阶段，由企业检验员使用出厂检验设备对已经检验合格的产品进行出厂检验，审查组进行见证，目的是评价检验设备是否满足标准要求，企业检验员是否掌握标准要求，试验方法与过程是否正确以及被检测的样品性能是否符合标准要求。

四是产品抽样检测时，认证机构要组织对申请认证的产品进行随机抽样、检验，并确保检测结果真实、准确、可追溯。产品抽样原则上在用户现场进行。

五是初始工厂检查和产品抽样检测后，认证机构要组织专家对认证评价资料进行评定，对符合认证要求的，向认证委托人颁发认证证书。

六是认证机构每年至少对获证产品及其生产企业进行一次监督，并根据产品特性和质量问题反馈增加监督检查频次。

七是按照认证规则要求，认证机构可针对不同情形及时作出认证证书的变更、扩展、注销、暂停或者撤销的处理决定。

8.6.3 设计型号合格证管理

根据行业有关管理政策，我国对铁路机车车辆实行设计型号合格证管理，要求设计、制造、维修或者进口新型铁路机车车辆，须分别向国家铁路局申请领取型号合格证、制造许可证、维修许可证或者进口许可证。

企业申请设计型号合格证，除要求具有企业法人资格、配备符合规定要求资质的管理人员和专业技术人员外，还需要具备两大方面条件：

针对申请企业，要求具备研发设计能力，有完善的产品设计质量保证体系、管理制度和先进的设计手段，具有或者通过合作方式具有必备的生产设施、设备、工艺装备、检测手段等对设计样车进行制造验证的能力；同时，企业不存在知识产权侵权行为，并满足法律法规规定的其他条件。

针对设计的新型铁路机车车辆样车，要求设计样车技术条件、设计方案要通过申请企业或者科研立项单位审查，关键零部件和设计样车要通过型式试验，设计样车运用考核及解体检查合格，设计样车还要经申请企业或者科研立项单位技术评价合格。当申请领取型号合格证的产品中含有压力容器、起重机械等特种设备的，还要符合特种设备相关法律法规要求。

取得设计型号合格证后，国家铁路局及其铁路监督管理机构将对被许可企业实施监督检查。每 5 年按规定监督检查 1 次，通过随机摇号方式确定受检企业；重点监督检查被许可企业的持续满足取证条件、质量管理体系有效运行、专业技术人员、设施设备等生产能力、技术管理、产品质量和售后服务等情况。当企业产品质量异常波动或连续出现故障时，则可将该企业及时列入监督检查计划。国家铁路局还可以根据相关规定拒绝、撤销或者注销企业的设计许可合格证书。

8.6.4　动车组运用考核管理

动车组对于确保高铁运行安全尤为关键，在正式投入运营之前，动车组样机出厂后必须按照试验大纲，根据有关标准由国家铁路产品质量监督检验中心进行型式试验，并投入运用考核。我国对动车组整车运用考核里程、时间及负荷率的要求十分严格，详见表 8-1。对于全新型动车组，规定考核里程和时间分别为 60 万 km 和 1 年，最高速度级比例为 40%，按照"模拟载荷或模拟载荷+载客"的重车比例为 50%；对于改进型(重大)动车组，规定考核里程不少于30 万 km，最高速度级比例为 40%，重车比例为 50%。运用考核结束后，对动车组关键部件还会根据需要进行拆检验证，以进一步确保动车组质量和性能的可靠性。

表 8-1　我国动车组运营考核要求

项　目	全新型动车组	改进型(重大)动车组
考核里程和时间	60 万 km 和 1 年	30 万 km
最高速度级比例	40%	40%
重车比例	50%(模拟载荷或模拟载荷+载客)	50%

后　记

在本书即将付梓之际，抚案回首过往，感慨良多。多年来我一直从事着铁路工程的建设管理工作，对于铁路，特别是高铁工程质量的重要性有着深切的感受。党中央、国务院一直高度重视铁路质量安全工作，中央领导多次对高铁安全作出重要指示批示，要求始终将高铁安全摆在突出位置，全力确保高铁安全；而高铁工程的质量管理是保障高铁安全的第一道屏障，也是高铁建设项目的绝对核心。总体来看，我国高铁工程质量管理取得了较好的成绩，主要表现在：形成了不留隐患、不留空白、抓住关键、凝心聚力、一荣俱荣的质量文化，使“开工必优，一次成优”“要干就干精品工程”“习惯符合标准，标准成为习惯”等观念深入人心；优化了管理体系，推进标准化管理理念，形成了“事事有标准，事事有流程，事事有责任人”的良好局面；创新了质量技术应用，将前沿信息技术贯穿应用于高铁勘察设计、施工等各个阶段质量管理工作中，提高了管理效率；丰富了质量方法，形成了高铁工程全寿命周期全覆盖的管理方法运用机制；明确了质量红线，提高了参建单位及现场人员的红线意识，使高铁工程质量安全管理和风险控制能力得到实质性加强。中国高铁在工程建设管理方面的探索弥足珍贵，能够为深入推进高铁建设提供科学的方法指引和管理经验借鉴。因此，我尝试基于自己多年来高铁工程管理生涯中的相关经验，结合高铁工程质量管理中的重点难点，运用系统工程的思维，探索总结高铁工程质量管理的规律性特点，尝试编撰形成一整套能够在理论上、方法上指导高铁工程建设管理实践的工具。

本书从研究到持续修改完善已历经近三年，课题组坚持从高铁发展实际出发，立足新时代新要求，紧扣“奋力推动铁路高质量发展，勇当服务和支撑中国式现代化建设的‘火车头’”的中心任务，尽可能全面考虑高铁工程质量管理工作中的诸多因素，运用系统工程理论分层次、多角度、系统性研究提出一整套高铁工程质量管理的体系化应用工具，引入郑万高铁、西成高铁、京沪高铁等代表性高铁工程作为案例支撑，使研究更加贴合实际，更接近时代发展理论性、科学性、实践性的脉动规律。希望本书能为高铁建设工程和技术管理人员，以及其他行业工程管理人员提供有益借鉴和参考。

卢春房

2023 年 3 月

参考文献

[1] 卢春房. 中国高速铁路的技术特点[J]. 科技导报,2015,33(18):13-19.

[2] 卢春房. 中国高速铁路工程质量管理创新与实践[J]. 中国铁道科学,2015,36(1):1-10.

[3] 刘鸿儒. 高速铁路建设项目质量控制与优化研究[D]. 北京:中国铁道科学研究院,2017.

[4] 曾帆. 基于系统论的震后重建规划理论模型及关键技术研究[D]. 成都:西南交通大学,2018.

[5] 程虹,许伟. 质量创新战略:质量管理的新范式与框架体系研究[J]. 宏观质量研究,2016,4(3):1-22.

[6] 潘龙华. 大型火力发电建设项目创精品工程管理模式的研究[D]. 西安:西安建筑科技大学,2012.

[7] 王珂. 基于精益建设的工程项目质量管理模式研究[D]. 哈尔滨:哈尔滨工业大学,2012.

[8] 蔡改. 基于治理的公共项目质量保证机制研究[D]. 长沙:中南大学,2012.

[9] 吕文学,宋俊. 项目经理的领导力要素分析[J]. 西安电子科技大学学报(社会科学版),2007(3):35-39.

[10] 李娜. 沪昆高铁项目施工质量管理研究[D]. 成都:西南交通大学,2018.

[11] 毛继梅. 工程项目管理中的文化建设思考[J]. 新西部(理论版),2017(3):56,51.

[12] 李宛蔚. 国家形象视野下中国高铁品牌研究[D]. 武汉:华中科技大学,2017.

[13] 张力. 武广高铁品牌建设研究[D]. 成都:西南交通大学,2018.

[14] 蹇元平,李光宇,孙绪科. 高速公路建设项目群管理团队成熟度研究:以湖北交投为例[J]. 决策探索(中),2018(9):45-47.

[15] 李沅昊. 工程项目管理团队的绩效考核研究:基于利益相关者的视角[D]. 成都:西南交通大学,2016.

[16] 周福新. 基于流程化视角的高铁项目质量管理系统研究[D]. 北京:北京交通大学,2017.

[17] 卢春房. 中国高速铁路建设项目一体化管理模式研究与实践[J]. 铁道学报,2016,38(11):1-8.

[18] 高绍杰. 地质测绘中现代测绘技术的应用探究[J]. 世界有色金属,2018(3):19,21.

[19] 张颖. 现代测绘技术在地质测绘中的应用[J]. 现代国企研究,2019(4):171.

[20] 魏林妍,王娉婷,邢建宇,等. BIM技术应用现状及前景分析[J]. 住宅与房地产,2019(3):180.

[21] 魏佳奇. 高铁无砟轨道施工要点及质量控制分析[J]. 智能城市,2018,4(21):52-53.

[22] 王鹏,张均,姜志国,等. 高铁轨道板系统用高分子材料[J]. 化学推进剂与高分子材料,2016,14(4):32-38.

[23] 王成博. 高铁隧道施工中湿喷混凝土施工技术[J]. 建筑技术开发,2018,45(11):68-69.

[24] 周贺祥. 高速铁路工业新材料的应用进展[J]. 化工新型材料,2016,44(4):47-48.

[25] 仇一颗. 复杂工程环境下施工工法创新机理研究[D]. 长沙:湖南大学,2013.

[26] 段博峰. 全面质量管理在贵广高铁施工过程中的应用研究[D]. 衡阳:南华大学,2016.

[27] 张朝珑. 建筑施工企业信用评价指标识别研究[D]. 天津:天津大学,2018.

[28] 李洪斌,杨博,张惟中,等. 电力施工企业安全质量信用评价体系构建研究[J]. 经营与管理,2018(9):97-100.

[29] 刘建利,王超. 浅谈地铁运营人员提前介入轨道工程的重要性[J]. 科技展望,2016,26(13):23-24.

[30] 张天明. 如何在铁路客站建设中发挥运营单位提前介入作用[J]. 中国外资，2012(5)：27-28.
[31] 崔佳琦. 基于模糊综合评价的铁路建设项目质量评价方法研究[D]. 石家庄：石家庄铁道大学，2018.
[32] 胡姬，徐玉胜. 高速铁路工程施工质量评价要素研究[J]. 铁道建筑，2017，57(10)：142-146.
[33] 张巧玲. 建设工程质量评价体系与机制研究[D]. 北京：清华大学，2004.
[34] 章亮，王林栋，黄欣，等. 动车组动力学响应测试在联调联试中的应用[J]. 铁道机车车辆，2011，31(1)：41-44.
[35] 安娜. 高铁施工质量管理标准化研究[J]. 长沙铁道学院学报(社会科学版)，2012，13(1)：218-220.
[36] 刘东. 基于标准化思想的高速铁路施工组织研究[D]. 天津：天津大学，2013.
[37] 卢春房. 全力推行铁路建设标准化管理，确保将哈大高速铁路建设成世界一流高寒高铁[C]//高寒地区高速铁路技术研讨会论文集. 北京：中国铁道学会，2017：7-13.
[38] 季松，段进 . 高铁枢纽地区的规划设计应对策略 [J]. 规划师，2016，32(3)：68-74.
[39] 孙东东 . 高铁建设环境影响评价 EIA 方法研究 [D]. 石家庄：石家庄铁道大学，2014.
[40] 黄泽宇 . 京沪高铁对沿线区域经济社会发展促进作用的研究 [J]. 创新科技，2015，180(2)：63-64.
[41] 张鹤 . 地域文化特色的建筑符号表达：以高铁雅安站站房设计为例 [J]. 华中建筑，2019(6)：46-50.

高速铁路基础研究与技术创新丛书

第一期(16 册)

(一)基础理论与基础技术系列

高速铁路散体道床宏细观力学行为 赵春发 翟婉明 张 徐 著

ISBN 978-7-113-28857-0

高速铁路线路系统动力学 龙许友 时 瑾 王英杰 编著

ISBN 978-7-113-28997-3

高速铁路弓网关系研究 韩通新 著

ISBN 978-7-113-28941-6

(二)动车组系列

高速列车轻量化设计 李 明 伊召锋 米莉艳 等编著

ISBN 978-7-113-28972-0

(三)供电系列

高速铁路受电弓 韩通新 编著

ISBN 978-7-113-28975-1

高速铁路接触网检测技术 韩通新 著

ISBN 978-7-113-28961-4

(四)工程设计系列

高速铁路桥梁抗震设计 陈兴冲 张永亮 编著

ISBN 978-7-113-28964-5

高速铁路轨道工程 BIM 正向设计软件开发及实践 姚 力 刘大园 董凤翔 等编著

ISBN 978-7-113-28934-8

(五)工程施工与组织系列

高速铁路桥梁 BIM 技术研究与实践 盛黎明 苏 伟 刘延宏 宋树峰 编著

ISBN 978-7-113-28938-6

高速铁路岩溶路基边坡变形与稳定 白明洲 师 海 田 岗 等编著

ISBN 978-7-113-28880-8

高速铁路工程地质灾害超前预报图形判别和解译　　　李　忠　郝娜娜　等编著

ISBN 978-7-113-28935-5

(六)通信与列控系列

高速铁路宽带无线信道测量与建模技术　　　周　涛　何睿斯　艾　渤　编著

ISBN 978-7-113-28930-0

(七)测量与检测系列

(八)高铁运营与经济系列

高速铁路社会效益研究——基于时空经济分析　　　李红昌　夏璇璇　著

ISBN 978-7-113-28942-3

(九)现代信息技术系列

高速铁路物联网技术　　　史天运　孙　鹏　张惟皎　陈瑞凤　编著

ISBN 978-7-113-29029-0

(十)安全·健康·维护系列

高速铁路道砟飞溅机理及防治　　　高　亮　石顺伟　殷　浩　著

ISBN 978-7-113-28906-5

高速列车多目标均衡综合节能技术　　　张　雷　李　明　司志强　等编著

ISBN 978-7-113-28976-8

第二期(23 册)

(一)基础理论与基础技术系列

高速列车空气动力学数值模拟——基于 STAR-CCM+软件

李　明　李　田　戴志远　等编著

ISBN 978-7-113-30059-3

高速铁路沿线地面沉降研究与防治　　　李国和　黄大中　尚海敏　王少林　编著

ISBN 978-7-113-30176-7

高速铁路路基智能填筑技术　　　王同军　闫宏业　杨　斌　尧俊凯　等著

ISBN 978-7-113-30047-0

季冻区高速铁路路基服役性能与孕灾风险研究

叶阳升　蔡德钩　毕宗琦　李善珍　等著

ISBN 978-7-113-29934-7

高速铁路隧道内附属设施气动效应及安全性研究

彭立敏　杨伟超　施成华　雷明锋　著

ISBN 978-7-113-30104-0

高速铁路钢轨打磨理论与技术　王文健　郭　俊　周　坤　著

ISBN 978-7-113-30061-6

高速列车动态性能正向设计　周劲松　宫　岛　孙文静　著

ISBN 978-7-113-30050-0

高速列车自动驾驶控制理论　宿　帅　李开成　唐　涛　袁　磊　等编著

ISBN 978-7-113-30147-7

高速铁路行车调度与控制一体化　唐　涛　宿　帅　孟令云　阴佳腾　编著

ISBN 978-7-113-30112-5

高速铁路无砟轨道结构水泥基材料理论与技术

龙广成　曾晓辉　马昆林　谢友均　著

ISBN 978-7-113-30056-2

(二)动车组系列

高速列车空气动力学设计技术　丁叁叁　著

ISBN 978-7-113-30055-5

(三)供电系列

高速铁路电力牵引供电工程智能建造技术

胡志华　陈建明　奚金柱　吴命利　等编著

ISBN 978-7-113-30205-4

(四)工程设计系列

现代铁路枢纽规划设计　许佑顶　高丰农　吴学全　李传勇　等编著

ISBN 978-7-113-27468-9

高速铁路隧道底部结构动力响应特性及设计方法

彭立敏　施成华　黄　娟　丁祖德　著

ISBN 978-7-113-30133-0

(五)工程施工与组织系列

高速铁路工程勘察技术创新与实践　陈则连　著

ISBN 978-7-113-30189-7

高速铁路工程质量系统管理(第 2 版)　　卢春房　等著

ISBN 978-7-113-30108-8

高速铁路路基沉降分析与控制技术　　宋绪国　郭帅杰　编著

ISBN 978-7-113-30154-5

深埋高速铁路地下车站施工关键技术　　杨新安　马明杰　李路恒　罗　驰　编著

ISBN 978-7-113-30001-2

高速铁路施工组织创新与实践　　魏　强　编著

ISBN 978-7-113-30136-1

高速铁路路基沥青混凝土防水封闭结构　　蔡德钩　闫宏业　楼梁伟　石越峰　等著

ISBN 978-7-113-30033-3

(六)通信与列控系列

高速铁路信号系统雷电防护技术研究　　向念文　徐宗奇　阳　晋　编著

ISBN 978-7-113-30135-4

(七)测量与检测系列

(八)高铁运营与经济系列

(九)现代信息技术系列

智能高速铁路图像大数据分析技术及应用　　李　平　李　瑞　赵　冰　编著

ISBN 978-7-113-30134-7

(十)安全·健康·维护系列

高速列车横风效应及气动安全控制动力学　　毛　军　柳润东　郗艳红　著

ISBN 978-7-113-30028-9